STARK

LEXIKON GESCHICHTE

Traute Petersen Hrsg.

Historische Begriffe

von der Frühgeschichte
bis zur Gegenwart

STARK

Impressum

Herausgeberin
Dr. Traute Petersen

Die Beiträge wurden erarbeitet von
Dr. Herwig Buntz, Dr. Hans Joachim Kaiser, Dr. Ulrich March, Dr. Traute Petersen, Dr. Walter Thomas

ISBN 978-3-89449-483-4

www.stark-verlag.de
1. Auflage 2000

Vorwort

Das vorliegende Lexikon richtet sich in erster Linie an Schüler, die sich zuverlässig und schnell über geschichtliche Vorgänge und Fakten informieren möchten. Am Ende eines Artikels werden im Allgemeinen auch die historisch-politischen Zusammenhänge und die Bedeutung des Begriffs für den geschichtlichen Verlauf und unsere Gegenwart kurz skizziert. Damit soll, wenngleich nur in knappster Form, Geschichte auch als Sinn- und Wirkungszusammenhang deutlich werden.

Sicher wird der interessierte Benutzer an der einen oder anderen Stelle auf Lücken stoßen oder bestimmte Begriffe vermissen. Da im Interesse der Handlichkeit und Übersichtlichkeit der Umfang des Lexikons beschränkt werden musste, orientiert sich die Auswahl der Begriffe vorrangig an dem, was derzeitig in den Lehrplänen und Richtlinien der Bundesländer und in Schulbüchern schwerpunktmäßig gefordert bzw. behandelt wird.

Die Länge der Beiträge richtet sich vor allem nach dem Stellenwert des Begriffs im Schulunterricht und seiner Bedeutung für die historisch-politische Bildung. So werden z. B. bestimmte Begriffe bewusst ausführlicher behandelt, etwa *Demokratie, Menschenrechte, Industrielle Revolution, Diktatur* und *Europa.*

Das Lexikon eignet sich als Nachschlagewerk bei der Vor- und Nachbereitung des Schulunterrichts, bei der Erledigung von Hausaufgaben sowie bei der Vorbereitung auf schriftliche oder mündliche Leistungskontrollen und Klausuren. Auch bei der selbstständigen Erarbeitung von Referaten und Facharbeiten und bei Gruppen- oder Projektarbeit kann das Lexikon Geschichte hilfreich sein.

Es kann aber auch außerhalb der Schule zur schnellen Information angesichts der zahllosen historisch-politischen Begriffe, die uns täglich in den Medien, in Politik und Gesellschaft begegnen, nützlich sein. Nicht zuletzt regt es vielleicht auch gelegentlich zum Schmökern an und damit zur Erweiterung nicht nur des passiven und aktiven Wortschatzes, sondern auch des historisch-politischen Verständnisses.

Die Autoren wünschen allen Benutzern viel Erfolg, Freude und Anregung bei der Arbeit mit dem Lexikon.

Traute Petersen

Dr. Traute Petersen (Hrsg.)

A

Aachener Kongress 1818 einberufene Zusammenkunft der europäischen Großmächte, um die → Heilige Allianz zu sichern. Österreich, Russland, Großbritannien und Preußen beschlossen, gegen revolutionäre Bewegungen vorzugehen. Frankreich, infolge der → Befreiungskriege gegen Napoleon noch von den Siegermächten besetzt, erreichte den vorzeitigen Abzug der Besatzungstruppen und wurde wieder als Großmacht anerkannt.

Abendland (Okzident) Land der untergehenden Sonne im Gegensatz zum Morgenland, dem Orient. Bezeichnung für den westlichen und mittleren Teil Europas, der durch die lateinische Schrift und Kultur sowie durch das Christentum geprägt ist.

Abendmahlsstreit Theologischer Gegensatz zwischen Martin Luther und Ulrich Zwingli über die Anwesenheit Gottes in Brot und Wein (→ Reformation). Während Luther die tatsächliche Anwesenheit Gottes (Realpräsenz) annahm, betrachtete Zwingli Brot und Wein nur als Symbole.

Abgeordnetenhaus Gebäude, in dem eine Volksvertretung tagt. In Preußen bezeichnete das Abgeordnetenhaus von 1855 bis 1918 die zweite parlamentarische Kammer neben dem „Herrenhaus". Seit 1950 Bezeichnung für das Parlament Berlins, das heute eines der 16 Länderparlamente der Bundesrepublik ist.

Der Verkauf von Ablassbriefen,
Holschnitt von Lucas Cranach d. Ä., 1521

Ablass Die mittelalterliche Kirche unterschied bei einer Sünde zwischen einer Sündenschuld und einer zeitlichen oder ewigen Sündenstrafe. Durch Beichte und Buße konnten die Schuld und die ewige Sündenstrafe getilgt werden. Für das Erlassen der zeitlichen Strafe im Diesseits oder Jenseits (Fegefeuer) war eine zusätzliche Buße durch Gebete, gute Werke oder Wallfahrten notwendig. Sie wurde im 15. Jh. zunehmend durch den Verkauf von Ablassbriefen ersetzt. Dieser Missbrauch, von Martin Luther u. a. in den 95 Thesen kritisiert, war ein wichtiger Auslöser der → Reformation.

Absolutismus (lat. *absolutus* losgelöst) Staatstheoretiker der frühen Neuzeit wie Jean Bodin forderten einen monarchischen Staat (→ Monarchie), in dem der Fürst von Gott legitimiert war (→ Gottesgnadentum) und über den Gesetzen stand („Princeps legibus solutus"). Er sollte in seiner Herrschaft nur dem göttlichen Gesetz unterworfen, aber nicht an die Zustimmung und Mitwirkung von Ständevertretern oder → Parlamenten gebunden sein. Die absolutistische Herrschaft stützte sich auf eine zentrale Verwaltung, ein → stehendes Heer, die staatliche Lenkung der Wirtschaft (→ Merkantilismus) und die Hoheit über die Kirche. Die Politik des absolutistischen Herrschers zielte auf eine Steigerung von Macht und Ansehen, nach Außen durch territoriale Expansion, im Inneren durch den Bau riesiger Schlossanlagen (→ Barock) und ein aufwändiges Hofzeremoniell. Vorbild eines absolutistischen Staates war Frankreich unter Ludwig XIV. (1643–1715).

Abt (aramäisch *abba* Vater) Leiter eines → Klosters oder einer Abtei, dem die → Mönche unterstehen und dem sie Gehorsam schulden. Leiterin eines Frauenklosters ist die Äbtissin (→ Nonne). Seit dem Mittelalter übten die so genannten Fürstäbte neben ihren geistlichen Befugnissen auch weltliche Herrschaftsrechte in ihrem → Territorium aus.

Achsenmächte Bezeichnung für alle mit dem nationalsozialistischen Deutschland verbündeten Staaten. Am 25. Oktober 1936 begründete eine deutsch-italienische Übereinkunft die „Achse Berlin-Rom“. Sie hob die innen- und außenpolitischen Gemeinsamkeiten beider Staaten hervor. Im Mai 1939 festigte ein deutsch-italienisches Militärbündnis die Zusammenarbeit. Benito Mussolini bezeichnete es als „Stahlpakt“. Japan schloss sich 1940 dem Bündnis an.

Acht Weltliche Strafe, die den Betroffenen aus der Rechts- und Gesellschaftsordnung des Mittelalters ausschloss. Ein Geächteter verlor seinen Besitz und konnte ungestraft getötet werden. → Bann

Adel (vgl. edel) Durch vornehme Geburt, Besitz und Privilegien gekennzeichnete Führungsschicht, deren Angehörige ihr Selbstbewusstsein durch militärisch-politische Leistung, gesellschaftlichen Anspruch und Kenntnisse von Verwaltung und Wirtschaft begründen. Nach Haupttätigkeitsfeldern unterscheidet man historisch zwischen Priester-, Hof- und Kriegeradel. Der Kriegeradel, der auch in Friedenszeiten einen an Krieg und Kampf orientierten Lebensstil bevorzugte und für den ein heroisches Ethos verbindlich war, hat die Geschichte Europas, aber etwa auch die Japans, Persiens oder Altmexikos maßgeblich geprägt.

Hinsichtlich der genealogisch-sozialen Zusammensetzung unterscheidet man zwischen Geburts-, Amts- und Dienstadel. Die Zugehörigkeit zum Geburtsadel wird nur durch adelige Geburt erreicht (z. B. beim römischen → Patriziat). In den Amtsadel (z. B. der römischen → Nobilität oder der *noblesse de robe*) und in den Dienstadel (z. B. den mittelalterlichen Ministerialen) können auch nichtadelige Personen durch ein bedeutendes Amt oder durch politische bzw. militärische Leistungen aufsteigen. Auch der Dienstadel neigt dazu, sich ständisch von den nichtadeligen Bevölkerungsschichten abzuschließen.

Für die griechische Frühgeschichte und das europäische Mittelalter ist die Trias Adel-Burg-Herrschaft typisch: Adelige Herren, vor allem an Krieg, Jagd und Landwirtschaft interessiert, im übrigen aber den Alltagssorgen weitgehend enthoben, regierten von befestigten Plätzen aus das Umland.

Mit den aufkommenden Reiterheeren entwickelte sich das → Lehnswesen seit dem 8. Jh., das durch ein gegenseitiges Treueverhältnis zwischen Lehnsmann und adeligem, fürstlichem oder kirchlichem Lehnsherrn bestimmt war. Das im Hochmittelalter entstandene → Rittertum entwickelte eine neue Ethik, in der das überkommene heroische Ethos mit christlichen Moralvorstellungen verschmolz. Das Leitbild des „Ritters“ (*Kavalier, caballero, gentleman*) und der „Dame“ (*dame, lady, signora*) verbreitete sich über ganz Europa und wurde später auch von den nichtadeligen Bevölkerungsgruppen übernommen.

Mit dem Aufblühen der Städte im späten Mittelalter verlor der europäische Adel die wirtschaftliche Führungsrolle, im Zeitalter des → Absolutismus und vollends seit der → Französischen Revolution auch die politische; spätestens seit der ersten Hälfte des 20. Jhs ist er auch in gesellschaftlicher Hinsicht nicht mehr die tonangebende Schicht.

Ädil Römischer Beamter mit polizeilichen Funktionen, der für die öffentliche Ordnung (Straßen, Plätze, Marktaufsicht, Feuerwehr und Getreideversorgung) sowie für Feste und Spiele zuständig war.

Adolf-Hitler-Schulen Internatsschulen für Jugendliche, die von der → NSDAP ausgewählt wurden. Diese Schüler stellten einen Teil der HJ-Führer. Adolf-Hitler-Schulen waren Vorschulen für die → Ordensburgen.

Adoptivkaiser Zwischen 96 u. 180 n. Chr. adoptierten die römischen Kaiser ihren Nachfolger, um damit die Herrschaft des jeweils Besten – im Gegensatz zur → Erbmonarchie – zu sichern. Diese Nachfolgeregelung bescherte dem Römischen Reich unter den Adoptivkaisern Trajan, Hadrian, Mark Aurel eine Blütezeit.

Agora Zentraler Treffpunkt und (Versammlungs)ort in der → Polis sowie Bezeichnung für den Marktplatz der antiken Stadt. Hier wurden wichtige wirtschaftliche, politische, gesellschaftliche und auch persönliche Gespräche geführt und Kontakte geknüpft. Insofern war die Agora gewissermaßen das Herz der Polis.

Ahlener Programm Am 3. Februar 1947 beschloss der CDU-Zonenausschuss in Ahlen (Westfalen) ein Wirtschaftsprogramm für die britische Zone. Es forderte die Überführung von Schlüsselindustrien, wie z. B. Stahlwerke oder Bergwerke, in Gemeineigentum (Sozialisierung) und die feste Planung der Wirtschaft (→ Planwirtschaft). Ein weiteres Ziel war, die gewerkschaftlichen Mitglieder stärker in die Partei einzubinden. Das Ahlener Programm blieb aber ohne nennenswerte politische Bedeutung.

Akropolis (gr. hochgelegene Polis) Burgberg über den Wohngebieten der → Polis. Die Akropolis von Athen war als Wahrzeichen der Stadt zugleich religiöses Zentrum (u. a. mit dem Tempel der Stadtgöttin Athene), zeitweise auch Festung und seit der athenischen Vorherrschaft im → Attischen Seebund im 5. Jh. der Aufbewahrungsort der öffentlichen Gelder und Tributzahlungen.

Aktive Handelsbilanz Die Einnahmen eines Landes, die es für exportierte Waren erzielt, sind höher als die Ausgaben, die für importierte Waren anfallen. → Merkantilismus

Albigenser Nach der Stadt Albi in Südfrankreich benannte häretische Glaubensgemeinschaft (→ Ketzer) des 12. und 13. Jhs, die auch als *Katharer* (die Reinen) bezeichnet werden.

Die aus der Armutsbewegung entstandenen Albigenser erkannten wesentliche Grundsätze der kirchlichen Lehre nicht an. Trotz Verfolgung verbreitete sich die Lehre rasch in Südfankreich, wo sich große Teile des Adels anschlossen. Damit erhielt die Bewegung politische Brisanz und geriet in Konflikt mit der französischen Krone. 1209 rief Papst Innozenz III. zum → Kreuzzug auf, der damit erstmals gegen

Die Akropolis

A Parthenon-Tempel
B Erechteion
C Propyläen (Eingang)
D Pinakothek (Mehrzwecksaal mit Wandbildern)
E Tempel der Athena Nike (Siegesgöttin)
F Zugangsrampe
G Haus der Priesterinnen
H Theater des Dionysos

eine christliche Glaubensgemeinschaft geführt wurde. Durch die Vernichtung der Albigenser konnte das (nord)französische Königtum seine Macht auf Südfrankreich ausdehnen. Die Folgen der Auseinandersetzung zwischen Nord- und Südfrankreich sind in der französischen Geschichte bis zur Gegenwart spürbar.

Alchemie Im Mittelalter und in der frühen Neuzeit die noch stark von fantastischen Vorstellungen durchsetzte Lehre von den Stoffen in der Natur. Vorstufe der heutigen Chemie.

Alldeutsche Anhänger einer national geprägten politischen Bewegung, die sich 1894 im „Alldeutschen Verband" organisierte und u. a. das kaiserliche → Flottenbauprogramm unterstützte. Nach 1918 lehnten die Alldeutschen die → Weimarer Republik ab und stärkten damit antidemokratisch-nationale Kräfte wie den Nationalsozialismus, unter dessen Herrschaft sie zunehmend überflüssig und 1939 schließlich aufgelöst wurden.

Alleinvertretungsanspruch Nach ihrer Gründung erhob die Bundesrepublik den Anspruch, einzige legitime Vertreterin des ganzen deutschen Volkes zu sein. Sie fühlte sich auch für die Menschen in der DDR verantwortlich, weil diese nicht in freien Wahlen ihr Recht auf Selbstbestimmung ausüben konnten. Der Alleinvertretungsanspruch kam insbesondere in der → Hallsteindoktrin zum Ausdruck. Erst mit dem → Grundlagenvertrag von 1970 verzichtete die Bundesrepublik darauf, ganz Deutschland zu vertreten. Die Frage der → Wiedervereinigung blieb aber weiterhin offen.

Allgemeines preußisches Landrecht (ALR) Von Friedrich II. in Auftrag gegebenes, 1794 veröffentlichtes Gesetzbuch, mit dem für den gesamten preußischen Staat einheitliches Recht geschaffen wurde. Auch wenn der König die legislative Gewalt behielt und die Möglichkeit hatte, in Justizentscheidungen einzugreifen, und die ständische Gesellschaft nicht geändert wurde, war das Allgemeine preußische Landrecht ein wichtiger Schritt zur Entwicklung des Rechtsstaates.

Alliierter Kontrollrat → Kontrollrat

Allmende Landwirtschaftliche Nutzfläche, die sich nicht in Privateigentum befindet, sondern im Gegensatz zur → Hufe allen Dorfbewohnern zur Verfügung steht. Die Allmende war im Mittelalter und der Frühen Neuzeit eine der wichtigsten Einnahmequellen der Gemeinden.

Amerikanische Unabhängigkeit Die englischen Kolonien in Nordamerika wehrten sich gegen politische Einschränkungen und finanzielle Belastungen durch Zölle oder Steuern, die ohne ihre Mitwirkung von England beschlossen worden waren, und erklärten am 4. Juli 1776 ihre Unabhängigkeit von England. Dabei beriefen sie sich auf die Ideen der → Aufklärung (Recht auf Leben, Freiheit und Streben nach Glück). Die 13 Einzelstaaten schlossen sich zu einem → Bundesstaat zusammen und gaben sich 1789 eine demokratische Verfassung.

Die amerikanische Unabhängigkeit war die erste bürgerliche Revolution der Neuzeit und wirkte nachhaltig auf die europäische Politik.

Amerikanisch-spanischer Krieg Die Ursache für die Auseinandersetzung war die spanisch-amerikanische Rivalität um den Einfluss auf dem amerikanischen Kontinent. Als 1898 ein Kriegsschiff der USA im spanisch besetzten Havanna versenkt wurde, erklärten die USA den Krieg. Die Spanier mussten eine demütigende Niederlage hinnehmen, die deren imperiale Großmachtträume beendete. Kuba blieb bis 1902 Protektorat der USA.

Amselfeld Früheres Kerngebiet der Serben (serbisch Kosovo). 1389 wurde hier das serbische Heer vernichtend von den Türken geschlagen. Mit dem Sieg der Türken begann eine fünfhundertjährige Herrschaft des → Osmanischen Reiches über den Balkan. Für das Nationalbewusstsein der Serben hat das Amselfeld bis heute große Bedeutung, obwohl es mittlerweile zu über 90 % von Albanern bewohnt ist. Die wechselhafte Besiedlung dieser Region war einer der Gründe für den → Kosovokrieg.

Ämterlaufbahn (*cursus honorum*) Reihenfolge der Ämter, die im Interesse der politischen und militärischen Karriere bekleidet werden müssen. In der Römischen Republik gemäß einer inoffiziellen Rangfolge etwa: → Ädil, → Quästor, → Prätor, → Konsul.

Anarchie (gr. *an-archia* ohne Regierung, Unordnung) Zustand der Herrschafts- und Gesetzlosigkeit.

Anarchismus (gr. *an-archia* ohne Regierung) Der Anarchismus bezeichnet im politischen Bereich das Eintreten für eine Gesellschaft, die ohne jede staatliche Autorität auskommt, z. B. ohne Regierung, Gerichtsbarkeit, Polizei und Schule.

Ancien régime (franz. ehemalige Regierungsform) Seit der → Französischen Revolution die Bezeichnung für das vorrevolutionäre Staats- und Gesellschaftssystem in Frankreich. Das Ancien régime war gekennzeichnet durch die absolutistische Monarchie und eine ständisch-feudale Gesellschaft. → Absolutismus

Anglikanische Kirche (lat. *Ecclesia Anglicana*) Bezeichnung für die „Church of England", die 1534 durch den Bruch Heinrichs VIII. mit dem Papst entstand und vom englischen Parlament bestätigt wurde. Das geistliche Oberhaupt der Staatskirche ist der König von England, der auch die Bischöfe ernennt. → Reformation

Annalen (lat. *annus* Jahr) Knapp gefasste Jahresberichte, in denen als besonders wichtig angesehene Ereignisse festgehalten wurden.

Annuität (lat. *annus* Jahr) Beschränkung der Amtszeit auf ein Jahr, um den Missbrauch der Amtsgewalt zu verhindern. In der Römischen Republik wurde die Annuität mit der Beseitigung des Königtums (5. Jh. v. Chr.) eingeführt.

Anschluss Politisches Schlagwort für die Vereinigung Österreichs mit dem Deutschen Reich im März 1938.

Der österreichische Bundeskanzler Kurt Schuschnigg versuchte vergeblich, die Selbstständigkeit seines Landes zu bewahren. Hitler forderte die Übergabe der Regierung an die Nationalsozialisten und drohte mit dem Einmarsch deutscher Truppen. Als sich abzeichnete, dass das Ausland den Anschluss Österreichs hinnehmen werde, ließ Hitler am 12. März 1938 deutsche Truppen in Österreich einmarschieren, die von weiten Teilen der Bevölkerung mit großem Jubel begrüßt wurden. Die französischen und britischen Politiker tolerierten im Rahmen der → Appeasementpolitik auch offiziell Hitlers eigenmächtiges Vorgehen.

Antike (lat. *antiquus* alt) Epochenbezeichnung für die Zeit von ca. 3000 v. Chr. bis ca. 500 n. Chr. Im engeren Sinn die griechisch-römische Kultur („Klassische Antike"). In der europäischen Geistes- und Kulturgeschichte griff man immer wieder bewusst auf die Klassische Antike zurück. Bekanntestes Beispiel ist die → Renaissance als „Wiedergeburt" der Antike.

Antikominternpakt Abkommen des Deutschen Reichs und Japan (1936), das sich gegen die „Kommunistische Internationale" (Komintern) unter der Führung der Sowjetunion richtete. 1937 trat auch Italien dem Pakt bei. Geheime Zusatzabkommen verpflichteten die Staaten zur gegenseitigen Neutralität im Fall eines sowjetischen Angriffs und verboten den Abschluss von Verträgen mit Moskau. Der → Hitler-Stalin-Pakt widersprach an sich der Idee des Antikominternpaktes.

Antisemitismus Feindselige Einstellung bzw. Bewegung gegenüber den Semiten, einer in Vorderasien und Nordafrika beheimateten Völkerschaft.

Spätestens seit der Gründung der Antisemitischen Liga 1879 in Berlin durch Wilhelm Marr verengte sich der Begriff jedoch speziell auf die Juden, die aber nur einen Teil der semitischen Völkergruppe ausmachen. Judenfeindlichkeit gab es bereits in der Antike. Sie trat verstärkt im Mittelalter auf, da die Juden als „Christusmörder" galten. Trotz ihrer zeitweiligen Isolation leisteten die Juden im europäischen Wirtschafts- und Geistesleben Bedeutendes. Obwohl die jüdische Bevölkerung auf diese Weise zunehmend integriert oder sogar assimiliert war, mobilisierten die Nationalsozialisten die alten Vorurteile, um eine geschichtlich beispiellose Vernichtungsmaschinerie in Gang zu setzen. → Holocaust

APO (Außerparlamentarische Opposition) Mehrheitlich von Studenten getragene Protestbewegung in der Bundesrepublik, die in der Mitte der 60er-Jahre durch Demonstrationen, Blockaden, Sitzstreiks und Sprengung von Veranstaltungen ihre Ziele erreichen wollte.

Der Protest richtete sich gegen alle überkommenen Autoritäten in Elternhaus, Schule, Universität und Gesellschaft sowie gegen die Verdrängung der NS-Vergangenheit und diktatorische Staatsformen auf der Welt. Die meist aus der marxistischen Gedankenwelt entwickelten Vorstellungen fanden jedoch selbst unter der Arbeiterschaft keine Zustimmung. 1969 verebbte die Protestbewegung bis auf eine kleine Gruppe, die als Terroristen im Untergrund weiter gegen den demokratischen Staat kämpfte.

Appeasement-Politik (engl. Beruhigung, Beschwichtigung) Die von der britischen Regierung unter Arthur N. Chamberlain von 1937 bis 1939 verfolgte Politik gegenüber Deutschland unter Hitler.

Durch Nachgiebigkeit gegenüber den deutschen Gebietsforderungen sollte der Frieden in Europa gesichert werden (→ Münchner Abkommen). Die Appeasement-Politik endete mit der Besetzung der Resttschechei durch deutsche Truppen 1939. Sie wurde zum Inbegriff falscher Nachgiebigkeit gegenüber der Aggression eines Diktators.

Arbeiter- und Soldatenräte Angesichts der Unruhen in Deutschland in der Folge des → Ersten Weltkrieg übernahmen im November 1918 spontan revolutionäre Arbeiter und Soldaten die Macht (→ Novemberrevolution). Sie organisierten sich nach sowjetischem Vorbild auf der Basis der Betriebe und Truppenteile in Arbeiter- und Soldatenräte, kümmerten sich um die Aufrechterhaltung der öffentlichen Ordnung und traten für eine Demokratisierung von Militär und Verwaltung ein. Der Berliner Arbeiter- und Soldatenrat setzte den → Rat der Volksbeauftragten unter Führung Friedrich Eberts (SPD) als provisorische Regierung ein. Die Mehrheit der Arbeiter- und Soldatenräte sprach sich für allgemeine Wahlen zu einer deutschen → Nationalversammlung aus.

Arbeiterbewegung Oberbegriff für die organisierten Bestrebungen der abhängigen Lohnarbeiter, ihre wirtschaftliche und soziale Lage zu verbessern und politischen Einfluss zu erlangen. Im 19. Jh. war die Arbeiterschaft infolge der rasanten → Industrialisierung vor allem in England durch gesundheitsbelastende und unterbezahlte Arbeit sowie durch das Fehlen jeglicher sozialer Absicherung stark verelendet. Das führte zur Gründung von Selbsthilfeorganisationen und zur Bildung von → Gewerkschaften, aber auch zu verstärkten Anstrengungen des Staates, die Lage der Arbeiter durch gesetzgeberische Maßnahmen zu verbessern.

Träger der Arbeiterbewegung waren der auf den Prinzipien des → Marxismus-Leninismus beruhende → Kommunismus und die → Sozialdemokratie. Daneben existierte auch eine christlich-sozial geprägte Arbeiterbewegung. Während die Kommunisten die Weltrevolution und die → Diktatur des Proletariats anstrebten, setzten Sozialdemokraten und Christsoziale erfolgreich auf Reformen zugunsten der Arbeiterschaft im Rahmen des bestehenden politischen Systems.

Arbeitsteilung Aufteilung der Arbeit auf verschiedene Personengruppen (z. B. Männer und Frauen). 1. Stufe: Im Zusammenhang mit der → Neolithischen Revolution gliederte sich die Gesellschaft in unterschiedliche Berufsgruppen (Handwerker, Bauern, Händler, Beamte) und legte mit dieser Spezialisierung wichtige Voraussetzungen für die frühen → Hochkulturen. 2. Stufe: Seit der → Industriellen Revolution Herstellung eines Produkts durch mehrere Arbeiter in verschiedenen, voneinander getrennten Arbeitsgängen (z. B. Fließbandarbeit in einer Fabrik).

Archäologie Wissenschaftliche Erforschung alter Kulturen durch Ausgrabung und Rekonstruktion von Überresten bzw. Funden. Wichtige Methoden sind z. B. Unterwasserarchäologie, Luftbildarchäologie, Dendrochronologie (Datierung mithilfe der Jahresringe des verwendeten Holzes).

Archonten (gr. *archein* herrschen) Den neun jährlich wechselnden Beamten in Athen oblagen verschiedene Aufgaben, wie z. B. Kriegführung, Gerichtswesen, und Kult. Ursprünglich dem Adel vorbehalten, wurde das Archontat im Zusammenhang mit der Durchsetzung der Attischen Demokratie auch für die besitzenden Vermögensklassen geöffnet.

Areopag Adelsrat in Athen, dem ehemalige → Archonten lebenslang angehörten. Als höchstes Gericht und staatliche Oberaufsicht verkörperte der Areopag bis zu seiner Entmachtung (seit 462 v. Chr. nur noch Blutsgerichtsbarkeit) politische Kontinuität und ist daher mit dem römischen → Senat vergleichbar.

Ariernachweis Nach dem „Gesetz zur Wiederherstellung des Berufsbeamtentums" (1933) durfte im nationalsozialistischen Deutschland kein Jude im öffentlichen Dienst beschäftigt sein. Jeder Deutsche musste durch Geburts- und Heiratsurkunden einen Abstammungsnachweis vorlegen. Nur Menschen „arischen" oder „deutschen" Blutes durften eingestellt werden. Da diese Bestimmung bald auch für alle Verbände, Vereine und Organisationen galt, führte sie zur völligen Ausgrenzung der jüdischen Bevölkerung.

Aristokratie Herrschaft der Adeligen, die sich in Abgrenzung zur Monarchie bzw. Demokratie als die „Besten" (*aristoi*) bezeichneten. Allgemein beschreibt der Begriff eine hervorragende Minderheit bzw. Elite (Geistesaristokratie, Geldaristokratie). Nach der griechischen Staatslehre des Aristoteles birgt die Aristokratie die Gefahr, zur → Oligarchie zu werden.

Armada (span. *armar* bewaffnen, ausrüsten) Mit der angeblich unbesiegbaren „Großen Armada" (ca. 130 Schiffe und 30 000 Mann) griff Philipp II. 1588 England an, wurde aber vernichtend geschlagen. Die Niederlage der katholischen Spanier war zum einen ein wichtiger Erfolg für die Protestanten in den Religionskriegen und bedeutete zum anderen langfristig die Ablösung der spanischen Seeherrschaft durch England.

Armer Konrad Bezeichnung für die aufständischen württembergischen Bauern, die sich 1514 gegen neue Steuern des Herzogs wehrten. → Bauernkrieg

Artikel 48 Dieser Artikel der → Weimarer Reichsverfassung ermächtigte den Reichspräsidenten, in Notzeiten „zur Wiederherstellung der öffentlichen Sicherheit und Ordnung" erforderliche Maßnahmen zu treffen. Der Reichspräsident durfte die Reichswehr im Innern einsetzen und sogar wichtige Grundrechte „vorübergehend" außer Kraft setzen. Der Artikel sollte dazu dienen, Putschversuche niederzuschlagen und innere Unruhen zu bekämpfen (→ Putsch). Am Ende der Weimarer Republik war er die Grundlage, um Gesetze ohne Zustimmung des Parlaments in Form von → Notverordnungen zu verabschieden. Die → Präsidialkabinette regierten ohne Parlamentsmehrheit über den Artikel 48.

Atlantik-Charta 1941 von dem amerikanischen Präsidenten Franklin D. Roosevelt und dem britischen Premierminister

Winston Churchill verkündete Kriegs- und Friedensziele. Sie beinhalteten vor allem den Verzicht auf jede territoriale Vergrößerung, das Recht aller Völker, ihre Regierungsform zu bestimmen (→ Selbstbestimmungsrecht) und den Aufbau einer alle Völker umfassenden Friedensordnung. Die Grundsätze der Atlantik-Charta wurden 1945 in die Charta der → Vereinten Nationen aufgenommen. Mit der Atlantik-Charta meldeten die Vereinigten Staaten ihren Anspruch an, in der Weltpolitik nach dem Ende des → Zweiten Weltkrieges eine Führungsrolle zu übernehmen.

Attischer Seebund (auch Attisch-Delischer Seebund) Schutz- und Verteidigungsbündnis gegen die Perser, das Athen und die Inselstädte der Ägäis sowie der asiatischen Küste nach dem Ende der Perserkriege 477 v. Chr. schlossen. Da das demokratische Athen seine Vorherrschaft seit 446 v. Chr. rücksichtslos ausweitete, wandelte sich der Seebund zu einem imperialistisch regierten Seereich, das nach dem → Peloponnesischen Krieg auseinander brach.

Aufgeklärter Absolutismus Versuch der absolutistisch regierenden Könige, ihr Herrschaftssystem mit Ideen der → Aufklärung zu verbinden. Monarchen wie Friedrich II. von Preußen oder Joseph II. von Österreich behielten ihre uneingeschränkte Macht, beriefen sich aber nicht mehr auf das → Gottesgnadentum, sondern begründeten ihre Herrschaft mit dem → Gesellschaftsvertrag. Als „erste Diener des Staates" verzichteten sie auf persönliche Prachtentfaltung und verbesserten durch weit reichende → Reformen die Lage ihrer Untertanen. → Allgemeines preußisches Landrecht

Aufklärung (aufklären: Licht in eine Sache bringen) Europäische Geistesbewegung des 17. und 18. Jhs. Die Aufklärer kritisierten die christlichen Kirchen, die ständische Feudalgesellschaft, die merkantilistische Wirtschaft (→ Merkantilismus) und den absolutistischen Staat (→ Absolutismus). Sie forderten eine Vernunftreligion (→ Deismus) und religiöse → Toleranz, die Gleichheit der Menschen, eine freie Entwicklung von Produktion und Handel (→ Marktwirtschaft, → Physiokraten), eine vertragliche Regelung zwischen der Regierung und den Regierten (→ Gesellschaftsvertrag), → Volkssouveränität,

Ludwig XIV. (1638–1715). Der Sonnenkönig ist der Prototyp eines absolutistischen Monarchen.

Friedrich II. von Preußen (1712–1786). Als aufgeklärter Monarch der „erste Diener seines Staates".

→ Gewaltenteilung, bessere Erziehung und breitere schulische Bildung. Die Aufklärung schuf die Voraussetzungen für die → Industrielle Revolution und die bürgerlichen Revolutionen der Neuzeit (→ Französische Revolution, → Amerikanische Unabhängigkeit) und wurde grundlegend für das Fortschrittsdenken der Neuzeit.

Wichtige Vertreter der Aufklärung waren John Locke und Adam Smith in England, Voltaire (eigentl. François Marie Arouet), und Montesquieu (Charles de Secondat) in Frankreich sowie Immanuel Kant in Deutschland.

Augsburger Bekenntnis Von Philipp Melanchthon verfasste Bekenntnisschrift der Protestanten auf dem Augsburger → Reichstag 1530. Sie sollte zu einer Verständigung zwischen den Konfessionen beitragen, wurde aber von der katholischen Seite zurückgewiesen. Mehrfach umgearbeitet, wurde sie zur wichtigsten Bekenntnisschrift der protestantischen Kirche und im → Augsburger Religionsfrieden reichsrechtlich anerkannt.

Augsburger Religionsfriede Reichsgesetz des Augsburger → Reichstags 1555 zur Beendigung der Religionskämpfe. Die weltlichen Reichsfürsten durften das Bekenntnis ihrer Untertanen bestimmen (Cuius regio, eius religio), Andersgläubige erhielten das Recht auf Auswanderung. Geistliche Reichsfürsten verloren beim Konfessionswechsel Amt und Herrschaft (→ geistlicher Vorbehalt). In den Reichsstädten sollten beide Konfessionen geduldet werden. Mit dem Verzicht des Reichs auf die Einheit von Glauben und Kirche, die jetzt in den Territorien entschieden wurde, war der Augsburger Religionsfrieden auch ein Sieg der Reichsstände gegenüber Kaiser und Reich.

Auguren Römische Priester, die die Deutung von Opfern und Vorzeichen vor wichtigen Staatshandlungen vornahmen. Grundlagen ihrer Deutungen waren z. B. Eingeweideschau von Opfertieren, Vogelflug oder Himmelszeichen wie Blitz und Donner. Da die Auguren mit ihren Deutungen politische Entscheidungen beeinflussen konnten, begrüßten sie sich gegebenenfalls mit einem wissenden Lächeln. Der Begriff „Augurenlächeln" bezeichnet bis heute ein hintergründig-lächelndes Einverständnis zwischen Eingeweihten angesichts der Unwissenheit oder Gutgläubigkeit anderer.

Auspizien (lat. *auspicium* Vogelschau) In der Antike bezeichnet der Begriff die Vorzeichen bei Opferhandlungen, aus denen die → Auguren den Willen der Götter deuteten.

Austerlitz Stadt in Südmähren, in deren Nähe 1805 Napoleon die Truppen des österreichischen Kaisers Franz II. und des russischen Zaren Alexander I. in der Dreikaiserschlacht vernichtend schlug. Österreich musste daraufhin im Frieden von Pressburg Gebiete abtreten und verlor in der Folge entscheidend an Einfluss auf die deutschen Verhältnisse.

Autarkie Wirtschaftliche Unabhängigkeit besonders hinsichtlich der Rohstoffe und Nahrungsmittel.

Autokratie (gr. *autos kratein* selbst herrschen) Herrschaftsform, in der sich die alleinige und unbeschränkte Macht des Herrschers auch über das Gesetz erstreckt (z. B. das russische Zarentum).

Autonomie (gr. *autos nomos* nur dem eigenen Gesetz unterworfen) Innere Unabhängigkeit, Freiheit von fremden Gesetzen. Neben → Autarkie eines der zentralen Merkmale der griechischen → Polis.

B

Bagdadbahn Die von 1903 bis 1940 errichtete Eisenbahnstrecke zwischen der türkischen Stadt Konya und Bagdad setzte die Strecke Istanbul-Konya fort. Geplant, finanziert und gebaut wurde die Bagdadbahn maßgeblich unter deutscher Beteiligung. Die deutsch-türkische Kooperation wurde besonders von England negativ bewertet und war daher eine der Ursachen für den Ausbruch des → Ersten Weltkriegs.

Balance of Power (engl. Gleichgewicht der Macht) Grundprinzip der englischen Außenpolitik seit dem 17. Jh. England versuchte, durch seine Bündnispolitik zwischen den europäischen Großmächten auf dem Festland ein Gleichgewicht zu erreichen und damit die → Hegemonie eines Staates zu verhindern.

Balkankriege Der Machtverlust des Osmanischen Reiches führte ab der zweiten Hälfte des 19. Jhs zu mehreren Balkankriegen. Vor allem Österreich-Ungarn und Russland stießen in das durch die türkische Schwäche erzeugte Machtvakuum vor. Im Ersten Balkankrieg verdrängten 1912 Bulgarien, Montenegro und Griechenland, unterstützt von Russland, die Türkei fast ganz aus Europa. Im Streit der Verbündeten um die Beutegebiete kam es 1913 zum Zweiten Balkankrieg: Um das eroberte Mazedonien für sich zu gewinnen, griff Bulgarien Serbien an, das sich jedoch mithilfe der übrigen Bündnispartner und der Türkei siegreich behauptete. Im Frieden von Bukarest wurde Mazedonien zwischen Serbien und Griechenland aufgeteilt. Albanien wurde selbstständiges Fürstentum.

Trotz der Gebietsgewinne blieben die Balkanstaaten mit den Ergebnissen der Balkankriege aus unterschiedlichen Gründen unzufrieden, vor allem Serbien, das sein Ziel, einen Zugang zur Adria zu erhalten, auf Betreiben Österreich-Ungarns nicht erreicht hatte.

Insgesamt war die instabile Lage auf dem Balkan einer der wichtigsten Faktoren für den Ausbruch des → Ersten Weltkriegs. → Bosnische Krise

Bank (ital. *banca* Tisch, Wechseltisch) Einrichtung für den Geldverkehr. Durch die Ausweitung des Handels zu Beginn der Neuzeit entwickelten sich Wechselstuben zu vielseitigen Geldinstituten (Sparguthaben gegen Zinsen, Gewährung von Krediten, Darlehen und Hypotheken, Zahlungsverkehr) und leisteten einen wichtigen Beitrag zur wirtschaftlichen Entwicklung Europas.

Bann Ausschluss von der Teilhabe am politischen, gesellschaftlichen oder religiösen Leben im Sinne von Ächtung (→ Acht) oder Isolierung (vgl. Verbannung). Im Mittelalter auch zusammenfassende Bezeichnung der (königlichen) Hoheitsrechte (z. B. Heerbann, Gerichtsbann, Forstbann). Der Kirchenbann ist gleichbedeutend mit der → Exkommunikation und hatte seit 1220 auch die weltliche → Acht zur Folge („In Acht und Bann schlagen").

Barock (port. *barocca* unregelmäßige Perle) Kunststil des 17. und 18. Jhs, dessen wesentliche Kennzeichen die Überhöhung der Wirklichkeit durch Schwung, kraftvolle Bewegung oder Spannung waren, was später oft als überladen oder schwülstig empfunden wurde. Das Lebensgefühl des barocken Menschen war geprägt vom Schwanken zwischen Lebensgenuss und Vergänglichkeitsgefühl. Für die katholische Kirche wurde der/das Barock zum bevorzugten Stil der → Gegenreformation, im absolutistischen Staat diente er der Repräsentation des Fürsten. → Absolutismus

Baron In England und Frankreich seit dem 12. Jh. unmittelbarer Lehnsträger der Krone (Kronvasall). Seit dem 16. Jh. in Deutschland als Adelstitel für einen Freiherrn gebräuchlich.

Bartholomäusnacht („Pariser Bluthochzeit") Bezeichnung für den Massenmord an den → Hugenotten in der Nacht des 24. August („Bartholomäustag") 1572. Die Hochzeit zwischen dem calvinistischen Heinrich von Navarra und der katholischen Prinzessin Margarete von Valois sollte den konfessionellen Streit zwischen Katholiken und Calvinisten in Frankreich beenden. Die Königsmutter Katharina von Medici nutzte allerdings die Hochzeit, um auf die Anführer des hugenottischen Adels, die bei dem Fest anwesend waren, ein Massaker verüben zu lassen. Daraufhin kam es in ganz Frankreich zu Hugenottenverfolgungen, bei denen mindestens 10 000 Menschen den Tod fanden.

Die Bartholomäusnacht ist ein Höhepunkt der französischen Religionskriege, die erst mit dem → Edikt von Nantes 1598 zu Ende gingen.

Basilika (gr. *basileus* König) In der ursprünglichen Wortbedeutung bezeichnet Basilika eine Königshalle; in der Antike eine Markt- oder Gerichtshalle. Aus der Basilika entwickelte sich der älteste Kirchentyp, der durch ein Hauptschiff mit zwei oder vier Seitenschiffen sowie einem halbrunden Altarraum, der Apsis, gekennzeichnet ist.

Bastille Die Festungsanlage in Paris, die von den französischen Königen als Staatsgefängnis für politische Häftlinge

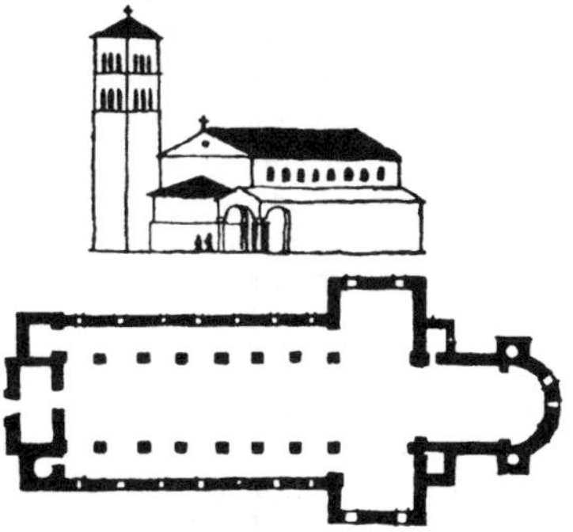

Abb. oben rechts: Grundriss einer dreischiffigen Basilika mit Apsis.

Architektur des Barocks
Abb. oben links:
Das große Treppenhaus in Pommersfelden, Stich von Salomon Kleiner, 1728
Abb. links:
Die Karlskirche in Wien, J. B. Fischer von Erlach, 1688

genutzt wurde. Am 14. Juli 1789 wurde sie von der aufständischen Bevölkerung als Symbol absolutistischer Unterdrückung gestürmt und zerstört (→ Absolutismus). Die Erstürmung der Bastille gilt als Beginn der → Französischen Revolution. Der 14. Juli ist heute im Andenken an die Erringung der Macht durch das Volk der Nationalfeiertag der Franzosen.

Bauernbefreiung Aufhebung der persönlichen und wirtschaftlichen Unfreiheit der Bauern gegenüber ihren Herren. Durch Agrarreformen im 18. und 19. Jh. wurden, auch unter dem Einfluss der → Französischen Revolution, die Bauern nach und nach von Frondiensten (→ Fron) und Abgaben entlastet, aus der Leibeigenschaft entlassen und durften z. B. den Ehepartner und den Wohnsitz frei wählen.

Bauernkrieg Bewaffnete Aufstände der Bauern in Teilen des Deutschen Reiches (Ober- und Mitteldeutschland, Elsass, Tirol und Steiermark) von 1524 bis 1526. Ihre wichtigsten Ursachen waren die Entwicklung des Territorialstaates, der eine landesherrliche Gerichtsbarkeit nach römischem Recht durchsetzte und die traditionellen Rechte der Bauern bedrohte sowie die gesetzlich geregelten Erbteilungen der Bauernhöfe. Die Bauern legten ihre Forderungen in Druckschriften wie den → Zwölf Artikeln dar, in denen sie sich auf das „alte Recht" als göttliches Recht beriefen.

Der Bauernkrieg als „Revolution des gemeinen Mannes" war die erste politisch-soziale Erhebung in der deutschen Geschichte.

Bauernlegen Bezeichnung für das Einziehen von bäuerlichem Besitz durch – meist adelige – Grundherren. Es wurde mit unklaren Eigentumsrechten der Bauern begründet oder erfolgte durch Aufkauf, gelegentlich auch unter Zwang oder Vertreibung. Das Bauernlegen begann im England des 15. Jhs, wo man den vergrößerten Besitz durch Hecken abgrenzte („enclosures"). In Deutschland wurde das Bauernlegen vor allem in Mecklenburg und Vorpommern seit dem 18. Jh. durchgeführt. Dadurch entstand Großgrundbesitz, der effektiver bewirtschaftet werden konnte, gleichzeitig aber stiegen die Bauern zu Tagelöhnern herab und bildeten landloses Proletariat.

Bayerischer Erbfolgekrieg Wegen des Aussterbens der bayerischen Linie der Wittelsbacher 1777 fiel Bayern an den pfälzischen Kurfürsten Karl Theodor. Bei dieser Gelegenheit versuchte der habsburgische Kaiser Joseph II. Teile Bayerns zu erwerben, um seinen Einfluss im Reich zu stärken. Friedrich II. von Preußen verhinderte den habsburgischen Machtzuwachs durch einen Einmarsch in Böhmen. Der Krieg endete ohne größere Schlachten mit dem Frieden von Teschen (1779), in dem Österreich nur das Innviertel erhielt. Preußen hatte mit diesem Krieg seine Stellung im Deutschen Reich gefestigt.

Beamter Inhaber eines öffentlichen Amtes. In der griechisch-römischen Antike wurde die Amtsgewalt in Wahlen oder → Losverfahren durch das Volk („von unten") verliehen. Um Machtmissbrauch zu verhindern, wurden die Ämter mindestens doppelt besetzt (→ Kollegialität) und die Amtszeit auf ein Jahr beschränkt (→ Annuität). Im alten Ägypten und seit dem 18. Jh., besonders ausgeprägt in Preußen, wurden Beamte „von oben", vom Inhaber der staatlichen Gewalt meist auf Lebenszeit ernannt, um deren Unabhängigkeit zu sichern. Das moderne Beamtenverhältnis beruht auf einem inzwischen zunehmend infrage gestellten „Dienst- und Treueverhältnis".

Bedingungslose Kapitulation (engl. *unconditional surrender*) Mit dieser Formel wollten die Westalliierten ihre Gegner im → Zweiten Weltkrieg – Deutschland, Italien und Japan – zum Aufgeben zwingen. Auf der Konferenz von Casablanca 1943 einigten sich der amerikanische Präsident Franklin D. Roosevelt und der britische Premierminister Winston Churchill darauf, dass neben die militärische auch die politisch-staatliche Kapitulation treten sollte. Die Formel sollte deutlich machen, dass mit Hitler und den Nationalsozialisten auf der Grundlage von Verhandlungen Frieden nicht zu erreichen sein werde. Der Sowjetunion sollte sie zeigen, dass die Westmächte entschlossen waren, den Krieg bis zum Ende durchzufechten. Die bedingungslose Kapitulation bedeutete auch, dass die Bestimmungen der → Atlantik-Charta für die Besiegten nicht gelten sollten.

Befreiungskriege (Koalitionskriege) Zwischen 1813 und 1814 wehrten sich die Staaten Europas erfolgreich gegen die Vorherrschaft Napoleons auf dem Kontinent. Preußen und Russland bildeten ein Bündnis gegen Frankreich, dem im Verlauf der Kämpfe Österreich, Großbritannien und Schweden beitraten. Der → Rheinbund kämpfte dagegen aufseiten Frankreichs. Durch die → Völkerschlacht bei Leipzig wurde Napoleon zum Rückzug gezwungen. Der Rheinbund wurde aufgelöst und die Verbündeten marschierten in Frankreich ein. 1814 dankte Napoleon ab und erhielt für sein Exil die Insel Elba als selbstständiges Fürstentum. Als Napoleon allerdings 1815 aus der Verbannung nach Frankreich zurückkehrte („Herrschaft der 100 Tage"), nahmen die Verbündeten den Krieg gegen Frankreich wieder auf: Napoleon wurde nun bei → Waterloo durch die Feldherrn Wellington und Blücher vernichtend geschlagen.

Bekennende Kirche Die 1934 von Martin Niemöller in Berlin gegründete evangelische Erneuerungs- und Widerstandsbewegung gegen den Nationalsozialismus breitete sich über ganz Deutschland aus. Sie kämpfte für die Unabhängigkeit der kirchlichen Lehre von der nationalsozialistischen Weltanschauung. Die Nationalsozialisten hatten einen Teil der evangelischen Kirche in der „Glaubensbewegung Deutsche Christen" auf ihre Seite gezogen. Nachdem sich viele Gläubige der Bekennenden Kirche angeschlossen hatten, wurden ihre Pastoren von den Nationalsozialisten systematisch verfolgt. Mitglieder der Bekennenden Kirche, wie z. B. Dietrich Bonhoeffer, nahmen an den Überlegungen des → Kreisauer Kreises zur Neugestaltung Deutschlands nach Hitler teil.

Berlin-Blockade Elfmonatige Sperrung aller Land- und Wasserwege der westlichen Besatzungszonen nach West-Berlin durch die sowjetische Besatzungsmacht. Als die westlichen Alliierten die DM-Währung auch in den Westsektoren der Stadt einführten, verhängte die Sowjetunion im Juni 1948 eine totale Sperre und schnitt damit Berlin sowohl von Elektrizität als auch von Lebensmittellieferungen ab. Ziel war, die Berliner Bevölkerung zu demoralisieren und die westlichen Alliierten zur Aufgabe ihrer Position in der Stadt zu zwingen. Die westlichen Alliierten reagierten erfolgreich mit der Einrichtung der → Luftbrücke.

Berliner Kongress Unter dem Vorsitz Otto von Bismarcks tagten 1878 die europäischen Großmächte in Berlin, um die Verhältnisse auf dem Balkan neu zu regeln. Dort hatte Russland einen so beherrschenden Einfluss gewonnen, dass sich Großbritannien und Österreich-Ungarn in ihren Interessen bedroht sahen. Die Lösung brachte ein Kompromiss: Russland verzichtete auf das Protektorat Großbulgarien, das ein der Türkei tributpflichtiges Fürstentum wurde. Rumänien, Serbien und Montenegro wurden selbstständige Staaten.

Der Berliner Kongress war zwar äußerlich ein diplomatischer Erfolg Bismarcks, belastete in der Folge jedoch wegen der russischen Machteinbußen das deutsch-russische Verhältnis und verstärkte die österreichisch-russische Rivalität auf dem Balkan.

Betriebskampfgruppen Nach dem → Volksaufstand vom 17. Juni 1953 wurden in der → DDR paramilitärische Einheiten gegründet, zu denen Männer zwischen 25 und 60 Jahren dienstverpflichtet wurden. Ursprünglich nur zum Schutz der Betriebe gedacht, wurden ihnen auch militärische Aufgaben bei innen- oder außenpolitischen Krisen zugewiesen. In der Nacht vom 12. zum 13. August 1961 riegelten bewaffnete Einheiten der Betriebskampfgruppen die Grenzen der DDR ab. → Mauerbau

Bettelorden Im 13. Jh. entstandene Orden (z. B. Franziskaner, Dominikaner), deren Mitglieder freiwillig auf Besitz verzichteten. Die Mönche sollten ihren Lebensunterhalt durch Betteln bestreiten.

Biedermeier Kulturhistorischer Begriff für die Zeit der Restauration nach dem → Wiener Kongress von 1815–1848. In Deutschland hatten sich die Hoffnungen des liberalen Bürgertums auf eine staatliche Einigung und auf politische Freiheiten durch die Ergebnisse des → Wiener Kongresses zerschlagen. Intellektuelle, Künstler und Schriftsteller zogen sich resigniert aus der Politik zurück und schufen eine scheinbar apolitische Kultur der Häuslichkeit, Beschaulichkeit, Innerlichkeit und Provinzialität. Hinter der behaglichen Fassade kamen in der biedermeierlichen Literatur aber auch immer wieder dunkle, depressive Seiten zum Vorschein.

Bilderstürmer Radikale Anhänger der → Reformation. Sie verlangten, dass alle „katholischen" Heiligen- und Marienbilder oder – entsprechend der Forderung des zweiten Gebotes – alle bildlichen Darstellungen aus den Kirchen entfernt und zerstört werden.

Bill of Rights (engl. „Gesetz über Rechte") Englisches Staatsgrundgesetz von 1689, mit dem sich das englische → Parlament die Rechte sicherte, die es in der → Glorious Revolution erfolgreich verteidigt hatte (Ausschluss der Katholiken von der Thronfolge, freie Parlamentswahlen, Redefreiheit und das Petitionsrecht der Bürger). Gesetzgebung, Steuerbewilligung und die Aufstellung eines Heeres konnten nur von Parlament und König gemeinsam entschieden werden.

Mit der Bill of Rights war der → Absolutismus in England endgültig beendet und wurde mit der Wahl Wilhelms von Oranien zum englischen König durch die konstitutionelle → Monarchie ersetzt.

Bischof In der Antike oberster Geistlicher einer Gemeinde, später eines größeren kirchlichen Bezirks, des Bistums.

Bizone Zusammenschluss der amerikanischen und britischen Besatzungszonen am 1. Januar 1947. Der Versuch der Westmächte, das besetzte Deutschland zusammen mit der Sowjetunion zu verwalten, war gescheitert, weil die Besatzungsmächte sich nicht auf ein gemeinsames Vorgehen in Deutschland einigen konnten (→ Kalter Krieg). Zum Beispiel gab es keinen Konsens über die Reparationsansprüche.

Die Bildung der Bizone schuf ein vereinigtes Wirtschaftsgebiet im Westen und leitete den Aufbau eines westdeutschen Staates ein. 1949 wurde die Bizone durch den Beitritt der französischen Zone zur Trizone erweitert.

Blitzkrieg Der Begriff für einen überfallartigen Angriffskrieg mit Panzern und Luftstreitkräften entstand zu Beginn des → Zweiten Weltkrieges und bezieht sich auf die innerhalb weniger Wochen entschiedenen deutschen Feldzüge gegen Polen (1939), Dänemark und Norwegen (1940) sowie Frankreich (1940).

Blockparteien → Nationale Front

Bodenreform Der Begriff bezeichnet die 1945 begonnene → Enteignung sämtlicher forst- und landwirtschaftlicher Betriebe mit mehr als 100 Hektar Betriebsfläche in der → SBZ. Mit der Losung „Junkerland in Bauernhand" gestalteten die SED und die sowjetische Besatzungsmacht die Wirtschaftsordnung nach sowjetischem Vorbild um. Der enteignete Grundbesitz wurde an Kleinbauern und Neusiedler verteilt. In den Fünfziger Jahren wurde im Rahmen des „Aufbaus des Sozialismus" der ganze bäuerliche Eigenbesitz kollektiviert und in sog. → LPGs organisiert.

Bojar Angehöriger des russischen Landadels im Mittelalter und in der frühen Neuzeit.

Bolschewismus Politischer Begriff, der von Bolschewiki (→ Bolschewisten) abgeleitet ist. Er bezeichnet die sowjetische Politik Wladimir I. Lenins und Josef Stalins sowie die dahinter stehende marxistische Denkweise. Kritiker des → Marxismus-Leninismus verstehen unter Bolschewismus die Herrschaft einer Partei, Unterdrückung der persönlichen Freiheit und Terrormaßnahmen gegen politische Gegner.

Bolschewisten Die von Lenin angeführte Gruppierung innerhalb der Sozialdemokratischen Arbeiterpartei Russlands setzte sich seit dem Zweiten Parteikongress 1903 für autoritäre Führungsstrukturen ein. Die Bolschewisten („Mehrheitler") konkurrierten parteiintern mit den gemäßigten → Menschewisten („Minderheitler"). Seit dem Sieg Lenins in der → Oktoberrevolution 1917 wird → Bolschewismus oft gleichbedeutend mit → Kommunismus gebraucht.

Bosnische Krise Als Österreich-Ungarn 1908 – ursprünglich mit russischer Billigung – Bosnien und Herzegowina annektierte, kam es zu Protesten der Türkei und vor allem Serbiens, das seinerseits Ansprüche auf Bosnien-Herzegowina erhob. Während sich Russland der Haltung des slawischen „Brudervolks" (→ Panslawismus) der Serben anschloss, erhielt Österreich-Ungarn nur noch von Deutschland Unterstützung (→ Nibelungentreue).

Der Krisenherd Balkan war ein zentrales Element der europäischen Außenpolitik vor dem → Ersten Weltkrieg und wurde im Juli 1914 auch zu dessen Auslöser.

Bourgeoisie Das französisches Wort für Bürgertum wird im Sprachgebrauch des → Marxismus-Leninismus abwertend für die herrschende Klasse im → Kapitalismus, d. h. für die Eigner der → Produktionsmittel verwendet. Darüber hinaus wurden von marxistischer Seite auch Vertreter bürgerlich-liberaler Weltanschauungen und alle Kritiker des Marxismus-Leninismus als *bourgeois* beschimpft.

Boxeraufstand Der fremdenfeindliche chinesische Geheimbund der Boxer („Fäuste der Rechtlichkeit") ermordete 1900 aus Protest gegen den wachsenden ausländischen Einfluss in China den deutschen Gesandten und belagerte das Botschaftsviertel in Peking. Dadurch wurde der sog. Boxeraufstand gegen die schwache chinesische Regierung ausgelöst, dem sich viele freiheitlich und national gesinnte Chinesen anschlossen. Er konnte erst 1901 mithilfe englischer, deutscher, französischer, amerikanischer und japanischer Truppen niedergeschlagen werden. China wurde in der Folge des Aufstands erst recht zum Spielball fremder Mächte.

Breschnew-Doktrin Von dem sowjetischen Parteichef Leonid Breschnew vertretener Grundsatz sowjetischer Außenpolitik, wonach jeder Staat im sowjetischen Machtbereich selbstständig seinen „Weg zum Sozialismus" gehen dürfe. Wich aber ein Staat vom Sozialismus ab, nahm sich die Sowjetunion das Recht zur Einmischung in die inneren Angelegenheiten des „sozialistischen Bruderlandes". Die Doktrin rechtfertigte den Einmarsch der Truppen des → Warschauer Paktes in die Tschechoslowakei 1968. → Prager Frühling

Brest-Litowsk Teilfriede (1918) des → Ersten Weltkriegs zwischen Deutschland, Sowjetrussland und der Ukraine. Das revolutionäre Sowjetrussland unter Führung Wladimir I. Lenins suchte vor allem innenpolitische Entlastung und war deshalb bereit, den unpopulären Krieg auch unter großen Opfern zu beenden. Es verpflichtete sich zu hohen Reparationszahlungen an Deutschland und verzichtete auf Litauen, Lettland, Estland,

Polen, Finnland und die Ukraine. Diese sollten selbstständige Staaten werden, wobei sich Deutschland jedoch Möglichkeiten der Einflussnahme versprach. Nach dem deutschen Zusammenbruch 1918 wurden die Bestimmungen des Friedens von Brest-Litowsk allerdings wieder aufgehoben.

Briand-Kellog-Pakt → Kellog-Pakt

Bronzezeit Vorgeschichtliche Epoche von ca. 2500 bis ca. 800 v. Chr., in der die Metallverarbeitung die Steinbearbeitung (→ Steinzeit) ablöste. Aus Bronze (Legierung aus Kupfer und Zinn) hergestellte, goldfarbene Waffen, Geräte, Schmuck und Skulpturen zeichnen sich oft durch besondere Schönheit aus.

Bulle (lat. *bulla* Kapsel) Mit einem Metallsiegel aus Gold, Silber oder Blei versehene Urkunde. Bekannt ist die Bannbulle gegen Luther, die dessen Exkommunikation verfügte. Goldbullen waren den Herrschern vorbehalten und enthielten meist Schreiben von großer Bedeutung, wie z. B. die → Goldene Bulle. Das Siegel war in der Regel mit einem Faden aus Hanf oder Seide an der Urkunde befestigt.

Bund Deutscher Mädchen (BDM) Unterorganisation der → Hitlerjugend im → Dritten Reich, in der die Mädchen organisiert waren. Die 10- bis 14-Jährigen wurden im Jungmädelbund und die 14- bis 18-Jährigen im Bund Deutscher Mädchen erfasst.

Nach nationalsozialistischen Vorstellungen sollten die zukünftigen Frauen heiraten, viele Kinder gebären und ein gemütliches Heim führen. Unverheiratete Frauen hingegen waren vor allem für Pflegeberufe vorgesehen. Damit die Mädchen eng an die Ziele der Nationalsozialisten gebunden wurden, führte der BDM häufig Lageraufenthalte durch, um in der Isolierung Einfluss auf die Kinder und Jugendlichen ausüben zu können.

Bundeskanzler Regierungschef im → Norddeutschen Bund und seit 1949 der Bundesrepublik Deutschland, der aufgrund seiner → Richtlinienkompetenz die Richtung der Politik bestimmt.

Auf Vorschlag des Bundespräsidenten wählt ihn der → Bundestag (Artikel 63 Grundgesetz). Auf seinen Vorschlag wiederum ernennt der Bundespräsident die Bundesminister. Der Bundestag allein hat die Möglichkeit, durch ein → konstruktives Misstrauensvotum den Bundeskanzler abzuberufen.

Bundespräsident Das Staatsoberhaupt der Bundesrepublik Deutschland wird im Unterschied zum → Reichpräsidenten der Weimarer Republik von der Bundesversammlung für fünf Jahre gewählt. Einmalige Wiederwahl ist möglich. Er repräsentiert das Land nach innen und außen und soll als unabhängige, über parteipolitischem Streit stehende Person Vertrauen vermitteln, in Streitfällen ausglei-

Verschiedene Funde aus der Bronzezeit: Priesterlicher Goldhut, ritueller Kultwagen und Armschmuck chend wirken und moralische Maßstäbe setzen. Bundespräsidenten waren: Theodor Heuss (1949–1959), Heinrich Lübke (1959–1969), Gustav Heinemann (1969–1974), Walter Scheel (1974–1979), Karl Carstens (1979–1984), Richard von Weizsäcker (1984–1994) und Roman Herzog (1994–1999), seit 1999 Johannes Rau.

Bundesrat Verfassungsorgan eines → Bundesstaates, durch das die Einzelstaaten (in Deutschland heute die Bundesländer) an der Gesetzgebung des Bundes beteiligt sind. Durch einen Bundesrat waren z. B. die Mitgliedstaaten des → Norddeutschen Bundes und des Kaiserreichs 1871–1918 vertreten. In der Weimarer Republik bildete der → Reichsrat eine entsprechende Einrichtung.

Bundesstaat Föderalistischer Staatsverband, der durch den Zusammenschluss selbstständiger Einzelstaaten begründet wird. Der Bundesstaat steht zwischen einem zentralistisch regierten Einheitsstaat wie Frankreich und einem → Staatenbund mit gering ausgeprägter Zentralgewalt. Wichtige Bundesstaaten sind heute die Schweiz, die USA und die Bundesrepublik Deutschland.

Bundestag Gewählte Volksvertretung der Bundesrepublik Deutschland. Die Mitglieder werden in allgemeiner, freier, gleicher und geheimer Wahl für vier Jahre bestimmt. Die Abgeordneten einer Partei sind in Fraktionen zusammengeschlossen. Der Bundestag hat drei Hauptaufgaben: Er berät und verabschiedet Gesetze (Legislative), er kontrolliert die Regierung, die in Debatten Rede und Antwort stehen muss, und kontrolliert die Finanzen.

Bundeswehr Nachdem die Bundesrepublik 1955 im → Deutschlandvertrag die Souveränität wiedererlangt hatte, trat sie der → NATO bei und verpflichtete sich, Streitkräfte aufzustellen. Der Artikel 87a des → Grundgesetzes erlaubt die Aufstellung von Streitkräften nur „zur Verteidigung“ eines bewaffneten Angriffs auf das Bundesgebiet. Nach Auflösung des → Warschauer Paktes erweiterten sich die Aufgaben der Bundeswehr. So beteiligt sie sich an militärischen Operationen im Auftrag der → Vereinten Nationen. Die Bundeswehr besteht aus „Krisenreaktionskräften“ – den ständig einsatzbereiten Truppenteilen für internationale Friedensmissionen – und den „Hauptverteidigungskräften“ – den Truppen zur Landesverteidigung, die durch Reservisten aufgefüllt werden. Im Innern darf die Bundeswehr nur im Fall eines außergewöhnlichen Notstandes eingesetzt werden (Naturkatastrophen). Im Unterschied zur → Reichswehr ist die Bundeswehr Bestandteil der demokratischen Gesellschaft.

Bundschuh Der mit einem langen Lederriemen gebundene Schuh war im Mittelalter die übliche Fußbekleidung der Bauern. Unter dem Namen und Zeichen des Bundschuhs kam es seit der Mitte des 15. Jhs in Südwestdeutschland zu Aufständen radikaler Bauern (→ Bauernkrieg). Der bäuerliche Schuh symbolisierte dabei den Gegensatz zum Ritterstiefel.

Burenkrieg Unabhängigkeitskampf der Buren, der Nachfahren der niederländischen und hugenottischen Kolonisten in Südafrika, von 1899 bis 1902 gegen Großbritannien, das u. a. an den Goldvorkommen der Region interessiert war. Die unterlegenen Buren mussten schließlich die britische Oberhoheit anerkennen, wurden aber 1907 in eine weitgehende Selbstverwaltung entlassen. Durch den Sieg konnte Großbritannien seine Vision von einem Kolonialbesitz „vom Kap bis Kairo“ realisieren.

Burg (von bergen, geborgen) Befestigter Wohnsitz oder Zufluchtsort. Man unterscheidet zwischen prähistorischen und frühmittelalterlichen Volksburgen (Fluchtburgen), hoch- und spätmittelalterlichen Adelsburgen (Ritterburgen) und landesherrlichen Burgen, den späteren Schlössern, die zunächst überwiegend der Landesverteidigung, dann in zunehmendem Maße der Verwaltung dienten.

Aufständische Bauern, von denen einer die „Bundschuhfahne" trägt, überfallen einen Ritter

Bürger (von Burg, befestigter Platz) Den Bürger als Träger des politischen Gemeinwesens gab es bereits in der griechisch-römischen Antike. Wer z. B. das römische Bürgerrecht besaß und deshalb von sich sagen konnte: *Civis Romanus sum* (Ich bin römischer Bürger), genoss überall Vorrechte. Der Begriff *burgus* (Burg) wurde im Mittelalter auf größere befestigte Siedlungen, d. h. Städte, übertragen. Ihre Einwohner waren die „Bürger".

Unter den Stadtbewohnern gab es bis in die Neuzeit erhebliche Abstufungen. Als Vollbürger galten nur Männer mit einem festgelegten Mindestalter, die bestimmte Voraussetzungen erfüllten, z. B. Grundbesitz oder Vollbürgerschaft bereits der Eltern. Neben den Vollbürgern gab es Bürger minderen Rechts, z. B. in Athen die → Metöken, in Sparta die → Perioken, in Rom die Bürger „latinischen Rechts" oder in den mittelalterlichen Städten die abhängigen Handwerker. Unter bestimmten Voraussetzungen konnte man das Bürgerrecht erwerben, in der Antike etwa durch → Freilassung oder „Geschenk von oben" (so verlieh z. B. 212 n. Chr. Kaiser Caracalla allen Bewohnern des Römischen Reiches das Bürgerrecht). Heute ermöglicht es ein Gesetz, dass in Deutschland lebende Ausländer unter bestimmten Voraussetzungen zwischen dem deutschen und ihrem ursprünglichen Bürgerrecht wählen können.

An politischen Abstimmungen oder Entscheidungen in der Volksversammlung nahmen nur die Vollbürger teil. Der Grund hierfür liegt in der ursprünglich engen Verbindung politischer Rechte und Pflichten mit militärischen Rechten und Pflichten. Deshalb besaßen Frauen zunächst keine politischen Rechte.

Bürger ist aber nicht nur die Bezeichnung für den Stadtbewohner, sondern auch für einen → Stand, im Gegensatz etwa zu Adel und Bauern. Von daher wird „Bürgertum" heute meist mit einer bestimmten „bürgerlichen" Lebensweise in Verbindung gebracht.

Als Zeitalter des Bürgertums im modernen Sinn gelten das 18./19. Jh. Hinsichtlich Besitz und Bildung, wirtschaftlicher und kultureller Leistungen war damals das Bürgertum der großen europäischen Städte führend. Die → Aufklärung erweiterte das Ideal des Bürgers sogar zu dem des Weltbürgers. Das Bürgertum als dritter Stand setzte sich mit der

→ Französischen Revolution politisch durch und begründete damit die bürgerliche Gesellschaft des 19. Jhs, die – mit leichten, national begründeten Unterschieden – in erster Linie wirtschaftlichen Wohlstand, liberale Verfassung und nationale Einigung erstrebte.

Aus der Kritik an bürgerlicher Selbstgefälligkeit und kapitalistischem Egoismus, die die politische Linke im 19./20. Jh. entwickelte, entstand die Unterscheidung zwischen *bourgeois* und *citoyen*: Der *bourgeois* hat kein Interesse am Gemeinwohl; er verfolgt seinen persönlichen Vorteil auf Kosten anderer („Besitzbürger"). Der *citoyen* dagegen ist der Staatsbürger im ursprünglichen und positiven Sinn.

Bürgerkönig Gebräuchlicher, aber inoffizieller Beiname für Louis Philippe, 1830–1848 König von Frankreich, der sich in seiner Politik auf die Vorstellungen des liberalen Großbürgertums stützte.

Bürgerrechtler Oppositionelle in der DDR, die die Einhaltung von Bürgerrechten (freie Wahlen, Rechtsstaatlichkeit, Reisefreiheit) forderten. Im Zuge der → KSZE-Konferenz entstanden in der DDR bereits Menschenrechts-, Umwelt- und Friedensgruppen. Diese Gruppen arbeiteten meist im Schutz der evangelischen Kirche. Die politischen Reformen in Ungarn, in Polen und in der Sowjetunion unter Michail Gorbatschow (→ Perestroika) ermutigten Intellektuelle, Pfarrer, Künstler, Wissenschaftler und Studenten in ihrem Bemühen, den Sozialismus zu ändern. Nach der Öffnung des → Eisernen Vorhanges im September 1989 gründeten die Oppositionellen Sammelbewegungen wie „Neues Form", „Demokratie Jetzt" oder „Demokratischer Aufbruch".

Bürokratie Verwaltungssystem, das sich auf → Beamte stützt. Seit dem 20. Jh. auch abwertende Bezeichnung für eine engstirnig-ineffektive Beamten- und Paragraphenherrschaft.

Burschenschaft Studentenbewegung, die zur Zeit der → Restauration für die nationale Einheit Deutschlands und für eine Verfassung mit bürgerlichen Rechten kämpfte.

Auf dem → Wartburgfest schlossen sich die Studenten 1817 zur „Allgemeinen Deutschen Burschenschaft" zusammen, die 1819 durch die → Karlsbader Beschlüsse verboten wurde. Trotzdem wirkten die burschenschaftlichen Ideen bis zur → Märzrevolution von 1848 fort.

Byzantinisches Reich Bezeichnung für die mittelalterliche Phase des → Oströmischen Reiches, nachdem Konstantin I. 330 n. Chr. das Herrschaftszentrum des Römischen Reiches nach Byzanz verlegt hatte. Das Byzantinische Reich wurde im Norden durch die Slawen und im Südosten durch die Araber bedrängt. Durch kriegerische Auseinandersetzungen verkleinerte sich das Territorium des Byzantinischen Reichs während des Mittelalters zunehmend und bestand kurz vor seinem Ende nur noch aus der Stadt Konstantinopel und Umgebung. 1453 eroberten die Türken Konstantinopel und gaben der Stadt den Namen „Istanbul".

C

Cäsarismus Herrschaftsform, in der sich ein Alleinherrscher, in Anlehnung an die römischen Cäsaren, auf die Zustimmung des Volkes und des Militärs stützt. Die diktatorischen Vollmachten erhält der Alleinherrscher häufig durch scheinhafte oder manipulierte Wahlen bzw. → Plebiszite. Bekannteste Vertreter des Cäsarismus sind Napoleon I. und Napoleon III. sowie Benito Mussolini.

Cäsaropapismus (lat. *papa* Vater) Der Herrscher ist zugleich *caesar* und *papa*, d. h. weltliches und geistliches Oberhaupt, und besitzt damit umfassende Macht, wie z. B. der byzantinische Kaiser (→ Byzantinisches Reich) oder der russische Zar. Dagegen standen sich im westlichen, lateinischen Europa Kaiser und Papst als zwei gleichrangige Mächte gegenüber. → Zweigewaltenlehre

Calvinismus Bezeichnung der reformierten Kirche, die auf den Genfer Reformator Jean Calvin zurückgeht. Der Calvinismus unterscheidet sich von Luthers Lehre durch strenge Kirchenzucht und durch die Auffassung von der → Prädestination. Diese Konfession fand in Frankreich (→ Hugenotten), in den Niederlanden, in Schottland und in Osteuropa (Polen, Ungarn) Verbreitung und gelangte durch die → Puritaner auch nach Nordamerika. Das Bemühen um wirtschaftlichen Erfolg, der für die Calvinisten als Zeichen der Gnade Gottes galt, und die asketische Lebensführung trugen zur Entstehung des → Kapitalismus bei.

Canossa Burg im nördlichen Appenin, wo König Heinrich IV. 1077 nach seiner → Exkommunikation vor Papst Gregor VII. Buße tat, um seinen politischen Handlungsspielraum zurückzugewinnen. Bis heute ist Canossa ein Symbol für bußfertige Unterwerfung. → Investiturstreit

Christenverfolgung Da die Christen den römischen → Kaiserkult ablehnten, galten sie als Staatsfeinde, die die Einheit des Reiches gefährdeten. Seit Nero (1. Jh.) gab es immer wieder Verfolgungswellen (Höhepunkt im 3. Jh. unter Diokletian). Durch ihr standhaftes Verhalten im Angesicht des Todes trugen viele Märtyrer zum Sieg des Christentums bei. Eine wichtige Etappe dabei war das Toleranzedikt Konstantins des Großen (312), bevor das Christentum 392 Staatsreligion wurde.

Christlich-soziale Bewegung Nichtmarxistischer Teil der → Arbeiterbewegung, der eine Lösung der sozialen Probleme des 19. Jhs auf der Grundlage christlicher Wertvorstellungen anstrebte. Die christlich-sozialen Arbeitervereine wurden im → Kulturkampf auf Betreiben Otto von Bismarcks verboten.

Code civil 1804 in Kraft getretenes, von Napoleon veranlasstes französisches Gesetzbuch, das in seinen Grundzügen bis heute gültig ist. Aufgrund seiner Modernität, Klarheit und Systematik wurde es zum Vorbild für die Gesetzgebung in ganz Europa und darüber hinaus. Grundgedanken des Code civil sind die Gleichheit aller vor dem Gesetz, Freiheit des Einzelnen, Recht auf Eigentum sowie die Trennung von Staat und Kirche.

Comecon (Rat für gegenseitige Wirtschaftshilfe, RGW) (engl. *Council for Mutual Economic Assistance*) Ehemalige Wirtschaftsorganisation sozialistischer Staaten. Als Antwort auf den → Marshall-Plan gründeten 1949 Bulgarien, die Tschechoslowakei, Polen, Rumänien, die Sowjetunion und Ungarn den RGW, dem 1950 auch die DDR beitrat.

Die Sowjetunion war Hauptlieferant von Energie und Rohstoffen und beherrschende Macht im RGW. Die Dominanz der Sowjetunion, Unterschiede im Lebensstandard zwischen den Mitgliedsstaaten und die Neigung jedes Landes, wirtschaftlich möglichst frei zu handeln, standen einer wirklichen Arbeitsteilung bzw. Integration entgegen. Der RGW wurde 1991 im Zuge der Umgestaltung in Mittel- und Osteuropa aufgelöst.

Commonwealth (engl. Gemeinwesen) Bezeichnung für die englische Republik unter Oliver Cromwell (1649–1660). Durch den Namen „Commonwealth" sollte die puritanische Militärdiktatur von der vorausgehenden Königsherrschaft der Stuarts unterschieden werden. Der Begriff „British Commonwealth of Nations" wurde offiziell ab 1931 verwendet, um die veränderte Beziehung Englands zu seinen ehemaligen Kolonien deutlich zu machen.

Containment (engl. Eindämmung) 1946 formulierte die amerikanische Regierung unter Präsident Harry Spencer Truman ein außenpolitisches Konzept, das den sowjetischen Einfluss auf der Welt „eindämmen" sollte. Dabei ging man davon aus, dass Moskau einen militärischen Konflikt mit den USA nicht riskieren würde und die bestehenden territorialen Verhältnisse unverändert blieben. (→ Kalter Krieg) So setzten die Amerikaner 1948 z. B. der sowjetischen → Berlin-Blockade eine → Luftbrücke entgegen.

Corpus iuris Römische Rechtssammlung, die der oströmische Kaiser Justinian (527–565) veranlasste. Das Corpus iuris hat das europäische Rechtsdenken bis heute stark beeinflusst.

Cursus honorum → Ämterlaufbahn

Curzon-Linie 1920 vom britischen Außenminster George Curzon vorgeschlagene, aber nie verwirklichte Grenzlinie zwischen Polen und dem bolschewistischen Russland zur Beilegung des polnisch-russischen Krieges. Sie verlief über Brest, entlang des Bug bis nach Przemysl. Nach dem → Zweiten Weltkrieg legten die Alliierten die sowjetisch-polnische Grenze auf der Curzon-Linie fest und erweiterten damit das russische Staatsgebiet auf Kosten Polens.

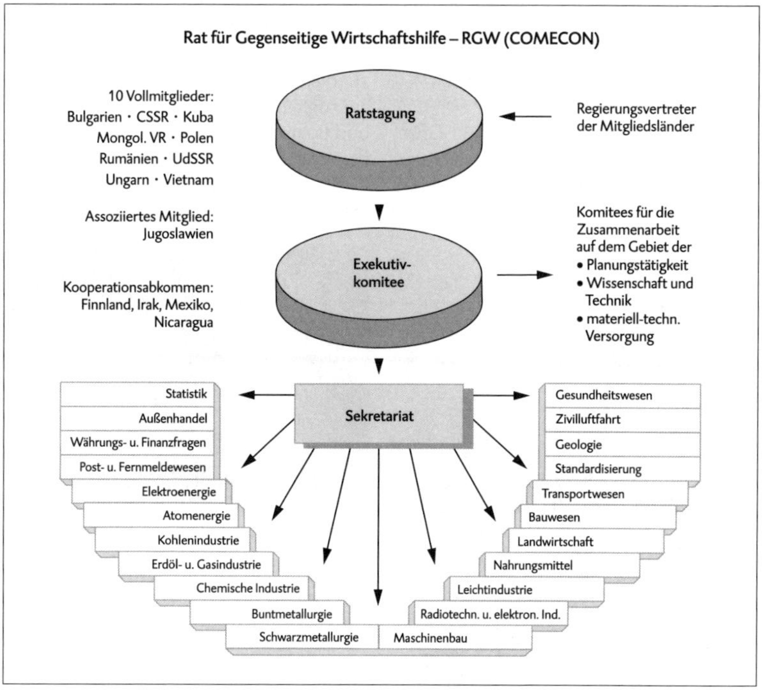

D

Dawes-Plan Der von dem amerikanischen Wirtschaftspolitiker Charles Dawes 1924 entwickelte Plan sollte die deutschen Reparationszahlungen nach dem Ersten Weltkrieg regeln. Der Zahlungsplan orientierte sich an der wirtschaftlichen Leistungsfähigkeit Deutschlands und gewährte der deutschen Wirtschaft eine Erholungsphase. Die Einhaltung durch die Reichsregierung wurde von den rechten Parteien als „Erfüllungspolitik" heftig kritisiert. Der Dawes-Plan verbesserte jedoch das politische Klima in Europa und ebnete den Weg für die Wiederherstellung normaler Beziehungen zu Frankreich (→ Locarno-Verträge) und die Aufnahme Deutschlands in den → Völkerbund. 1929 wurde er durch den → Young-Plan ersetzt.

DDR (Deutsche Demokratische Republik) Deutscher Staat in Mitteleuropa, der von 1949 bis 1990 aus den heutigen Bundesländern Brandenburg, Mecklenburg-Vorpommern, Sachsen, Sachsen-Anhalt und Thüringen bestand.

Die DDR verstand sich seit ihrer Gründung als → Diktatur des Proletariats und versuchte, nach sowjetischem Vorbild eine sozialistische Gesellschaft unter der Führung der Staatspartei → SED aufzubauen. An der Spitze der Partei stand bis 1971 Walter Ulbricht, der auch dem → Politbüro vorstand. Ihm folgte Erich Honecker, der die Partei bis 1989 führte.

Die herrschende Weltanschauung war der → Marxismus-Leninismus. Andersdenkende wurden verfolgt und diskriminiert. Die wirtschaftliche Basis waren die weitgehend verstaatlichte Industrie und die Landwirtschaft mit zentraler Planung und Leitung (→ Planwirtschaft). Außenpolitisch war die DDR eng mit der → UdSSR verbunden und Mitgliedsstaat im → Comecon und im → Warschauer Pakt.

Deflation Im Gegensatz zur → Inflation eine Verminderung der Geldmenge. Die Folgen sind im Allgemeinen Preisrückgang, Einkommensverluste und Arbeitslosigkeit. Die wirtschaftlichen Probleme im Deutschen Reich infolge der → Weltwirtschaftskrise (1929) versuchte Reichskanzler Heinrich Brüning 1930/31 durch eine rigorose Deflationspolitik in den Griff zu bekommen. Um den Staatshaushalt auszugleichen, kürzte er Arbeitslosenhilfe und Beamtenbezüge und erhöhte Sozialbeiträge, Zölle und Steuern.

Seine Politik blieb weitgehend erfolglos: Zwar verbesserte sich durch sinkende

40 Jahre DDR – Michail Gorbatschow 1989 zu Besuch beim reformunwilligen Erich Honecker.

Löhne das deutsche Außenhandelsergebnis, aber die Kaufkraft der Bevölkerung sank. Auch die erhofften neuen Arbeitsplätze konnten nicht geschaffen werden.

Deismus (lat. *deus* Gott) Gottesvorstellung der → Aufklärung. Der Deist glaubt, dass Gott wie ein Uhrmacher die Welt erschaffen hat, aber in ihr weiteres Schicksal nicht mehr eingreift, da in seinem Werk nichts geschehen kann, was übernatürlich oder für die Vernunft nicht fassbar ist.

Demagoge (gr. Volksführer) In der attischen Demokratie zunächst wertneutral für einen Politiker verwendet, der die Interessen der breiten Volksmasse vertritt. Schon bald allerdings negativ im Sinn von „Volksverführer" gebraucht, der das Volk gewissenlos aufwiegelt.

Demagogenverfolgung In der Folge der → Karlsbader Beschlüsse wurden im Rahmen der → Restauration in den Staaten des Deutschen Bundes die Vertreter der liberalen und nationalen Bewegung verfolgt. Politische Prozesse wurden geführt, liberale Wortführer verschwanden in Gefängnissen oder wanderten aus.

Demokratie (gr. *demos* und *kratos* Herrschaft des Volkes) Diese Regierungsform entstand im 5. Jh. v. Chr. in einigen griechischen Stadtstaaten (→ Polis), vor allem in Athen. In der attischen Demokratie hatte die Vollversammlung der (männlichen) Bürger die höchste politische Macht. Sie traf alle politischen Entscheidungen durch Mehrheitsbeschluss. Die Ausführung der Entscheidungen übernahmen Beamten, die durch Los bestimmt wurden. Ihre Amtszeit war im Allgemeinen auf ein Jahr befristet. Da alle Bürger direkt die politischen Entscheidungen trafen, spricht man von einer direkten (unmittelbaren) Demokratie. Die direkte Demokratie war für Stadtstaaten mit kleiner Bevölkerungszahl und überschaubaren politischen Problemen eine ideale Herrschaftsform. Die politische Repräsentation der Bürger durch gewählte Vertreter (→ Parteien), die Demokratie auch in einem größeren Staat ermöglicht, war im Altertum noch unbekannt. Die moderne Form der Demokratie entwickelte sich in den europäischen Nationalstaaten England und Frankreich als mittelbare oder repräsentative Demokratie. Die Herrschaft wird nicht direkt vom Volk ausgeübt, sondern durch vom Volk gewählte Repräsentanten , die Abgeordneten.

Die Garantie der → Menschenrechte, die Rechtsstaatlichkeit, freie Wahlen und eine verantwortliche Regierung wurden wesentliche Bestandteile der modernen Demokratie. Ein weiteres zentrales Merkmal ist, dass die staatlichen Hauptaufgaben (Gesetzgebung, Regierung, Rechtssprechung) auf voneinander unabhängige Organe verteilt werden (→ Gewaltenteilung). Die Demokratie ist nicht notwendigerweise an eine Republik gebunden. So ist z. B. Großbritannien eine (parlamentarische) Monarchie, praktisch aber eine Demokratie.

Mit der nicht veränderbaren Aussage im Grundgesetz: „Alle Staatsgewalt geht vom Volke aus" bekennt sich die Bundesrepublik Deutschland zur Demokratie. Frauen und Männer wählen in allgemeiner, unmittelbarer, freier, gleicher und geheimer Wahl die Abgeordneten des Bundestages und der Landtage sowie die Vertreter in den Gemeindevertretungen, Ratsversammlungen und Kreistagen. Die Abgeordneten sind Vertreter des ganzen Volkes. Sie beschließen die Gesetze und sind an der Bildung der Regierung beteiligt. Da die Regierung das Vertrauen der Volksvertreter braucht und auch durch diese kontrolliert wird, spricht man von einer parlamentarischen Demokratie.

Demokratischer Zentralismus Organisationsprinzip, das die Einheit und den Führungsanspruch einer kommunistischen Partei garantiert. In der DDR war die → SED hierarchisch aufgebaut und ihr → Politbüro gab die verbindliche „Parteilinie" vor. Zu wählende Parteifunktionäre wurden von oben nach unten „vorgeschlagen". Eine innerparteiliche Demokratie gab es nicht.

Designation (lat. *designare* bezeichnen) Ernennung bzw. Bestimmung eines Amtsträgers oder Nachfolgers, z. B. bei den römischen Kaisern oder den deutschen Königen des Mittelalters.

Deutsche Arbeitsfront (DAF) 1933 gegründete, nach dem → Führerprinzip ausgerichtete Organisation im nationalsozialistischen Deutschland, die an die Stelle der auf Druck der Nationalsozialisten aufgelösten Gewerkschaften trat. Arbeitnehmer und Arbeitgeber wurden in die DAF eingereiht.

In der DAF, so verkündeten die Nationalsozialisten, sei die „deutsche Volksgemeinschaft" verwirklicht und die alten Klassengegensätze aufgehoben. Die Mitglieder hatten bei der Festlegung von Arbeitstarifen kein Mitspracherecht. Die DAF kümmerte sich um die bessere Ausgestaltung von Arbeitsplätzen und war Trägerin der „Nationalsozialistischen Gemeinschaft Kraft durch Freude" (→ KdF).

Deutsche Frage Die nach 1945 ungelöste nationale Frage der Deutschen und ihrer → Wiedervereinigung 1990. Der Begriff umfasst die Entstehung der deutschen Teilung als Folge des → Zweiten Weltkriegs und des → Kalten Krieges, den völkerrechtlichen Status der beiden deutschen Staaten sowie die „innerdeutschen" Beziehungen.

Die offizielle Politik der Bundesregierungen bis 1990 war darauf ausgerichtet, die Deutsche Frage „offen zu halten", mit dem Ziel, die Einheit Deutschlands wiederherzustellen. Während die ersten Bundesregierungen nach Gründung der Bundesrepublik den → Alleinvertretungsanspruch betonten, verhandelte die sozialliberale Bundesregierung unter Bundeskanzler Willy Brandt offiziell im Rahmen der → Ostpolitik mit der Führung der DDR (→ Grundlagenvertrag). Durch die friedliche Revolution in der DDR 1989 kam ein Vereinigungsprozess in Gang. Mit der → Wiedervereinigung am 3. Oktober 1990 wurde die Deutsche Frage gelöst.

Deutscher Bund Zusammenschluss der souveränen deutschen Fürsten und freien Städte, gegründet 1815 auf dem → Wiener Kongress, aufgelöst 1866 anlässlich des → Deutschen Krieges. Ziel des Deutschen Bundes war die Erhaltung der inneren und äußeren Sicherheit Deutschlands sowie die Unabhängigkeit und Unverletzlichkeit der einzelnen deutschen Staaten. Der eher lockere → Staatenbund trug unter der Führung des österreichischen Staatskanzlers Metternich (bis 1848) maßgeblich zur Durchsetzung der → Restauration in Deutschland bei.

Der Deutsche Bund entfaltete kaum politische Wirkung, da Österreich und Preußen ihre eigenen Großmachtinteressen verfolgten.

Deutscher Krieg Der preußisch-österreichische Dualismus um die Vormacht im Deutschen Bund führte 1866 zum Krieg zwischen Preußen (unterstützt von Italien und kleineren norddeutschen Staaten) und Österreich (unterstützt vom großen Rest des Deutschen Bundes). Anlass für die Auseinandersetzung war das von Österreich verwaltete Holstein, auf das Preußen Anspruch erhob. Nach dem kriegsentscheidenden Sieg Preußens bei Königgrätz musste Österreich auf seine Rechtsansprüche an Schleswig-Holstein verzichten.

Der Kriegserfolg über die Großmacht Österreich und die damit verbundenen Landgewinne stärkten Preußens Großmachtambitionen und bewirkte eine anhaltende Entfremdung zwischen den beiden bedeutendsten deutschen Staaten. Insofern brachte der Deutsche Krieg im deutschen Einigungsprozess eine Vorentscheidung für die → kleindeutsche Lösung und führte zur Gründung des → Norddeutschen Bundes.

Deutscher Michel Deutsche Symbol- und Spottfigur. Der Ursprung dieser Figur ist nicht eindeutig geklärt. Der Erzengel Michael wurde im Mittelalter in Deutschland sehr verehrt und sein Name häufig als Vorname verwendet. Seit dem 15. Jh. ist Michel als Schimpfwort belegt. Die Bezeichnung „deutscher Michel“ taucht im 16. Jh. auf und bezieht sich auf einen gutmütigen, aber einfältigen Deutschen. In der Karikatur ist der deutsche Michel mit einer Zipfelmütze dargestellt.

„Michel im Schneegestöber“ der Vorschriften 1923

Deutscher Orden 1190 in Palästina gegründeter → Ritterorden, der zunächst im Krankenpflegedienst tätig war. Seit 1230 oblag ihm die Eroberung des heidnischen Prussenlandes (Ostpreußen), später auch Livlands (Estland, Lettland). Der Deutsche Orden erwarb umfangreichen Besitz und erreichte im 15. Jh. seine größte Ausdehnung und Machtentfaltung.

Innere Konflikte und Auseinandersetzungen mit Polen (→ Thorner Friede), führten Anfang des 16. Jhs schließlich zum Niedergang des Deutschen Ordens in Osteuropa.

Deutscher Volkskongress 1947 trat auf Initiative der → SED in Berlin eine Versammlung von 2215 Delegierten zusammen, die nicht demokratisch bestimmt, sondern von Parteien und Massenorganisationen (→ FDJ und → FDGB) aus der sowjetischen Besatzungszone entsandt worden waren.

Mit dem „Deutschen Volkskongress für Einheit und gerechten Frieden“ wollte die SED ihren deutschlandpolitischen Vorstellungen (Friedensvertrag und Bildung einer gesamtdeutschen Regierung) Nachdruck verleihen und Grundlagen für das politische System der DDR legen. 1948 bildete sich als ständige Vertretung des Deutschen Volkskongresses der Deutsche Volksrat (400 Mitglieder), der sich mit der Gründung der → DDR am 7. Oktober 1949 zur → Volkskammer erklärte.

Deutsch-französischer Krieg Anlass für den Krieg 1870–71 zwischen Preußen und Frankreich war die ungelöste Thronfolge in Spanien. Der preußische Prinz Leopold von Hohenzollern kandidierte für die spanische Thronfolge, zog seine Kandidatur jedoch wegen des französischen Einspruchs zurück. Die Forderung Frankreichs an den preußischen König Wilhelm I. nach einem generellen Verzicht der Hohenzollern machte Bismarck mit der → Emser Depesche der Öffentlichkeit in verschärfender Kürze zugänglich und provozierte damit absichtlich die französische Kriegserklärung an Preußen. Auf der Seite Preußens kämpften außer dem → Norddeutschen Bund auch die süddeutschen Staaten (ohne Österreich). Der deutsche Sieg bei Sedan 1870 und die Gefangennahme Napoleons III. brachten das Ende des französischen Kaiserreichs. 1871 folgte schließlich die französische Kapitulation: Im Frieden von Frankfurt musste Frankreich Elsass und Lothringen mit Metz an Deutschland abtreten und sich zu einer hohen Kriegsentschädigung verpflichten. Frankreich sann auf Revanche gegen den deutschen „Erbfeind“.

Der von den deutschen Staaten gemeinsam erfochtene Sieg förderte entscheidend die deutschen Einigungsbemühungen und führte 1871 schließlich zur Gründung des Deutschen Reiches.

Deutschlandvertrag (Generalvertrag) Der 1952 zwischen der Bundesregierung und den westlichen Besatzungsmächten USA, Großbritannien und Frankreich geschlossene Vertrag übertrug der Bundesrepublik Deutschland die „volle Verfügungsgewalt“ über ihre inneren und äußeren Angelegenheiten. Die Souveränität war dennoch eingeschränkt, denn die Alliierten behielten ihre Rechte in Bezug auf Berlin und „Deutschland als Ganzes“. Die Frage der → Wiedervereinigung konnte also nicht ohne die Zustimmung der drei Mächte, die auch weiterhin das Recht besaßen, Streitkräfte in der Bundesrepublik zu stationieren, entschieden werden (→ Deutsche Frage). Der Deutschlandvertrag trat mit dem Beitritt der Bundesrepublik in die → NATO am 5. Mai 1955 in Kraft. Der → Zwei-plus-Vier-Vertrag löste 1990 den Deutschlandvertrag ab.

Deutsch-Sowjetischer Nichtangriffspakt → Hitler-Stalin-Pakt

Diadochen Bezeichnung für die Feldherrn Alexanders des Großen, die nach dessen Tod 323 v. Chr. um die Macht im Reich kämpften (Diadochenkämpfe). Das Alexanderreich wurde in unabhängige Einzelstaaten aufgeteilt, in denen die Diadochen eigene Dynastien begründeten (Diadochenreiche).

Allgemein bezeichnet der Begriff heute Nachfolger, die nicht selten untereinander um den Vorrang kämpfen.

Dictatus papae In der programmatischen Schrift Papst Gregors VII. aus dem Jahr 1076 forderte er den Vorrang des Papstes als Nachfolger Petri vor allen irdischen Gewalten. Der Papst beanspruchte in den 27 Leitsätzen u. a. das Recht, den Kaiser absetzen zu können. Mit dem Dictatus papae begann die akute Phase des → Investiturstreits.

Diktatur des Proletariats Begriff des → Marxismus, der die Übergangsphase vom Zusammenbruch der bürgerlichen Ordnung bis zur Entstehung der klassenlosen Gesellschaft (→ Kommunismus) bezeichnet. Nach der Revolution soll die Arbeiterklasse (Proletarier) die gesamte politische Macht ausüben. In Russland verfolgten nach 1917 die → Bolschewisten zielstrebig die Schaffung der Diktatur des Proletariats.

Diktatur In der Römischen Republik war die Diktatur ein Amt mit außerordentlichen Vollmachten. Um eine innere oder äußere Krise zu überwinden, wurde der Diktator auf Vorschlag des Senats für höchstens sechs Monate ernannt. Diese zeitlich begrenzte Einsetzung eines Diktators in Notzeiten unterscheidet sich von der modernen Form der Diktatur. In ihr ist die gesamte Macht in der Hand einer Person, einer Partei oder einer Gruppe dauerhaft konzentriert.

Diese Form der Diktatur trat in der → Französischen Revolution mit der Jakobinerherrschaft zum ersten Mal auf. Beispiele für Diktaturen im 20. Jh. sind der Nationalsozialismus in Deutschland und der Stalinismus in der Sowjetunion. Ihnen gemeinsam ist, dass der Diktator mit einer Führungsgruppe die Staatsgewalt an sich bringt. Alle drei Gewalten sind in einer Hand vereinigt (→ Gewaltenteilung). Für die Herrschaft steht oft eine straff organisierte Partei zur Verfügung, die einer bestimmten → Ideologie verpflichtet ist. Dem machtvollen Diktator steht der Bürger rechtlos gegenüber. Alle Bereiche seines Lebens werden durch den Staat oder die Partei kontrolliert, Meinungs- und Pressefreiheit sind abgeschafft. Mit Terror und Drohung werden die Bürger eingeschüchtert und jegliche Opposition unterdrückt. Eventuell noch bestehende Volksvertretungen sind Zustimmungsorgane und geben nur den Anschein der rechtmäßigen Herrschaft.

Von der Diktatur ist die Notstandsgewalt zu unterscheiden, die es auch in parlamentarisch-demokratischen Staaten gibt. Zum Beispiel durfte in Notzeiten der Reichspräsident nach → Artikel 48 der → Weimarer Verfassung das Militär im Innern einsetzen und wichtige Grundrechte „vorübergehend" außer Kraft setzen.

Direktorialverfassung Die nach dem Prinzip der → Gewaltenteilung aufgebaute Verfassung Frankreichs beendete die Schreckensherrschaft der → Französischen Revolution. Fünf sog. Direktoren, ehemalige Mitglieder des → Nationalkonvents, bildeten die oberste Regierungsgewalt (Exekutive). Die Legislative lag bei einem nach dem → Zensuswahlrecht gebildeten Parlament. Die Direktorialverfassung galt von 1795 bis 1799.

Displaced Persons (DPs) (engl. verschleppte Personen) 8,5 Millionen Fremd- und Zwangsarbeiter sowie KZ-Häftlinge hielten sich Ende des Zweiten Weltkriegs gegen ihren Willen in Deutschland auf. Die → Vereinten Nationen betreuten sie und organisierten ihre Rückführung in die Heimatländer.

Dissenters (engl. *dissent* nicht übereinstimmen, abweichen) Bezeichnung für alle → Protestanten, die nicht zur englischen Hochkirche (→ anglikanische Kirche) gehören. Die Dissenters erhielten 1689 das Recht auf freie Religionsausübung, aber erst 1828 die politische Gleichstellung.

Dogma Unantastbarer Glaubenssatz der römisch-katholischen Kirche (z. B. die Unfehlbarkeit des Papstes). Im übertragenen Sinn jede angeblich unbezweifelbare Aussage einer Lehre oder → Ideologie.

Dolchstoßlegende Nach 1918 von der politischen Rechten und hohen Militärs verbreitete Behauptung, die demokratischen Parteien und revolutionären Kräfte in der Heimat hätten im November 1918 die siegreichen Truppen an der Front „von hinten erdolcht". Damit wies das oberste Militär die Verantwortung für die Niederlage im → Ersten Weltkrieg der politischen Linken zu. Die Dolchstoßlegende – obwohl sachlich falsch – hatte eine große politische Wirkung. Sie wurde in der innenpolitischen Auseinandersetzung gegen die demokratischen Parteien der → Weimarer Republik benutzt.

Dominat (lat. *dominus* Herr) Herrschaftsform der späten römischen Kaiserzeit (284–395 n. Chr.), die sich aus dem → Prinzipat entwickelt hat. Der Kaiser gebot als unumschränkter Alleinherrscher über die Untertanen und forderte in der Spätantike als *dominus et deus* (Herr und Gott) göttliche Verehrung (z. B. Fußkuss).

Doppelmonarchie Bezeichnung für die 1867 gegründete Union zwischen der österreichischen und der ungarischen Monarchie. Beide Teile blieben verfassungsrechtlich eigenständig, unterstanden aber einem gemeinsamen Herrscher, der zugleich Kaiser von Österreich und König von Ungarn war (k. u. k. Monarchie). Außenpolitisch trat die Union einheitlich auf. Als der Doppelmonarch am Ende des → Ersten Weltkriegs 1918 abdankte, löste sich Österreich-Ungarn in mehrere selbstständige Einzelstaaten auf.

Dreibund Geheimes, 1882 geschlossenes und bis zum → Ersten Weltkrieg mehrfach erneuertes Verteidigungs- und Beistandsbündnis zwischen Deutschland, Österreich-Ungarn und Italien, das sich aus deutscher Sicht in erster Linie gegen Frankreich richtete.

Dreifelderwirtschaft Landwirtschaftliches Anbauprinzip seit dem 8. Jh., nach dem jeder Acker nach zweimaliger Bestellung im dritten Jahr brach liegt, also ungenutzt bleibt. Da sich der Boden so besser erholen kann, werden wesentlich höhere Erträge erzielt.

Dreikaiserbündnis Neutralitätsbündnis von 1881 bis 1887 zwischen Deutschland, Russland und Österreich-Ungarn für den Fall, dass sich ein Bündnispartner mit einer vierten Macht im Krieg befindet.

Dreikaiserschlacht → Austerlitz

Dreiklassenwahlrecht Eine Form des → Zensuswahlrechts, das z. B. in Preußen von 1855 bis 1918 bei der Wahl zum → Abgeordnetenhaus praktiziert wurde. Die Wahlberechtigten wurden nach ihrer steuerlichen Leistungskraft in drei Klassen unterteilt, die im Abgeordnetenhaus unabhängig von ihrer zahlenmäßigen Größe gleich stark vertreten waren. Dadurch war eine kleine vermögende Oberschicht gegenüber dem Mittelstand und erst recht gegenüber der großen Masse der Arbeiter im Parlament stark überrepräsentiert. → Wahlrechtsmodelle

Dreißigjähriger Krieg Konfessionskrieg, deutscher Bürgerkrieg und europäischer Konflikt von 1618 bis 1648. Die Ursachen waren konfessionelle und politische Gegensätze in Deutschland, die zur Entstehung von militärischen Bündnissen (→ Union, → Liga) geführt hatten. Anlass war der → Prager Fenstersturz.

Nach den Schauplätzen oder den beteiligten Mächten werden vier Phasen unterschieden: 1. Der böhmisch-pfälzische Krieg (1618–1623); 2. der dänisch-niedersächsische Krieg (1625–1629); 3. der schwedische Krieg (1630–1635); 4. der schwedisch-französische Krieg (1635–1648). Die anfänglichen konfessionellen Gegensätze traten im Verlauf des Krieges gegenüber dem Kampf der Fürsten gegen den Kaiser und den außenpolitischen Interessen der anderen europäischen Mächte in den Hintergrund. Der Dreißigjährige Krieg war der längste und verlustreichste Krieg der deutschen Geschichte. → Westfälischer Friede

Dritter Stand Bezeichnung für das Bürgertum, das mit seinem Anspruch auf rechtliche und politische Gleichstellung den Anstoß zur → Französischen Revolution gab. Den Ersten Stand bildete der Klerus, den Zweiten Stand der Adel. Während der Revolution allerdings zählte sich die gesamte Bevölkerung – außer der isolierten und verfolgten Minderheit der ersten beiden Stände – zum Dritten Stand. Später beschränkte sich der Begriff wieder auf das Bürgertum, während die Bauern und das Industrieproletariat als Vierter Stand bezeichnet wurden.

Drittes Reich Analog zu der christlichen Lehre von den drei aufeinanderfolgenden Reichen, die zur Vollendung der Heilsgeschichte führen, übertrug der politische Schriftsteller Moeller van den Bruck 1923 diese Weltreichslehre auf die deutsche Geschichte: Nach dem → Heiligen Römischen Reich Deutscher Nation (bis 1806) und dem Bismarck-Reich (ab 1871) werde als Vollendung der deutschen Geschichte ein „Drittes Reich" entstehen. Die Nationalsozialisten machten den Begriff zum Schlagwort und stellten Hitler als „Erlöser" Deutschlands dar. 1939 ersetzten sie „Drittes Reich" durch „Großdeutsches Reich". Heute steht der Begriff für die Epoche der nationalsozialistischen → Diktatur von 1933 bis 1945.

Drittes Rom Nach der Eroberung Konstantinopels, des „Zweiten Roms", durch die Türken 1453 wurde Moskau politisches und religiöses Zentrum der griechisch-orthodoxen Christenheit. Der russische Herrscher, jetzt „Zar" (Kaiser) genannt, wurde Haupt und Schutzherr der Kirche und war damit nach orthodoxer Lehre Herr der Welt. Nach 1917 wurde dieser sakral begründete Weltherrschaftsgedanke von der Sowjetunion im marxistischen Sinne fortgeführt.

Duma 1905 gewählte Bezeichnung für das erste russische Parlament.

E

Ebert-Groener-Abkommen Vertrag zwischen dem Sozialdemokraten Friedrich Ebert, Mitglied des → Rates der Volksbeauftragten, und General Wilhelm Groener von der Obersten Heeresleitung (OHL) vom 10. November 1918, um die innere Sicherheit im Land zu gewährleisten. Groener versprach Hilfe im Kampf gegen Unruhen. Im Gegenzug sagte Ebert zu, dass die Befehlsgewalt über die Soldaten weiterhin bei ihren Offizieren liegen solle. Der Pakt sollte die Gefahr eines Bürgerkrieges bannen und einen geordneten Rückzug der Fronttruppen erleichtern.

Edikt (lat. *edicere* ansagen, bekannt machen) Erlass eines römischen Beamten bzw. des römischen Kaisers (z. B. das Mailänder Toleranzedikt 312 n. Chr.). In der frühen Neuzeit fürstlicher Erlass (z. B. das Edikt von → Nantes 1598).

Eidgenossenschaft Staats- und Stadtgründungen kamen im Mittelalter vielfach durch gemeinsamen Schwur der Angehörigen eines Personenverbandes zustande (→ Personenverbandsstaat), um politische Ziele zu erreichen. Bekanntestes Beispiel ist der sagenhafte Rütli-Schwur des Jahres 1291, mit dem die „Urkantone" Uri, Schwyz und Unterwalden die Schweiz begründeten, die amtlich noch heute als „Eidgenossenschaft" bezeichnet wird.

Eigenkirche Von einem (weltlichen) Grundherrn auf eigenem Besitz errichtete Kirche, über die der Grundherr das volle Verfügungsrecht hatte. Das Eigenkirchenwesen wurde von der → kluniazensischen Reformbewegung bekämpft, da es dem jeweiligen Grundherrn und dessen Nachfolgern wirtschaftlichen und vor allem personalpolitischen Einfluss auf die Kirche ermöglichte.

Eisenzeit Epoche ab dem 8. Jh. v. Chr., in der sich Eisen als Material für Werkzeuge und Waffen durchsetzte. Sie löste die → Bronzezeit ab, da Eisen leichter verfügbar und besser zu bearbeiten war.

Eiserne Front 1931 vereinigten sich das → Reichsbanner Schwarz Rot Gold mit den freien Gewerkschaften und anderen Verbänden zur Eisernen Front. Ihr Abzeichen, drei nach unten zeigende Pfeile, sollte die wichtigsten Gegner symbolisieren: Adel, Nationalsozialisten und Kommunisten. Im Straßenkampf stand die militärisch organisierte Eiserne Front gegen → SA und → Stahlhelmbund, konnte aber die Machtübernahme durch die Nationalsozialisten nicht verhindern.

Flugblatt der Eisernen Front vom Januar 1932

Eiserner Vorhang Bildhafter Begriff, der vom Theater auf die Außenpolitik übertragen wurde. Der britische Politiker Winston Churchill prägte dieses Schlagwort 1946 für die Trennungslinie zwischen dem demokratischen Westeuropa und dem kommunistischen Osteuropa. Nach seiner Auffassung hatte die sowjetische Politik dazu geführt, dass mitten durch Europa ein für die Menschen undurchlässiger Eiserner Vorhang niedergegangen war.

Emser Depesche Der im Juli 1870 in Bad Ems weilende preußischen König Wilhelm I. ließ Bismarck ein Telegramm zukommen, dass diesen über seine Unterredung mit dem französischen Gesandten Benedetti unterrichtete. Bei diesem Gespräch ging es um die Forderung Frankreichs nach einem Verzicht der Hohenzollern auf den spanischen Thron. Das Schreiben aus Bad Ems wurde von Bismarck in einer absichtlich gekürzten und damit im Tonfall schärfer klingenden Fassung veröffentlicht, um eine frankreichfeindliche Stimmung zu schüren. Die Veröffentlichung wurde in Frankreich als Demütigung empfunden und führte zu der Kriegserklärung Kaiser Napoleons III. an Preußen. Die Emser Depesche bildete damit den Anlass des → Deutsch-französischen Krieges.

Encyclopédie → Enzyklopädie

Entdeckungsreisen Gezielte Fahrten zur Entdeckung bisher unbekannter Länder. Schon in der Antike von Ägyptern, Phöniziern, Griechen und Römern durchgeführt, blieben sie im Mittelalter Ausnahmen (→ Wikinger, Marco Polo).

Mit der Neuzeit begann auch das Zeitalter der Entdeckungsreisen. Voraussetzungen und Motive waren Verbesserungen im Schiffbau (Karavelle) und in der Navigation (Kompass), Abenteuerlust und wirtschaftliche Interessen. Auf die Erkundung der Westküste Afrikas durch die Portugiesen folgten die großen Fahrten von Bartolomeo Diaz (Südspitze Afrikas 1487), Christoph Kolumbus (Entdeckung der „Neuen Welt" 1492), Vasco da Gama (Seeweg nach Indien 1498/99) und Fernao de Magalhaes (erste Weltumsegelung 1519–1522). Im 17. u. 18. Jh. galten weitere Entdeckungsreisen der Erforschung Amerikas sowie des pazifischen Raumes (die Entdeckung Australiens), im 19. und 20. Jh. Afrikas und der arktischen Zonen.

Die Entdeckungsreisen dienten der Expansion und der Machtsteigerung einzelner europäischer Staaten und führten durch Eroberung, Kolonialisierung (→ Kolonie) und Missionierung zur Europäisierung der Erde. Die Zerstörung der einheimischen Kulturen, die politische Abhängigkeit und die wirtschaftliche Ausbeutung sind wichtige Ursachen für die aktuellen Probleme der „Dritten Welt".

Enteignung Entschädigungslose Übernahme von Privateigentum in Staatseigentum. Die wirtschaftliche Umgestaltung in der sowjetischen Besatzungszone begann im Herbst 1945 mit der → Bodenreform. Danach wurden auf Befehl der sowjetischen Besatzungsmacht alle Industriebetriebe, Banken und Bergwerke verstaatlicht. Sie bildeten die Basis für die sozialistische Wirtschaftsordnung mit → Volkseigenen Betrieben (VEB).

Die Ankunft von Kolumbus auf Guanahani, Kupferstich von De Bry, 1594

Entente cordiale (franz. herzliches Einvernehmen) Enges, auf Interessengleichheit beruhendes Bündnis zwischen Großbritannien und Frankreich nach der Überwindung ihrer kolonialen Differenzen 1904. Die Erweiterung durch Russland erfolgte 1907. Das Bündnis richtete sich vor allem gegen Deutschland, das sich u. a. durch sein → Flottenbauprogramm isolierte, und hatte im → Ersten Weltkrieg gegen die → Mittelmächte Bestand.

Ententemächte Zwei oder mehrere Staaten, die zumindest in Teilbereichen weitgehend dieselben Ziele und Interessen verfolgen und sich aus diesem Grund zu einem Bündnis zusammenschließen. Bekanntes Beispiel ist die → Entente cordiale. Allgemein bezeichnet man mit Entente auch die gesamte Kriegskoalition im → Ersten Weltkriegs gegen die → Mittelmächte.

Entfremdung Begriff aus der → Ideologie des → Marxismus-Leninismus, der sich auf das Verhältnis des Menschen zur Arbeit bezieht. Er bezeichnet einen Zustand, in dem der Arbeiter kein Verhältnis mehr zu dem von ihm mithergestellten Produkt hat (das ihm fremd ist), da er sich in der industriellen Groß- und Massenproduktion nur als Rädchen in einem undurchschaubaren Getriebe fühlt und über keinerlei Einfluss- und Gestaltungsmöglichkeiten verfügt.

Entkolonialisierung (Dekolonialisierung) Auflösung der Kolonialreiche der Briten, Franzosen, Belgier und Holländer in Afrika und Asien (→ Imperialismus) nach dem → Zweiten Weltkrieg. Entscheidend war ein wachsendes Bestreben der Kolonialvölker nach Unabhängigkeit, die öffentliche Ablehnung von Kolonialherrschaft durch die Öffentlichkeit und die → Vereinten Nationen (UNO) sowie der Druck der Weltmächte USA und UdSSR, die offiziell eine antikoloniale Politik betrieben.

Die Dekolonialisierung vollzog sich entweder durch gewaltsame Aktionen von nationalen Befreiungsorganisationen (Algerien) oder durch die freiwillige Entlassung der Kolonien in die Unabhängigkeit (Indien, Pakistan). Mitte der 50er-Jahre schlossen sich zahlreiche der neuen Staaten Afrikas und Asiens zur Bewegung der Blockfreien zusammen, die als „Dritte Welt" eine eigene politische Rolle zwischen den Großmächten USA und UdSSR suchte.

Entnazifizierung 1945 im → Potsdamer Abkommen festgelegter Beschluss der Siegermächte, alle Elemente des Nationalsozialismus in Deutschland zu beseitigen. In den → Nürnberger Prozessen wurden die Kriegsverbrecher verurteilt. Die personellen Säuberungen führte die → sowjetische Militäradministration in ihrer Zone schnell und rigoros durch. In den westlichen Zonen mussten alle Deutschen einen Fragebogen beantworten und sich anschließend vor gerichtsartigen Spruchkammern verantworten. Die Betroffenen wurden in fünf Kategorien eingestuft: Hauptschuldige, Belastete, Minderbelastete, Mitläufer und Entlastete. Das Strafmaß richtete sich nach der Schwere der Belastung.

Zu Beginn der 50er-Jahre wurden die Verfahren in deutsche Hände übergeben und schnell abgeschlossen. Scheinbar unentbehrliche, aber belastete Fachleute kehrten im Zuge des Wiederaufbaus in ihre Positionen und Ämter zurück.

Entspannungspolitik Zwischen 1970 und 1975 war die internationale Ost-Westpolitik darauf ausgerichtet, politische und militärische Spannungen abzubauen. Die USA und die Sowjetunion verhandelten in den → SALT-Abkommen über die Begrenzung von Atomwaffen. Die Bundesregierung unter Bundeskanzler Willy Brandt stellte dann in ihrer → Ostpolitik die Beziehungen zur Sowjetunion im Moskauer Vertrag (1970), zu Polen im Warschauer Vertrag (1970) und zur DDR im → Grundvertrag (1972) auf eine neue Basis.

Die Entspannungspolitik mündete 1975 in die → Konferenz für Sicherheit und Zusammenarbeit in Europa (KSZE).

Entstalinisierung Teilweise Abkehr der sowjetischen Staatsführung vom → Stalinismus. Drei Jahre nach dem Tod Josef Stalins hielt sein Nachfolger Nikita Chruschtschow 1956 eine Geheimrede, in der er die Verbrechen Stalins, den Personenkult und dessen fehlerhafte Innen- und Außenpolitik anprangerte. Die Basis → sowjetischer Herrschaft blieb aber unangetastet. Dennoch lockerte sich als Folge der Rede die politische Atmosphäre in den Ländern des sowjetischen Einflussbereichs in Ost- und Mitteleuropa.

Enzyklopädie (gr. *enzkyklios* und *paideia* Kreis des Wissens) Umfassende Darstellung des verfügbaren Wissens. Die „Encyclopédie ou Dictionnaire Raisonné des Sciences, des Arts et des Métiers", seit 1751 von Denis Diderot und Jean d'Alembert herausgegeben, ist als kritische Bestandsaufnahme des gesamten Wissens der Zeit ein zentrales Dokument der → Aufklärung.

Erbfolge Auf heidnisch-sakralen Vorstellungen (→ Königsheil) beruhender Grundsatz, dass politische Funktionen – vor allem die Thronfolge – erblich seien (→ Geblütsrecht). Während in Deutschland nur die männliche Erbfolge existierte, gab es in anderen Teilen Europas (z. B. in England und in Skandinavien bis heute) die männliche und weibliche Erbfolge.

Eremit Einsiedler, der der Welt entsagt und einsam in einer entlegenen Gegend haust. Vor allem im östlichen Mittelmeerraum auftretende Frühform des Mönchtums. → Mönch

Ermächtigungsgesetz Das „Gesetz zur Behebung der Not von Volk und Reich" vom 23. März 1933 gab der Regierung unter Adolf Hitler das Recht, Gesetze ohne Beteiligung des Reichstags und Reichsrats zu erlassen. Hitler gelang es, mit der Zustimmung der bürgerlichen Parteien eine verfassungsändernde Zweidrittelmehrheit zu erlangen. Die KPD war nach der sog. → Reichstagsbrandverordnung bereits verboten und den KPD-Abgeordneten waren ihre Mandate aberkannt worden. Nur die Sozialdemokraten stimmten gegen das Gesetz. Es wurde mehrfach verlängert und bildete bis zum Zusammenbruch im Mai 1945 die rechtliche Grundlage der nationalsozialistischen Diktatur.

Erster Weltkrieg Im Ersten Weltkrieg 1914–1918 standen sich die → Mittelmächte (Deutschland und Österreich-Ungarn mit ihren Verbündeten Türkei und Bulgarien) und die → Ententemächte (Frankreich, Großbritannien, dazu Russland, Serbien, USA, Italien, Griechenland, Rumänien, Japan, Belgien, Portugal, China, Brasilien und britische Dominions) gegenüber. Die Gesamtzahl der Toten des „Großen Krieges" beläuft sich insgesamt auf etwa 10 Millionen Menschen.

Nach der Ermordung des österreichischen Thronfolgers Franz Ferdinand und seiner Frau in Sarajevo am 28. Juni 1914 durch serbische Nationalisten erklärte Österreich-Ungarn Serbien den Krieg. Deutschland stand in → Nibelungentreue zu Österreich-Ungarn. Russland versprach dem serbischen Brudervolk seine Unterstützung. Als die Forderung Deutschlands an Russland, die Kriegsvorbereitungen einzustellen und ein deutsches Ultimatum an Frankreich, im deutsch-russischen Kriegsfall neutral zu bleiben, nicht erfüllt wurden, erklärte Deutschland Russland und Frankreich den Krieg. Großbritannien trat wegen der Neutralitätsverletzung Belgiens (→ Schlieffenplan) kurze Zeit später ebenfalls auf deren Seite in den Krieg ein. Nach anfänglichen deutschen Siegen über die russische Armee bei Tannenberg und an den Masurischen Seen erstarrten nach dem missglückten Einfall des deutschen Heeres in Frankreich die Fronten und es kam zum → Stellungskrieg. 1917 führte der deutsche U-Bootkrieg schließlich zum Kriegseintritt der USA.

Nach der Russischen Revolution 1917 kam es 1918 in → Brest-Litowsk zum Frieden zwischen Deutschland und Sowjetrussland, der den deutschen Truppen Entlastung an der Ostfront brachte. Die kriegsentscheidende Wende trat im Frühsommer 1918 ein, als das deutsche Heer bis an die Reichsgrenzen zurückgedrängt wurde. Im November 1918 unterzeichnete das Deutsche Reich angesichts der militärisch aussichtslosen Lage und den Unruhen in Deutschland den Waffenstillstand (→ Novemberrevolution).

Der Erste Weltkrieg, die „Urkatastrophe des 20. Jahrhunderts", hat mit seinen prägenden Umwälzungen in der Militärtechnik und durch die Einbeziehung der Zivilbevölkerung sowie durch das weltweite Kampfgebiet eine völlig neue Dimension des Krieges geschaffen.

Erzbischof Bezeichnung für einen → Bischof, der nicht nur ein eigenes Bistum leitet, sondern darüber hinaus Oberherr der Bischöfe einer ganzen Region (Kirchenprovinz) ist.

Erzherzog Im Spätmittelalter und in der frühen Neuzeit Bezeichnung für den Landesherrn Österreichs.

EURATOM → Römische Verträge

Europa Europa lässt sich geografisch nicht eindeutig definieren. Es besitzt zwar klare Grenzen nach Westen, Süden und Norden. Aber wo man seine Ostgrenze zieht, hängt davon ab, was man jeweils unter Europa versteht. In der Antike stand Europa für politische Freiheit und bürgerliches Selbstbewusstsein im Gegensatz zu Despotie und Unfreiheit, die man Asien zuschrieb. Im Mittelalter bezeichnete Europa, so wie es Karl der Große, der „Vater

Im August 1914 zogen die Soldaten voller Enthusiasmus an die Front. Weihnachten sollte alles schon vorbei sein.
Viele von ihnen kehrten erst nach Jahren vom Krieg gezeichnet in ihre Heimat zurück.

Europas" begründet hatte, die abendländische, lateinisch geprägte Christenheit im Gegensatz zum Islam und dem griechisch orthodox geprägten → Byzanz. In der Neuzeit wurde Europa vor allem mit persönlicher, wirtschaftlicher und politischer Freiheit, mit Demokratie und Menschenrechten identifiziert. Ideen, die inzwischen von den Europäern für die gesamte Welt eingefordert werden.

Charakteristisch für Europa sind insbesondere eine für alle gültige Rechtsordnung (Herrschaft des Rechts), die Kontrolle von Herrschaft, die europäische Stadt mit ihrer Bürgergesellschaft sowie die Hochschätzung von Arbeit, Rationalität, Wissenschaft und Technik.

Die europäische Kultur ist keine feststehende Größe, sondern wird durch Dynamik geprägt: durch Verschmelzungsprozesse (z. B. von Antike, Christentum und germanischer Welt unter Karl dem Großen), durch Teilungen oder Spaltungen (z. B. den konfessionellen Gegensatz zwischen Protestanten und Katholiken), durch Renaissancen und Revolutionen, die sich meist auf das Vorbild der Antike beriefen, und durch Pendelbewegungen (z. B. Klassik-Romantik-Realismus etc.).

Der Umstand, dass Europa sich nicht klar definieren lässt, dennoch aber „Einheit in der Vielfalt" besitzt, erschwert heute die Antwort auf die Frage, wer zur → Europäischen Union gehören soll bzw. kann. Immer wieder zeigt sich aber, dass die geschichtlich begründete Zugehörigkeit bestimmter Länder zur europäischen Kultur, etwa Polens, Ungarns und der baltischen Staaten, hier ein entscheidendes Kriterium ist.

Europäische Beratende Kommission (engl. *European Advisory Commission, EAC*) 1944 eingesetzter Ausschuss aus Vertretern der USA, der Sowjetunion und Großbritanniens, der Pläne für die Zeit direkt nach der Kapitulation Deutschlands erarbeitete. Deutschland wurde zuerst in drei, später vier Besatzungszonen (USA, Sowjetunion, Großbritannien, Frankreich) aufgeteilt. Für Berlin gab es eine Sonderregelung: Jede Besatzungsmacht erhielt einen eigenen Sektor in der Stadt.

Europäische Einigung Nach dem Zweiten Weltkrieg entstand der Wunsch, Europa neu zu gestalten. Der realistische Weg war, erst die Volkswirtschaften zu verflechten und dann die politische Vereinigung durchzuführen. 1951 wurde nach einem Vorschlag des französischen Außenministers Robert Schuman die Europäische Gemeinschaft für Kohle und Stahl (EGKS/Montanunion) gegründet. 1957 unterzeichneten sechs Staaten (Belgien, Deutschland, Frankreich, Luxemburg und die Niederlande) die → Römischen Verträge. Damit gründeten sie die Europäische Wirtschaftsgemeinschaft (EWG) und die Europäische Atomgemeinschaft (EURATOM).

Nachdem so ein einheitliches Wirtschaftsgebiet geschaffen war, bildete sich mit denselben Mitgliedstaaten 1967 die politisch ausgerichtete Europäische Gemeinschaft (EG). Um Europa politisch noch enger zusammenzuschließen, beschlossen die Mitgliedstaaten 1993 nach diversen Erweiterungen in → Maastricht, die EG in eine → Europäische Union umzuwandeln. In einem Stufenplan soll die Wirtschafts- und Währungsunion eingeführt werden. Im Jahr 2002 beginnt die Umstellung der nationalen Währungen auf den Euro. Seit 1989 verhandelt die EU mit sechs neuen Beitrittskandidaten in Osteuropa (Estland, Polen, Slowenien, Tschechische Republik, Ungarn und Zypern). Heikle Fragen sind die Landwirtschaft und die Freizügigkeit für Arbeitnehmer.

Europäische Union (EU) Aus der Wirtschaftsgemeinschaft (Europäische Gemeinschaft) ging 1993 die politische Gemeinschaft von 15 europäischen Staaten hervor. Die EU ist kein Staat und hat keine Verfassung. Die Gründungsverträge schreiben vor, welche Aufgaben die Gemeinschaft hat und von welchen Organen diese Aufgaben wahrgenommen werden. Das Europäische Parlament wird von den Bürgern der Mitgliedsländer direkt gewählt. Im Europäischen Rat treffen die Regierungschefs grundsätzliche Entscheidungen. Im Ministerrat treten die Fachminister (z. B. die Außenminister) zur Beratung zusammen. Die „Regierung der EU" ist die Europäische Kommission. Der Europäische Gerichtshof überprüft das Handeln der EU-Organe. Der Europäische Rechnungshof überprüft Einnahmen und Ausgaben der EU. Anstehende Aufgaben der EU sind die Verhandlungen mit Beitrittskandidaten (Osterweiterung), die grundlegende Reform der Agrarpolitik und die Einführung einer gemeinsamen Währung, des Euro.

European Recovery Program (ERP) → Marshall-Plan

Ewiger Landfriede Unbegrenzt gültiges Grundgesetz der → Reichsreform von 1495. Der Ewige Landfriede verbot die → Fehden. Verstöße sollten durch das → Reichskammergericht bestraft werden.

Exekutive (lat. *exsequi* durchführen, vollziehen) Ausführende Gewalt in einem Staat mit → Gewaltenteilung. Die Exekutive ist Aufgabe der Regierung.

Exkommunikation Ausschluss aus der römisch-katholischen Kirche, der im Mittelalter zugleich den Ausschluss aus der Gesellschaft bedeutete. → Bann

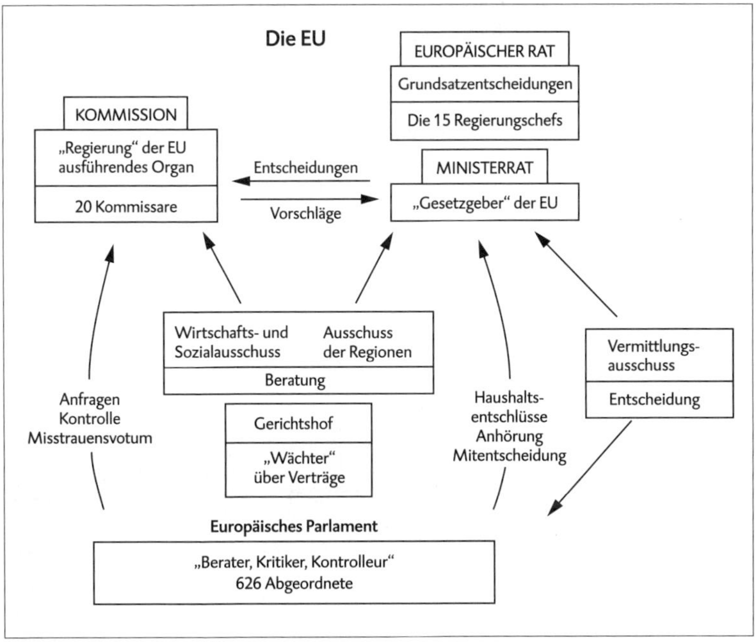

F

Falange (span. Stoßtrupp) 1933 gegründete faschistische Partei Spaniens. (→ Faschismus) General Francisco Franco übernahm 1937 die Parteiführung und nach seinem Sieg im spanischen Bürgerkrieg (1939) wurde sie zur einzig zugelassenen Staatspartei. Nach dem Tod Francos und im Zuge der Demokratisierung Spaniens wurde die Falange 1977 aufgelöst.

Fasces → Liktor

Faschismus (lat. *fasces* Rutenbündel) Ab 1921 Bezeichnung für die antidemokratische und nationalistische Bewegung in Italien unter ihrem Führer Benito Mussolini. Der Begriff wurde in der Folge auf andere nationalistische Parteien ausgedehnt. Zwischen den Weltkriegen gab es in vielen europäischen Ländern faschistische Bewegungen. Sie befürworteten das → Führerprinzip, lehnten die parlamentarische Demokratie ab und wollten eine Diktatur errichten, in der die individuellen Freiheiten aufgehoben waren. In Italien, Spanien (→ Falange) und Deutschland (→ Nationalsozialismus) kamen faschistische Parteien direkt an die Macht.

In der kommunistischen Propaganda nach 1945 wurden westliche Lebensart und Politikverständnis insgesamt als Faschismus bezeichnet.

Faschoda-Krise Der Kolonialstreit zwischen Großbritannien und Frankreich entbrannte, als die Franzosen, die 1898 das am oberen Nil gelegene Faschoda bereits in Besitz genommen hatten, von britischen Truppen vertrieben wurden. Die Briten verstießen damit gegen den Verhaltenskodex der Kolonialmächte untereinander, wonach der erste Okkupant eines Gebietes das ständige Bleiberecht besaß. Das empörte Frankreich gab nach, um einen britisch-französischen Krieg zu verhindern. 1899 wurden die genauen Besitzverhältnisse am oberen Nil zwischen beiden Staaten vertraglich geregelt.

Februarrevolution Im Februar 1848 erzwangen in Paris Studenten, Proletariat (zum ersten Mal als eigenständige politische Kraft) und Nationalgarde wegen versäumter Reformen die Abdankung des → Bürgerkönigs. Daraufhin kam es zur Ausrufung der Republik, zur Wahl einer → Nationalversammlung mit bürgerlicher Mehrheit und zur Bildung einer provisorischen Regierung. Im November wurde eine neue Verfassung Frankreichs mit einem vom Volk für vier Jahre gewählten Präsidenten proklamiert. Das um seine Sicherheit besorgte Bürgertum wählte mit Louis Napoleon einen Neffen Napoleons I. zum Präsidenten.

Fehde Im Mittelalter gewaltsame Auseinandersetzung zwischen Personen, Fa-

Francisco Franco (1892–1975)

Benito Mussolini (1883–1945)

Adolf Hitler (1889–1945)

milien und Gruppen. Vor der Durchsetzung des staatlichen Gewaltmonopols war die Fehde die übliche und rechtlich akzeptierte Form, um Konflikte auszutragen oder z. B. Gerichtsurteile durchzusetzen. Im Reichslandfrieden von 1495 wurden Fehden endgültig verboten.

Feudalismus Im engeren Sinn durch das Lehnswesen (→ Lehen) geprägte politisch-gesellschaftliche Ordnung. Allgemein bezeichnet der Begriff eine adlighierarchische Ordnung. Seit Ende des 18. Jhs von Gesellschaftskritikern und Revolutionären abwertend verwendete Bezeichnung für eine politisch-gesellschaftliche Ordnung mit überholten Privilegien.

Flächenstaat (1) Seit dem Mittelalter aus dem → Personenverbandsstaat entwickelter Staatstyp, bei dem die staatlichen Institutionen flächendeckend über das ganze Land verbreitet sind. (2) Staat mit ausgedehntem Territorium im Gegensatz zum Stadtstaat.

Flottenbauprogramm Seit 1898 verfolgte Großbritannien die imperialistische Großmachtsmaxime, dass die britische Kriegsflotte immer mindestens so stark sein müsse wie die beiden nächstgroßen Flotten zusammen. Der deutsche Kaiser Wilhelm II. glaubte, mit einem eigenen Flottenbauprogramm dagegenhalten zu müssen. Die kaiserliche Flottenpolitik war bei der Bevölkerung sehr populär und wurde besonders von den einflussreichen → Alldeutschen unterstützt. Außenpolitisch hatte das Flottenbauprogramm Wilhelms II. jedoch schwer wiegende Konsequenzen, da es die britisch-deutschen Beziehungen stark belastete und zur Isolation Deutschlands beitrug.

Föderalismus (lat. *foedus* Bund) Bundesstaatliche Organisation. Ein föderaler Staat verfügt über eine Bundesregierung mit bestimmten gesamtstaatlichen Zuständigkeiten (in jedem Fall die der Außenpolitik) und hat daneben im Gegensatz zum → Zentralismus eine Reihe von Bundesländern mit eigenen Zuständigkeiten, wie Polizeiwesen und Schulpolitik. Föderativ organisierte Staaten sind z. B. die USA, die Schweiz und die Bundesrepublik Deutschland.

Föderation (lat. *foedus* Bund) Bündnis zwischen Staaten, aber auch → Staatenbund, gelegentlich auch als Konföderation bezeichnet.

Frankfurter Dokumente Drei Dokumente, die die westlichen Militärgouverneure 1948 den elf deutschen Ministerpräsidenten übergaben.

Das erste Schriftstück ermächtigte die Ministerpräsidenten, die verfassungsgebende Versammlung einzuberufen, die eine demokratische Verfassung für einen → Bundesstaat ausarbeiten sollte. Das zweite Dokument betraf Fragen der Neugliederung der Bundesländer. Das dritte kündigte ein Besatzungsstatut an, das das zukünftige Verhältnis zwischen einer deutschen Regierung und den Besatzungsmächten regeln sollte.

Französische Revolution Politisch und gesellschaftliche Umwälzung Frankreichs von 1789–1799. Die Ursachen für die Französische Revolution sind vielschichtig: Wichtige Faktoren waren die Staats- und Finanzkrise des → Ancien régime und die Unzufriedenheit der Bevölkerung über ungerechte Verteilung der Steuerlast, stark steigende Lebenshaltungskosten, Hungersnöte und politische Ohnmacht. Außerdem erhob das Bürgertum Anspruch auf eine politische Führungsrolle. Als Ludwig XVI. im Mai 1789 die Generalstände einberief, um einen Ausweg aus der Finanzmisere zu suchen, konstituierte sich der → Dritte Stand zur → Nationalversammlung und bestritt damit die uneingeschränkte Souveränität des Königs. In ganz Frankreich kam es zeitgleich zu Bauernerhebungen und Ausschreitungen gegen die beiden oberen Stände, Adel und Geistlichkeit. Königliche Truppenkonzentrationen in Paris veranlassten die Massen am 14. Juli 1789 zum Sturm auf die → Bastille. Die revolutionären Losungen hießen Freiheit, Gleichheit, Brüderlichkeit.

Nach der Erklärung der Menschen- und Bürgerrechte beschloss die Nationalversammlung 1791 eine auf dem Prinzip der → Gewaltenteilung beruhende – aber nie in Kraft getretene – Verfassung, die Vorbild für die bürgerlichen Verfassungen im 19. und 20. Jh. wurde. Der weitere Verlauf der Revolution ist gekennzeichnet von dem innerparteilichen Konflikt der herrschenden republikanischen Partei, der erstmals um der Hinrichtung des Königs 1793 ausbrach. Die gemäßigten bürgerlichen → Girondisten standen den radikalen, kleinbürgerlichen → Jakobinern gegenüber, bis sich 1793 Letztere unter Maximilien Robespierre durchsetzten und die Diktatur des → Wohlfahrtsausschusses errichteten. Ein entscheidender Sieg über die antifranzösische Koalition leitete 1794 den Sturz dieser Terrorherrschaft ein, die mit der Hinrichtung Robespierres endete. → Direktoralverfassung

Der Dritte Stand trägt Adel und Geistlichkeit

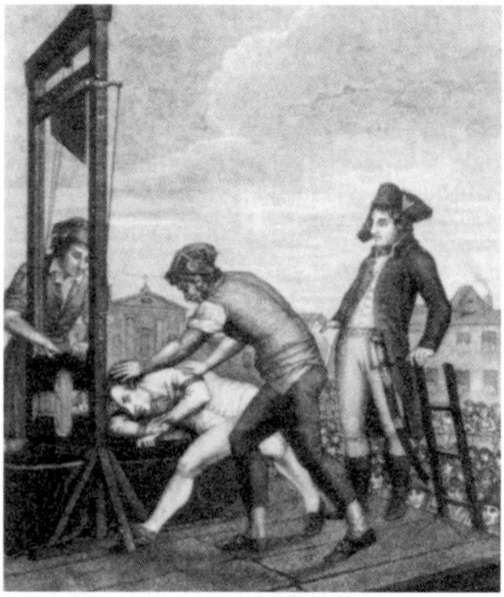

Die Hinrichtung Robespierres am 28. Juli 1794

Die Revolution von 1789 setzte die Ideen der Volkssouveränität und der politischen Ablösung des Adels durch das Bürgertum frei, die trotz vieler Rückschläge durch → Restauration und Totalitarismus am Ende des 20. Jhs fast überall in Europa realisiert wurden. Der Verlauf der Französischen Revolution zeigt aber auch beispielhaft, wie sich ursprünglich revolutionäre Ziele durch Radikalisierung kurz- und mittelfristig in ihr Gegenteil verkehren und statt der erhofften Besserung der Verhältnisse Not und Terror um sich greifen können.

Freie Deutsche Jugend (FDJ) 1946 in der → sowjetischen Besatzungszone (SBZ) unter der Leitung von Erich Honecker entstandener Jugendverband, der nach der Gründung der → DDR (1949) zur Massenorganisation für Jugendliche wurde. Die FDJ erhob den Anspruch, alle Jugendlichen zwischen sechs und 25 Jahren zu organisieren und im Sinne der → SED und ihrer Ziele zu erziehen. Mit der Einschulung traten die Kinder zunächst der „Pionierorganisation Ernst Thälmann" bei und erhielten ein Halstuch, das bei feierlichen Anlässen getragen werden musste. Mit 14 Jahren übernahm die FDJ ganze Schulklassen und organisierte die Freizeitgestaltung. Bei der Vergabe von Studien- und Arbeitsplätzen spielte die Beurteilung durch die FDJ-Gruppe eine entscheidende Rolle.

Freier Deutscher Gewerkschaftsbund (FDGB) In der → sowjetischen Besatzungszone im Frühjahr 1946 gegründete Einheitsgewerkschaft, der fast alle Berufstätigen angehörten. Sie bildete die größte Massenorganisation der → DDR, war in der → Nationalen Front vertreten und entsandte eigene Abgeordnete in die → Volkskammer. Der FDGB war über Kreis-, Bezirks- und Zentralvorstände organisiert und handelte im Auftrag der → SED bzw. des Staates. Er versuchte, die Arbeiter zur Erfüllung der Wirtschaftspläne zu mobilisieren, organisierte Prämienzahlungen, kümmerte sich um den Arbeitsschutz und verteilte Ferienheimplätze.

Freier Bis zur frühen Neuzeit unterschied man zwischen Freien, Halbfreien und Unfreien (in der Antike: Sklaven). Der Übergang von einem Rechtszustand in den anderen war möglich. So konnten Leibeigene oder Sklaven z. B. durch Freilassung, → Bauernbefreiung oder einen mindestens einjährigen Aufenthalt in einer mittelalterlichen Stadt zu Freien werden („Stadtluft macht frei"). Umgekehrt konnten Freie durch Verschuldung, Verbrechen oder Niederlage im Krieg in Abhängigkeit geraten. Als entscheidende Voraussetzung der persönlichen Freiheit galt in der Regel eigener Besitz. Nur die Freien besaßen politische Rechte und Pflichten.

Freigelassener Im antiken Rom konnten Bürger verdiente Sklaven freilassen. Die Freigelassenen und ihre Nachkommen erhielten das römische Bürgerrecht, blieben aber meist dem ehemaligen Herrn verbunden. In der Kaiserzeit bildeten kaiserliche Freigelassene den Kern der Beamtenschaft und der Reichsverwaltung.

Freihandel Internationaler Handel ohne staatliche Einschränkungen. Nach den Vorstellungen der → Physiokraten sollten an die Stelle des staatlich kontrollierten Handels im → Merkantilismus Handelsbeziehungen treten, die nicht durch Zölle oder Ein- und Ausfuhrbeschränkungen behindert wurden.

Junge Pioniere bei ihrer Verpflichtung 1960

Freiheit der Meere (*mare liberum*) Die Forderung nach einer freien Nutzung der Meere wurde erstmals von Hugo Grotius 1609 aufgestellt und war ein wichtiger Schritt bei der Entwicklung des → Völkerrechts. Sie gilt noch heute in Friedenszeiten für die Schifffahrt, den Fischfang und den Abbau von Rohstoffen, wird aber durch die Hoheitszonen der Küstenstaaten eingeschränkt.

Freikorps Deutsche Freiwilligenverbände, die nach dem Ende des → Ersten Weltkriegs aus ehemaligen Offizieren und Soldaten des kaiserlichen Heeres gebildet wurden und in Grenzgebieten im Osten gegen polnische und russische Verbände kämpften. Auch zur Niederschlagung von kommunistischen Aufständen im Reichsinnern wurden die Freikorps eingesetzt. Viele Freikorpskämpfer wurden ab 1920 in die Reichswehr übernommen oder traten später in die → SA ein. Die Mitglieder der Freikorps lehnten die demokratische Verfassung der → Weimarer Republik ab.

Freimaurer (engl. *freemansons*) Seit der → Aufklärung eine internationale Vereinigung, die sich für Humanität und Toleranz einsetzt und eigene Rituale entwickelt hat. Ihre Mitglieder sind in Grade eingeteilt (Lehrling, Geselle, Meister) und in Logen organisiert, die auf Länderebene Großlogen bilden.

Fronde (franz. Schleuder) Bezeichnung für die Opposition gegen die absolutistische Herrschaft (→ Absolutismus) in Frankreich von 1648 bis 1653. Gegen die Politik Kardinal Jules Mazarins, der während der Minderjährigkeit Ludwigs XIV. den Staat leitete, leistete das Pariser Parlament Widerstand und wurde sowohl vom Volk von Paris als auch vom Hochadel unterstützt. Der Aufstand scheiterte an den unterschiedlichen Interessen und Zielen der beteiligten Gruppen. Mit der Niederlage endete der politische Einfluss des französischen Adels.

Frondienst (ahd. *fro* Herr) Dienstleistungen der Bauern, die einer → Grundherrschaft angehörten. Meist in Form von Hand- und Spanndiensten (Bereitstellung eines Gespannes) konnten sich die Dienste für den Grundherrn auf mehrere Tage in der Woche, aber auch auf nur wenige Tage im Jahr erstrecken. Bis zur → Bauernbefreiung war der Frondienst allgemein üblich; im 14. Jh. wurde er durch Abgaben ersetzt. Der Begriff ist heute im Sinn von „Sklavenarbeit" negativ besetzt.

Fronhof Hof eines mittelalterlichen Grundherrn. → Grundherrschaft

Frühkapitalismus Wirtschaftsordnung zu Beginn der Frühen Neuzeit. Die Entwicklung der städtischen Gewerbe und der Aufschwung des Fernhandels führten bei einzelnen Kaufmannsfamilien wie den Medici in Florenz oder den Fuggern in Augsburg zu großem Reichtum. Das gewonnene Vermögen wurde wieder in gewinnbringende Wirtschaftszweige investiert: in Handelsgesellschaften, die wichtige Bereiche des europäischen Warenverkehrs kontrollierten und Monopole erwarben, im → Verlagssystem, im Bergbau und in Geld- und Kreditgeschäften. Im Frühkapitalismus wurde die Naturalwirtschaft durch die Geldwirtschaft ersetzt, was eine bedeutende Steigerung von Produktion, Handel und Bankwesen (→ Bank) zur Folge hatte.

Führerprinzip Im Gegensatz zu demokratischen Grundsätzen ist beim Führerprinzip der gesamte Staat auf eine uneingeschränkt herrschende Person, den Führer, ausgerichtet, der den „wahren Volkswillen" verkörpert. Im nationalsozialistischen Deutschland war der offizielle Titel Adolf Hitlers, dessen Befehl sich jeder unterwerfen musste, „Führer und Reichskanzler". Das Prinzip von unbedingtem Befehl und Gehorsam sollte auf allen Ebenen des Staates vom Blockleiter bis zum Gauleiter gelten (Führerstaat).

Fünfte Kolonne Eine Gruppe, die im Krieg oder bei politischen Konflikten – meist verdeckt – mit dem Gegner des eigenen Staates zusammenarbeitet. Der Begriff entstand 1936 während des Spanischen Bürgerkrieges.

Fürst (engl. *the first* der Erste) Seit dem Mittelalter Bezeichnung für die höchste Schicht des Adels. Die Fürsten waren Herrscher eines monarchisch regierten Staates oder → Territoriums mit unterschiedlichen politischen Befugnissen. Aus dem Kreis der Fürsten erhielten im 13. Jh. einige Fürsten das Privileg der Königswahl (→ Kurfürsten).

G

G 7 Gruppe der Industriestaaten USA Großbritannien, Frankreich, Deutschland, Italien, Japan und Kanada. Seit 1975 treffen sich die Staats- und Regierungschefs dieser Länder jährlich, um die Wirtschafts- und Finanzpolitik abzustimmen. Diese Wirtschaftsgipfel bieten auch die Gelegenheit zu persönlichen Begegnungen der Politiker und zum Meinungsaustausch über aktuelle Fragen der Weltpolitik. Die Gastgeberschaft wechselt jährlich. Seit 1977 nimmt der Präsident der Europäischen Kommission und seit 1994 auch der russische Präsident an den G-7 Treffen teil; deshalb seither G-8 Treffen.

GATT (engl. *General Agreement on Tariffs and Trade*) Zoll- und Handelsabkommen, das 23 Staaten 1947 in Genf unterzeichneten. Es sollte Zölle abbauen und andere Beschränkungen des freien Handels beseitigen. 1996 löste die Welthandelsorganisation (WTO) das GATT ab.

Gau (1) Politisch organisiertes Siedlungsgebiet der germanischen Frühzeit und des frühen Mittelalters. Wichtigstes politisches Organ war die Gauversammlung (Gauthing, Goding), der alle Freien angehörten. (2) Im → Dritten Reich Partei- und Verwaltungsbezirk; der jeweilige Gauleiter wurde von Adolf Hitler ernannt.

Geblütsrecht Mittelalterliche Rechtsauffassung, nach der wichtige politische Funktionen, insbesondere das Königtum, eng mit bestimmten Familien verbunden sind. Dieses „Königsheil", das nach vorchristlicher Überzeugung beim König und seinen Nachkommen lag, konnte sich unter Zurückdrängung des Wahlprinzips zum Erbrecht wandeln (→ Erbfolge).

Gefolgschaft Eine Gruppe von jungen Männern, die im Mittelalter eine Zeit am Hof eines Gefolgsherrn verbrachten. Der Gefolgsmann war durch Treueid an seinen Herrn gebunden und leistete oft militärischen Dienst. Der Gefolgsherr sorgte im Gegenzug für Schutz und Lebensunterhalt seiner Gefolgsleute. Der Gefolgschaftsgedanke spielte bei der Entstehung des → Lehnswesens eine wichtige Rolle.

Gegenreformation Maßnahmen der katholischen Kirche, um eine Ausbreitung der → Reformation zu verhindern oder protestantische Gebiete zurückzugewinnen; gleichzeitig auch Bezeichnung für die Epoche zwischen dem → Augsburger Religionsfrieden und dem → Westfälischen Frieden. Die Gegenreformation begann mit dem Konzil von Trient 1545–1563 (→ Tridentinum), das zu einer Erneuerung der katholischen Kirche führte. Zu Trägern der Gegenreformation wurden die neu gegründeten Orden der → Jesuiten und Kapuziner, die durch Seelsorge und volkstümliche Predigten Einfluss gewannen. Die Gegenreformation verschärfte die konfessionellen Gegensätze, die zu den europäischen Religionskriegen (→ Hugenotten) und zum Ausbruch des → Dreißigjährigen Krieges führten.

Geistlicher Vorbehalt Bestimmung des → Augsburger Religionsfriedens, nach der geistliche Fürsten beim Wechsel der Konfession Land und Amt verlieren. Diese Regelung sollte die → Säkularisierung der geistlichen Territorien verhindern.

Gemeiner Pfennig Allgemeine Reichssteuer, die bei der → Reichsreform 1495 beschlossen wurde und vor allem das → Reichskammergericht finanzieren sollte. Die Steuer kam wegen der mangelnden Zahlungsbereitschaft der → Reichsstände und wegen fehlender Finanzorganisation nicht zustande. Damit scheiterte auch die Stärkung der Zentralgewalt im Reich.

Generalgouvernement Der Begriff bezeichnet den 1939 von deutschen Truppen besetzten westlichen Teil Polens, der dem Deutschen Reich nicht eingegliedert wurde. Die Verwaltung unterstand dem von Adolf Hitler eingesetzten Generalgouverneur Hans Frank. Das Gebiet war einer brutalen Besatzungspolitik ausgesetzt, wurde wirtschaftlich ausgebeutet und diente zur Rekrutierung von Zwangsarbeitern. Im Generalgouvernement befanden sich auch die berüchtigten → Konzentrationslager Auschwitz, Majdanek und Treblinka.

Generalstaaten → Niederländischer Freiheitskampf

Generalstände (franz. *états généraux*) Versammlung der Ständevertreter Frankreichs seit dem Mittelalter (Vertreter des Adels, der Geistlichkeit und des → Dritten Standes), die vom König bei Bedarf einberufen wurde und das Recht der Steuerbewilligung besaß. Das absolutistische Königtum machte sich von dieser Mitsprache unabhängig, indem es die Generalstände ab 1615 nicht mehr einberief. Erst die Finanz- und Staatskrise des → Ancien régime führte wieder zu deren Einberufung im Mai 1789. Als sich der → Dritte Stand dabei zur → Nationalversammlung erklärte, löste er die → Französische Revolution aus.

Geozentrisches Weltbild → Heliozentrisches Weltbild

Gerechter Krieg Von den Römern entwickelte Vorstellung zur Rechtfertigung von Kriegen. Die wichtigsten Gründe waren und sind Landesverteidigung, Hilfe für bedrohte Freunde, Verletzung bestehender Bündnisverhältnisse oder ganz allgemein der Einsatz für ein hohes religiöses, zivilisatorisches, moralisches oder politisches Ziel. Da diese Argumente bis heute häufig dazu dienen, Angriffskriege zu rechtfertigen, sind sie meistens Ausdruck einer → Ideologie.

Gesellschaftsvertrag Theorie von der Entstehung eines Staates durch den freiwilligen Zusammenschluss seiner Mitglieder auf der Grundlage einer vertraglichen Regelung. Thomas Hobbes deutete diese Übereinkunft als Unterwerfungsvertrag, durch den die Staatsgewalt einem Herrscher übertragen wurde, während bei John Locke ein Vereinigungsvertrag die Rechte der Bürger und der Staatsgewalt einschränkt. Jean-Jacques Rousseau ging von der Idee der → Volkssouveränität aus, durch die der Staat gebildet wird. Dabei muss sich der Einzelne dem Gesamtwillen unterwerfen. Die Theorie des Gesellschaftsvertrages ist eine Grundlage der modernen Staatsauffassung.

Gestapo (Geheime Staatspolizei) Ab 1933 tätige Geheimpolizei im nationalsozialistischen Deutschland zur Überwachung und Verfolgung politischer Gegner. Als politische Polizei hatte sie einen Sonderstatus und konnte ohne rechtliche Grundlage verdächtige Personen in sog. „Schutzhaft" nehmen und später in Arbeitslager überstellen. Durch Spitzel versuchte sie, Widerstandsgruppen aufzuspüren. Zu ihren Aufgaben gehörte auch die Einweisung von Juden in → Konzentrationslager.

Geusen (ndl. *geuzen*, von franz. *queux* Bettler) Bezeichnung für die Teilnehmer am → Niederländischen Aufstand und ursprünglich Schimpfwort für die Gruppe von niederländischen Adeligen, die sich 1566 gegen die Einschränkung der politischen und religiösen Freiheit durch Spanien wandte. Später wurde „Geusen" als Ehrenname für die Aufständischen verwendet.

Gewaltenteilung Trennung der Staatsgewalt in drei unabhängige Teilgewalten (→ Legislative, → Exekutive, → Judikative) mit dem Ziel, die Macht des Staates einzuschränken und die Rechte und Freiheiten der Bürger zu sichern. Dies wurde erstmals in der Verfassung der USA (→ Amerikanische Unabhängigkeit) verwirklicht, wo die Staatsgewalt auf Präsident, Kongress und Oberstes Bundesgericht aufgeteilt ist. Die Gewaltenteilung ist ein Grundprinzip der modernen → Demokratie und in vielen Staaten verfassungsrechtlich festgelegt.

Gewerkschaft Als Teil der → Arbeiterbewegung gegründete Organisation mit dem Ziel, die Lage der Arbeiter bzw. Arbeitnehmer zu verbessern. In Deutschland befinden sich heute die einzelnen Gewerkschaften aus den verschiedenen Industriebereichen unter dem Dach des Deutschen Gewerkschaftsbundes (DGB). Sie verhandeln mit den Arbeitgebern in den sog. Tarifverhandlungen nach festen Regeln um Lohn, Arbeitszeit und Arbeitsbedingungen der Beschäftigten.

Ghetto Ein abgeschlossener jüdischer Wohnbezirk innerhalb einer Stadt. Seit der Aufklärung und der Emanzipation des Judentums im 18./19. Jh. wurden die Ghettos in West- und Mitteleuropa aufgehoben. In der NS-Zeit wurde die jüdische Bevölkerung in den besetzten Gebieten erneut in Ghettos (z. B. das Warschauer Ghetto) isoliert, wo sie zur Arbeit gezwungen und von dort aus in die Vernichtungslager abtransportiert wurden. → Holocaust

Eingang zum Ghetto Lodz in Polen

Gilde Im Mittelalter und in der frühen Neuzeit genossenschaftlich geprägte Vereinigung zu politisch-sozialen, wirtschaftlichen, religiösen oder auch geselligen Zwecken. Im Mittelalter spielten die Gilden u. a. im Bereich der öffentlichen Ordnung, des Feuerwehr- und des Versicherungswesens eine wichtige Rolle. Ihren Mitgliedern boten sie Schutz und Fürsorge. Handwerklich orientierte Gilden entwickelten sich zu → Zünften weiter. Heute dienen Gilden meist der Traditionspflege und der Geselligkeit (z. B. Schützengilde).

Girondisten Politische Vereinigung, die während der → Französischen Revolution eine Fraktion der → Nationalversammlung bzw. des → Nationalkonvents bildete und zu den führenden politischen Kräften des revolutionären Frankreichs zählte. Benannt war die Gruppe nach dem Departement Gironde in Südwestfrankreich, aus dem die Anführer stammten. Die relativ gemäßigten Girondisten unter Georges Danton gerieten in einen immer schärferen Gegensatz zu den dirigistischen und gewaltbereiten → Jakobinern, deren revolutionärem Fanatismus viele Girondisten zum Opfer fielen.

Glasnost → Perestroika

Gleichgewicht der Mächte → Balance of Power

Gleichschaltung 1933/34 erstmals verwendetes politisches Schlagwort, das im nationalsozialistischen Deutschland zunächst die formelle Aufhebung der Länderrechte bezeichnete. Die Nationalsozialisten beseitigten die → föderale Struktur des Reiches und setzten „Reichsstatthalter" ein, die Adolf Hitler direkt unterstanden. Der Begriff bezeichnet allgemein die nationalsozialistische Durchdringung aller wirtschaftlichen, sozialen und kulturellen Vereinigungen.

Glorious Revolution (engl. Glorreiche Revolution) Bezeichnung für den englischen Thronwechsel 1688. Die absolutistische und katholische Politik des Stuartkönigs Jakob II. stieß auf den Widerstand des → Parlamentes, das deshalb Wilhelm von Oranien, dem Schwiegersohn des Königs, und seiner Frau Maria II. die Herrschaft anbot. Dafür musste Wilhelm die Rechte des Parlaments in der → Bill of Rights garantieren. Die Glorious Revolution verlief unblutig, war aber keine echte → Revolution, da weder das politische System noch die sozialen Verhältnisse geändert wurden.

Godesberger Programm 1959 formuliertes Grundsatzprogramm der SPD (→ Sozialdemokratie). Es bekennt sich zum freiheitlichen Rechtsstaat, zur parlamentarischen Demokratie, zum privaten Eigentum an Produktionsmitteln und zur → Sozialen Marktwirtschaft. Die Partei gab damit frühere → marxistische Positionen auf und ebnete den Weg von der Arbeiter- zur Volkspartei.

Goldene Bulle Unter Karl IV. 1356 erlassenes Reichsgrundgesetz, das die Wahl

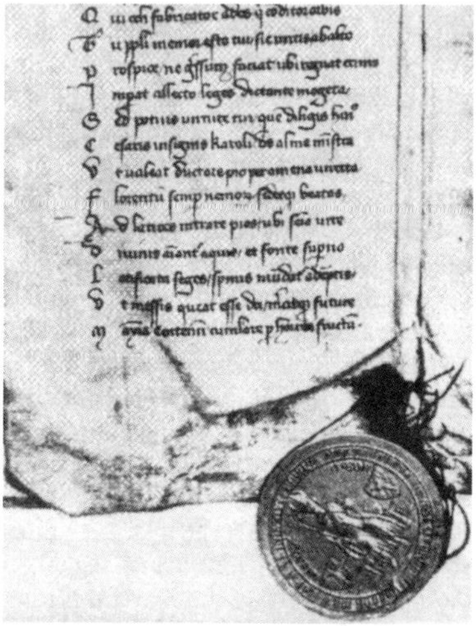

Seite der Goldenen Bulle mit dem kaiserlichen Siegel

des deutschen Königs und römischen Kaisers regelte. U. a. wurden in der Goldenen Bulle die sieben → Kurfürsten bestimmt, die bis 1806 das alleinige Wahlrecht besaßen. → Bulle

Golfkrieg Im ersten Golfkrieg von 1980 bis 1988 kämpften Iran und Irak um die Vorherrschaft in der Golfregion. Er wurde durch den Einmarsch irakischer Truppen in den Iran ausgelöst und endete mit einem Waffenstillstand unentschieden. Im zweiten Golfkrieg kämpften 1991 alliierte Streitkräfte unter amerikanischer Führung gegen den Irak. Dessen Präsident Saddam Hussein hatte nach Grenzstreitigkeiten im Juli 1990 das Emirat Kuwait besetzt. Die Anti-Irak-Koalition, die aus den USA, Frankreich, Großbritannien, Australien und einigen arabischen Staaten bestand, begann im Januar 1991 mit der „Operation Wüstensturm" und stellte die Souveränität Kuwaits wieder her.

Am 20. Februar wurde das Feuer eingestellt. Anschließend beschloss der → UN-Sicherheitsrat Wirtschaftssanktionen und die Entsendung von Waffeninspekteuren in den Irak. Die Bundesrepublik Deutschland beteiligte sich nicht mit Truppen, unterstützte die Anti-Irak-Koalition jedoch finanziell.

Gottesgnadentum Mit der Salbung Pippins 754 durch den Papst und durch die Demutsformel „von Gottes Gnaden" („*dei gratia*") wurde die Vorstellung begründet, dass der König als „Gesalbter des Herrn" nach dem Willen Gottes regiert. Die Monarchie beruhte damit – wie auch schon in vorchristlicher Zeit (→ Geblütsrecht, → Erbfolge) – auf sakraler Grundlage. In der frühen Neuzeit und vor allem im → Absolutismus diente das Gottesgnadentum zur Rechtfertigung der uneingeschränkten Macht, die der Monarch als Stellvertreter und Abbild Gottes auf Erden beanspruchte. Das Gedankengut der → Aufklärung führte schließlich zur Auflösung dieser Vorstellung.

Göttinger Sieben Sieben Professoren der Göttinger Universität, darunter die Brüder Grimm, protestierten 1837 öffentlich gegen die Aufhebung der Verfassung im Königreich Hannover. Sie wurden dafür ihres Amtes enthoben und zum Teil des Landes verwiesen. Ihr Mut gegenüber den Kräften der → Restauration machte sie unter den Anhängern des → Jungen Deutschlands äußerst populär.

Gottkönig In vielen frühen Hochkulturen wurde der König als Gott bzw. als Sohn eines Gottes oder des Himmels verehrt. So galt der ägyptische Pharao zugleich als Gott Osiris bzw. als Sohn des Sonnengottes Re/Amon und der chinesische Kaiser als Sohn des Himmels. Im Christentum dagegen wurden dem König zwar sakrale Weihen zugestanden (→ Gottesgnadentum), nie aber eine göttliche Existenz.

Gracchische Reformen Maßnahmen, mit denen die Brüder Tiberius und Gaius Gracchus (133–123 v. Chr.) den infolge der römischen Expansionskriege verarmten Bauern wieder eine Existenzgrundlage sichern und die Vorherrschaft der Senatsaristokratie brechen wollten.

Zu den Reformen gehörten Acker- und Getreidegesetze, die Umwandlung von widerrechtlich okkupiertem Staatsland in kleine Bauernstellen und die Gründung von Kolonien sowie die Ausweitung des römischen Bürgerrechts. Die Reformen scheiterten jedoch am Widerstand von vermögendem Senat und Großgrundbesitzern. → Optimaten

Graf (lat. *comes*, engl. *count*, franz. *comte, ital. conte*) Inhaber der königlichen Hoheitsrechte innerhalb eines Bezirks, der Grafschaft (*county, comté*). In Deutschland bildeten die Grafenrechte eine wichtige Grundlage für die Entwicklung der → Landesherrschaft im 12./13. Jh.

großdeutsch Bei den deutschen Einigungsbemühungen zwischen der → Märzrevolution 1848 und dem → Deutschen Krieg 1866 favorisierten vor allem Österreich und die süddeutschen Staaten die sog. großdeutsche Lösung, d. h. die Reichsgründung unter Einbeziehung Österreichs. Allerdings setzte sich 1871 die → kleindeutsche Lösung ohne Österreich durch. Dennoch blieb aber vor allem in Österreich selbst die großdeutsche Idee lebendig. Auch beim → Anschluss Österreichs an das Deutsche Reich 1938 berief sich Hitler auf großdeutsches Gedankengut.

Große Koalition Allgemein bezeichnet der Begriff ein Regierungsbündnis zwischen den beiden Volksparteien CDU und SPD; speziell die von CDU (Bundeskanzler Kurt Georg Kiesinger) und SPD (Außenminister Willy Brandt) gebildete Bundesregierung zwischen Dezember 1966 und September 1969.

Großsteingrab (auch Hünengrab) Die aus tonnenschweren Steinen (Megalithen) erbaute Grabanlage wurde meist von einer Steinplatte bzw. einem Erdhügel überwölbt und oft von Steinkreisen umschlossen (z. B. Stonehenge). In der Jungsteinzeit (3. Jtsd. v. Chr.) war diese Form der Bestattung vom Mittelmeergebiet über die Atlantikküste bis nach Skandinavien verbreitet.

Großsteingrab in der Lüneburger Heide

Gründerzeit In Deutschland die ersten beiden Jahre nach dem → Deutsch-französischen Krieg und der Reichsgründung von 1871, die sich durch einen enormen Kapitalmarktaufschwung auszeichneten. Möglich wurde die wirtschaftliche Blütezeit durch Reparationseinnahmen vom besiegten Frankreich und durch eine liberale Wirtschaftsgesetzgebung.

Grundgesetz (GG) Am 8. Mai 1949 vom → Parlamentarischen Rat verabschiedete und am 23. Mai 1949 verkündete Verfassung der Bundesrepublik Deutschland.

Das bewusst nicht als „Verfassung" bezeichnete Grundgesetz war ursprünglich als Übergangslösung bis zur → Wiedervereinigung Deutschlands gedacht. Die Schöpfer des Grundgesetzes knüpften bewusst an die Traditionen der → Paulskirchenverfassung (1848/49) an und wollten die Fehler der → Weimarer Reichsverfassung vermeiden. So wurde das → konstruktive Misstrauensvotums geschaffen und auf die unmittelbare Mitwirkung des Volkes bei der Gesetzgebung (direkte Demokratie) verzichtet. Im Unterschied zum → Reichspräsidenten geht der → Bundespräsident nicht aus einer Volkswahl hervor. Das Grundgesetz garantiert die → Grundrechte, regelt den demokratischen und → föderativen Aufbau des Staates und verankert die Grundsätze des Rechtsstaates. 1990 vollzog sich die Wiedervereinigung Deutschlands auf unkomplizierte Weise. Man ging davon aus, dass sich das Grundgesetz über vierzig Jahre bewährt habe. Gemäß Artikel 23 trat die DDR am 3. Oktober 1990 dem Geltungsbereich des Grundgesetzes bei.

Grundherrschaft Eigentum an Grund und Boden, das mit öffentlichen Aufgaben, z. B. mit der Gerichtsbarkeit, verbunden war. In der Spätantike entstanden, blieb die Grundherrschaft bis zum 19. Jh. in Europa die Regelform der Agrarverfassung. Der Grundherr überließ dem grundhörigen Bauern einen Hof zur Nutzung und gewährte ihm seinen Schutz. Dafür war der Bauer zu Gegenleistungen verpflichtet (Zinszahlungen, Naturalabgaben, Hand- und Spanndienste → Frondienst). Im 15. Jh. entwickelte sich die Grundherrschaft zur → Gutsherrschaft weiter.

Grundlagenvertrag (Grundvertrag) Abkommen zwischen der Bundesrepublik Deutschland und der DDR (1973). Beide deutsche Staaten vereinbarten, „normale gutnachbarliche Beziehungen" aufzubauen und „Ständige Vertretungen" – keine Botschaften! – in Bonn und Ost-Berlin zu errichten. Die dem Abkommen beigefügten Protokolle beziehen sich auf Reiseerleichterungen sowie Familienzusammenführung und den Eintritt beider deutscher Staaten in die → Vereinten Nationen. Der Auftrag des → Grundgesetzes, Deutschland wiederzuvereinigen, blieb aber weiterhin bestehen.

Grundrechte Rechte, die nach allgemeiner Auffassung jedem Menschen zustehen und daher auch → Menschenrechte oder Naturrechte genannt werden. In de-

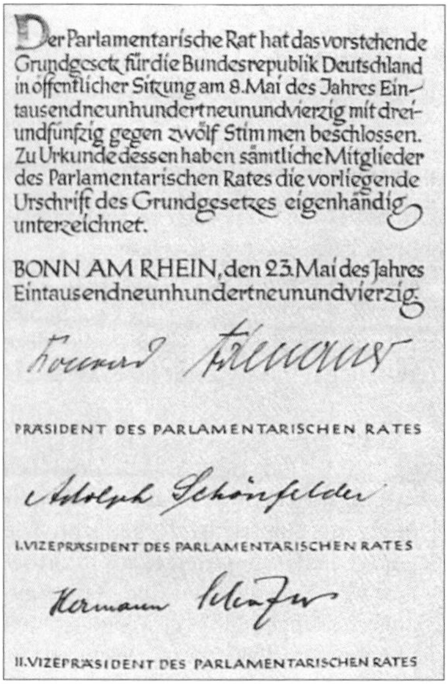

Der Parlamentarische Rat hat das vorstehende Grundgesetz für die Bundesrepublik Deutschland in öffentlicher Sitzung am 8. Mai des Jahres Eintausendneunhundertneunundvierzig mit dreiundfünfzig gegen zwölf Stimmen beschlossen. Zu Urkunde dessen haben sämtliche Mitglieder des Parlamentarischen Rates die vorliegende Urschrift des Grundgesetzes eigenhändig unterzeichnet.

BONN AM RHEIN, den 23. Mai des Jahres Eintausendneunhundertneunundvierzig.

Konrad Adenauer

PRÄSIDENT DES PARLAMENTARISCHEN RATES

Adolph Schönfelder

I. VIZEPRÄSIDENT DES PARLAMENTARISCHEN RATES

Hermann Schäfer

II. VIZEPRÄSIDENT DES PARLAMENTARISCHEN RATES

Nach neun Monaten hatte der Parlamentarische Rat seine Arbeit beendet. Am 23. Mai 1949 verkündete er in einer feierlichen Schlusssitzung das Grundgesetz der Bundesrepublik Deutschland.
Die Unterzeichnung der Urschrift (die linke Abb. zeigt die letzte Seite) fand noch am gleichen Tag statt.

mokratischen Verfassungen werden sie meist an hervorgehobener Stelle erwähnt, so auch schon in der amerikanischen Virginia Bill of Rights 1776 und in der Verfassung von 1791, die im Verlauf der → Französischen Revolution entstand.

Das → Grundgesetz der Bundesrepublik Deutschland garantiert z. B. die Grundrechte auf Menschenwürde, auf Leben und körperliche Unversehrtheit, auf Glaubens- und Gewissensfreiheit, freie Meinungsäußerung, Pressefreiheit, Versammlungsfreiheit, Briefgeheimnis, Freizügigkeit, Unverletzlichkeit der Wohnung und Rechtsgleichheit.

Guerilla (span. *guerra* Krieg) Bezeichnung für einheimische Kampftruppen, die ohne feste Kommandostrukturen einen Kleinkrieg gegen fremde Besatzer führen, z. B. mit Attentaten, Geiselnahmen, Fallen und Überfällen. Wegen ihrer genauen Ortskenntnis behaupten sie sich oft mit großem Erfolg gegen übermächtige Gegner. Die Bezeichnung stammt aus dem erfolgreichen Freiheitskrieg der Spanier gegen Napoleon, der zum Auftakt des europäischen Widerstands gegen die französischen Hegemonie wurde.

GUS (Gemeinschaft Unabhängiger Staaten) Im Dezember 1991 in Alma Ata unter Führung Russlands, Weißrusslands und der Ukraine gegründete Staatengemeinschaft, der sich die ehemaligen Sowjetrepubliken Armenien, Aserbaidschan, Georgien, Kasachstan, Kirgisistan, Moldawien, Tadschikistan, Turkmenistan und Usbekistan, nicht aber die drei baltischen Republiken, anschlossen. Damit war die → UdSSR aufgelöst. Das Ziel der GUS ist, in Wirtschaft und Recht sowie im Finanzwesen zusammenzuarbeiten. Alle Länder stecken jedoch in einem Prozess politischer und wirtschaftlicher Neuorientierung. Hinzu kommen ethnische und territoriale Konflikte (Kaukasus). Die Wirtschaftskrise Russlands verstärkt zusätzlich die politische Instabilität der GUS.

Gutsherrschaft Vor allem im östlichen Mitteleuropa und in Osteuropa entwickelte sich um 1500 aus der → Grundherrschaft die Gutsherrschaft. Während der grundhörige Bauer seinen Familienbetrieb selbstständig führte, wurde die Arbeitsorganisation jetzt vom Gutshof aus geregelt. Der Gutsherr war gleichzeitig auch der örtliche Gerichtsherr. Mit der Gutsherrschaft wurden die bäuerlichen Hofstellen aufgehoben (→ Bauernlegen) und der Bauer sank auf den Status eines Tagelöhners herab.

H

Haager Friedenskonferenzen Auf den Friedenskonferenzen von 1899 und 1907 in Den Haag wurden auf amerikanische und russische Initiative Maßnahmen zur Erhaltung des Friedens vereinbart, wie z. B. die Errichtung eines internationalen Schiedsgerichts zur Schlichtung zwischenstaatlicher Konflikte. Die Anstrengungen von Den Haag reichten jedoch nicht aus, um den → Ersten Weltkrieg zu verhindern. Heute ist Den Haag Sitz des Internationalen Gerichtshofs.

Habeas-Corpus-Akte (lat. *habeas corpus ad subiciendum* du habest die Person, um sie dem Gericht vorzuführen; formelhafter Anfang des mittelalterlichen Haftbefehls in England) Englisches Staatsgrundgesetz zum Schutz gegen willkürliche Verhaftung, das 1679 vom Parlament erlassen wurde. Es garantierte die persönliche Freiheit, da niemand ohne richterlichen Haftbefehl verhaftet oder in Haft gehalten werden durfte, und sicherte damit erstmals eines der wichtigsten → Menschenrechte.

Hallstein-Doktrin Nach dem Staatssekretär im Auswärtigen Amt Walter Hallstein wurde ein außenpolitischer Grundsatz der Bundesrepublik Deutschland aus dem Jahr 1955 benannt, nach dem die diplomatischen Beziehungen zu allen Ländern abgebrochen wurden, die ihrerseits diplomatische Beziehungen zu Ost-Berlin unterhielten (außer der UdSSR). Die Bundesrepublik verstand sich als einzige legitimierte Vertreterin deutscher Interessen (→ Alleinvertretungsanspruch). Im Zuge der → Ostpolitik wurde die Hallstein-Doktrin aufgegeben.

Die Kogge, das Fracht- und Kriegsschiff der Hanse

Hambacher Fest 30 000 Menschen demonstrierten 1832 auf dem Hambacher Schloss für einen geeinten deutschen Nationalstaat und gegen die restaurative Politik (→ Restauration) des → Deutschen Bundes. Nach dem → Wartburgfest von 1817 war das Hambacher Fest die zweite Großkundgebung, durch die sich die → Reaktion veranlasst sah, die polizeiliche Verfolgung von Regimegegnern zu verschärfen. → Demagogenverfolgung

Handelskompanie Zusammenschluss für den Überseehandel (16. bis 18. Jh.). Handelskompanien entstanden aus losen Interessengemeinschaften von Kaufleuten, die in derselben überseeischen Region Handel trieben (→ Kolonien). Sie sicherten sich staatliche Privilegien und Monopole und beanspruchten teilweise staatliche Hoheitsrechte. Nach englischem Vorbild (Ostindische Kompanie 1600, Hudson's Bay Company 1670) folgten die Niederlande (Vereinigte Ostindische Kompanie 1602), Frankreich, die skandinavischen Staaten und Preußen.

Handelsorganisation (HO) 1948 in der Sowjetischen Besatzungszone (SBZ) gegründete staatliche Organisation, die Einzelhandelsgeschäfte, Warenhäuser und Gaststätten betrieb. Nach Gründung der → DDR hatte die HO das Monopol auf den Verkauf von rationierten Gütern (z. B. Lebensmittel). Um die „sozialistische Umgestaltung" des Einzelhandels zu beschleunigen, wurden ab 1958 private Händler zum Verkauf ihrer Betriebe an die HO gezwungen.

Hanse Im 13. Jh. entstandene Vereinigung norddeutscher Kaufleute und Städte zur Wahrung ihrer Handelsinteressen und zum gegenseitigen Schutz. Unter Führung Lübecks errang die Hanse im 14. Jh. das Handelsmonopol zwischen Mittel- und Nord- bzw. Nordosteuropa und gewann im → Frieden von Stralsund eine beherrschende politische Stellung im Ostseeraum. Verstärkt wurde der Einfluss der Hanse durch die → Deutsche Ostsiedlung. Der Niedergang der Hanse ab dem 16. Jh. wurde durch die zunehmende Konkurrenz der Niederländer und Engländer im Seehandel eingeleitet.

Harzburger Front 1931 gründete der Vorsitzende der Deutschnationalen Volkspartei (DNVP) Alfred Hugenberg in Bad Harzburg ein Bündnis zwischen der NSDAP, der DNVP und dem → Stahlhelmbund. Die Führer der Parteien forderten die Absetzung der Regierung Heinrich Brünings sowie Neuwahlen. Über die Bildung einer „Nationalregierung" herrschte jedoch Uneinigkeit. Adolf Hitler bestand auf dem Führungsanspruch der NSDAP.

Hausmacht Zusammenfassende Bezeichnung für die Territorien des römisch-deutschen Reiches, die sich im Gegensatz zum Reichsgut im Besitz einer Fürstenfamilie befanden. Beispielsweise gehörten zu Beginn der Neuzeit Österreich und die Niederlande zur Habsburger Hausmacht.

Hausmeier (lat. *maior domus* Vorsteher des königlichen Hauswesens) Der Hausmeier war im 7./8. Jh. Leiter der fränkischen Reichsverwaltung. 751 stürzte der karolingische Hausmeier Pippin den letzten merowingischen König und begründete damit die Herrschaft der Karolinger.

Hedschra Arabische Bezeichnung für die Flucht des Propheten Mohammed von Mekka nach Medina im Jahre 622. Mit der Hedschra beginnt die islamische Zeitrechnung.

Hegemonie (gr. Anführerschaft) Vorherrschaft eines Staates über andere Staaten. Sie kann vertraglich abgesichert sein (z. B. Athen im → Attischen Seebund), aber auch auf unbestrittener wirtschaftlicher, politischer oder militärischer Überlegenheit der Hegemonialmacht beruhen (z. B. USA und Europa in der 2. Hälfte des 20. Jhs). Hegemonieansprüche können durch das Streben nach einem → Gleichgewicht der Mächte ausgeglichen werden, aber auch zu weitgehender Abhängigkeit von der Hegemonialmacht führen (z. B. Europa unter Napoleon I.).

Heilige Allianz Konservatives Bündnis von 1815–1853 zwischen Russland, Preußen und Österreich zur Wahrung der monarchischen Staatsform und christlicher Grundsätze in der Politik. Ihr Ziel war die Sicherung der Ergebnisse des → Wiener Kongresses.

Heimatvertriebene Bezeichnung für die deutsche Bevölkerung aus den deutschen Siedlungsgebieten in Polen, Ungarn und der Tschechoslowakei. Bereits am Ende des → Zweiten Weltkrieges flohen viele Menschen vor der → Roten Armee in den Westen. Das → Potsdamer Abkommen regelte dann 1945 die Zwangsumsiedlung der in diesen Gebieten verbliebenen Deutschen. Die Aussiedlung ging in brutaler und unmenschlicher Weise vor sich. Insgesamt sind aus den Ostgebieten etwa 12 Millionen Deutsche vertrieben worden. Man schätzt die Zahl der Toten und Vermissten auf über 2 Millionen.

Die Aufnahme der Heimatvertriebenen im zerstörten Westdeutschland bereitete zunächst große Probleme. In den 50er-Jahren erhielten sie Hilfe durch den sog. → Lastenausgleich. Die Integration der Heimatvertriebenen in die Gesellschaft war eine der großen Leistungen der Bundesrepublik Deutschland.

Helgoland-Sansibar-Vertrag 1890 beendete dieser Vertrag die Kolonialstreitigkeiten zwischen Deutschland und Großbritannien in Afrika. Deutschland erkannte u. a. den britischen Anspruch auf Sansibar an und erhielt dafür von Großbritannien die Nordseeinsel Helgoland.

Heliozentrisches Weltbild Das von Nikolaus Kopernikus (1473–1543) aufgrund astronomischer Studien entwickelte neue Modell des Kosmos löste das ältere geozentrische Weltbild ab. Im Kopernikanischen Weltbild ist nicht mehr die Erde (gr. *geos*), sondern die Sonne (gr. *helios*) der Mittelpunkt der Planetenbahnen.

Hellenismus Moderne Bezeichnung für das durch Alexander den Großen begründete Zeitalter (4.–2. Jh. v. Chr.), in dem sich griechische Kultur und Sprache über den gesamten Mittelmeerraum und bis zum Indus verbreiteten. Zum ersten Mal wurden weite Teile der damals bekannten Welt durch eine gemeinsame Kultur geprägt, die auch orientalische Elemente integrierte. Zu bedeutenden Leistungen kam es in Kunst und Wissenschaft (z. B. Medizin, Astronomie, Philosophie).

Heloten Die von den einwandernden Spartanern unterworfene Urbevölkerung Lakoniens. Als rechtlose Staatssklaven mussten sie das Land der Spartiaten bebauen. Die ständige Bedrohung durch diese zahlenmäßig weit überlegene Bevölkerungsschicht erklärt u. a. die andauernde Kriegsbereitschaft, die den → spartanischen Kosmos prägte.

Herrschaftsvertrag Seit dem späten Mittelalter kam es zu Herrschaftsverträgen wie der → Magna Charta, in denen die Macht des Herrschers zugunsten der Stände eingeschränkt wurde. Der Begriff wurde von den Staatstheoretikern der → Aufklärung für die Entstehung des Staates durch den Zusammenschluss des Volkes und eine vertragliche Regelung der Herrschaft verwendet. → Gesellschaftsvertrag

Herrscherkult Der Herrscher wird entweder als leibhaftiger Gott verehrt (→ Gottkönig), häufig mit ritualisiertem Hofzeremoniell, z. B. dem Fußkuss, oder er erhält nach seinem Tod göttliche Ehren, z. B. Opfer. Der Herrscherkult diente oft als verbindendes Element zwischen verschiedenen Gebieten bzw. Bevölkerungsgruppen in Großreichen, z. B. im Alexanderreich oder im Römischen Kaiserreich.

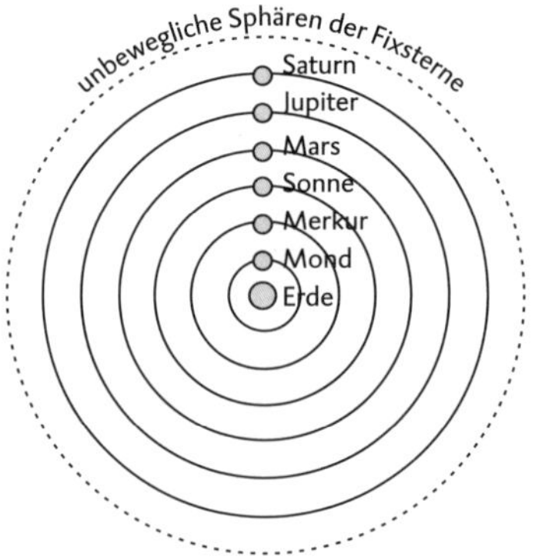

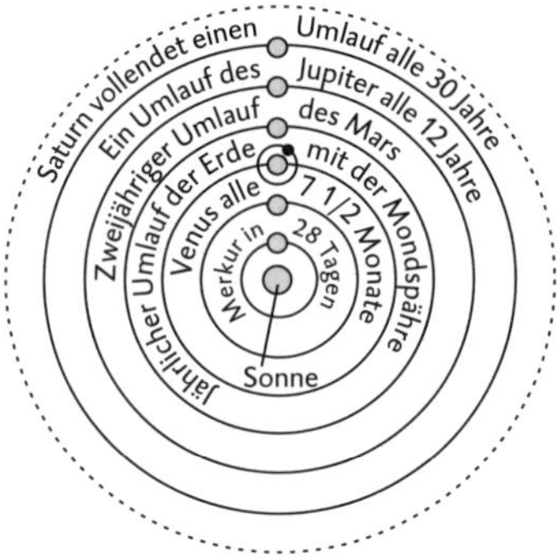

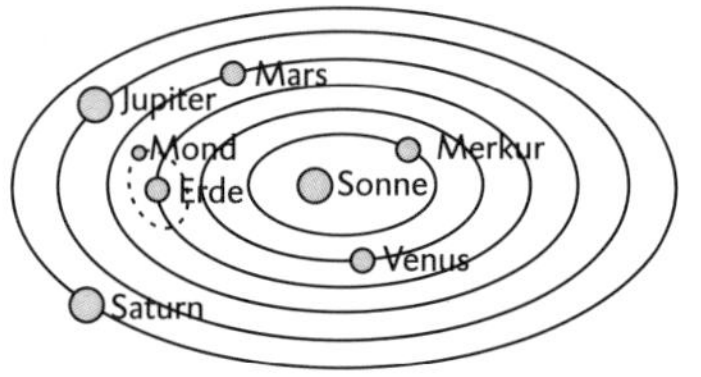

Die Entwicklung des Weltbildes: Das geozentrische Weltbild des Ptolemaios (2. Jh. n. Chr.) wurde um 1520 von Kopernikus durch das heliozentrische Weltbild abgelöst. Kepler und Galilei bewiesen ca. 100 Jahre später die Theorie des Kopernikus und entwickelten sie zu dem heute noch gültigen Weltbild weiter.

Herzog In germanischer Zeit der vor dem „Heer ziehende" militärische Befehlshaber, seit dem 7. Jh. der Anführer eines Stammes (→ Stamm). Nach der Umwandlung der → Stammesherzogtümer in Territorialherzogtümer wurde der Herzog Landesherr eines bestimmten Gebietes. → Territorialisierung

Hexen (ahd. *hagzissa*) Ein mit übernatürlichen Kräften ausgestatteter Mensch (in den meisten Fällen eine Frau), der diese vor allem dazu verwendet, anderen Menschen (oder auch Tieren) zu schaden. Im Laufe des Mittelalters wurden diese Fähigkeiten als Folge eines Teufelspaktes erklärt und als Ketzerei und Verbrechen verfolgt. Nicht selten spielten auch Missgunst und Neid eine Rolle. Besonders in Krisenzeiten, z. B. bei Missernten oder Seuchen (→ Schwarzer Tod), steigerte sich der Volksglauben zum Hexenwahn und zu systematischen Verfolgungen. Die Hexenverfolgungen endeten erst im 18. Jh., nachdem ihnen in Europa etwa 50 000 Menschen zum Opfer gefallen waren.

Mithilfe der Folter sollten verdächtige Frauen gezwungen werden, ihren Pakt mit dem Teufel zu gestehen. Dieses Geständnis war die Grundlage für den Hexenprozess, der meist den Tod der Frauen bedeutete.

Hierarchie (gr. heilige Herrschaft) Herrschafts- bzw. Gesellschaftsordnung mit streng gegliederten Rängen der Über- und Unterordnung. Befehle aus der höheren Rangstufe sind verbindlich für die jeweils tiefere. Alle Befehlsgewalt läuft in einer Spitze zusammen, sodass sich das Bild einer Pyramide ergibt. In Organisationen oder Institutionen wie der katholischen Kirche, der Beamtenschaft oder im Militär zielt Hierarchie bis heute darauf ab, Entscheidungen konsequent von oben nach unten durchzusetzen.

Hintersasse Grundhöriger Bauer, der nicht gerichtsfähig war und vor Gericht „hinter seinem Herren saß". → Grundherrschaft, → Frondienst

Historischer Materialismus Grundlegender Begriff aus der → Ideologie des → Marxismus-Leninismus. Danach ist der Kampf um die Produktions- und Eigentumsverhältnisse, also um die materiellen Interessen, die entscheidende Triebfeder geschichtlicher Entwicklung. Immer sind es zwei Klassen, von denen eine die andere materiell beherrscht: Herren und Sklaven, Grundherren und Leibeigene, Kapitalisten und Lohnarbeiter. Der Geschichtsverlauf hat sich nach dieser Theorie gesetzmäßig durch revolutionäre Erhebungen der jeweils Unterdrückten gegen die Unterdrücker vollzogen. Nächster Schritt der Geschichte ist die Erhebung der ausgebeuteten Arbeiterschaft gegen die Kapitalisten mit dem Ziel der Aufhebung des → Kapitalismus und der Errichtung einer neuen Gesellschaftsordnung, des → Sozialismus unter der → Diktatur des Proletariats. Die → Oktoberrevolution von 1917 wurde als ein solcher Schritt begriffen. Der Sozialismus ist nach dieser Theorie aber nur das Übergangsstadium zum Endziel der Geschichte, dem → Kommunismus.

Hitlerjugend (HJ) 1926 gegründete Jugendorganisation der → Nationalsozialisten. Ab 1933 baute der „Jugendführer des Deutschen Reiches" Baldur von Schirach die HJ zur Staatsjugend des Dritten Reiches aus. Für die gesamte Erziehung der Jugend außerhalb von Schule und Elternhaus sollte nur die HJ zuständig sein. Vom 10. bis zum 14. Lebensjahr war der Dienst im Deutschen Jungvolk (DJ) und im Deutschen Jungmädelbund, vom 14. bis zum 18. Lebensjahr in Hitlerjugend und → Bund Deutscher Mädchen (BDM) verpflichtend. Schwerpunkt der Ausbildung im HJ-Dienst war die sportliche Betätigung. Spezialeinheiten für Motor-, Flieger- und Marineausbildung sollten die Jugendlichen auf den Dienst in der → Wehrmacht vorbereiten.

Hitler-Stalin-Pakt (Deutsch-Sowjetischer Nichtangriffspakt) Am 23. August 1939 in Moskau unterzeichneter Nichtangriffspakt zwischen der Sowjetunion und dem nationalsozialistischen Deutschland. Er verschaffte Adolf Hitler Handlungsfreiheit in Polen und Josef Stalin einen außenpolitischen Erfolg. Mit diesem Abkommen war Hitler Frankreich und Großbritannien zuvorgekommen, die sich vergeblich um einen Beistandspakt mit Moskau bemüht hatten. In einem geheimen Zusatzprotokoll einigten sich die beiden Diktatoren, bis dahin „ideologische Erzfeinde", darauf, Polen aufzuteilen, die baltischen Staaten der Sowjetunion und Südosteuropa Deutschland als Interessengebiet zu überlassen.

Am 1. September 1939 marschierten dann deutsche Truppen in Polen ein, wodurch der → Zweite Weltkrieg ausgelöst wurde. 1941 erlosch das Abkommen mit dem Überfall deutscher Truppen auf die Sowjetunion.

Hochkultur Kennzeichen einer Hochkultur sind zentrale Herrschaftsorganisation, → Arbeitsteilung, Schriftlichkeit und Ansätze zu Wissenschaft und Technik. Seit dem 4. Jtsd. v. Chr. entwickelten die frühen Hochkulturen besondere geistige und künstlerische Fähigkeiten. Sie entstanden häufig in Zusammenhang mit der Herausforderung durch große Ströme (Stromkultur), z. B. Ägypten am Nil, Mesopotamien an Euphrat und Tigris, China am Huang-He.

Hochmeister Auf Lebenszeit gewähltes Oberhaupt des → Deutschen Ordens. Die Hochmeister residierten im Hochmittelalter in Venedig, im Spätmittelalter auf der Marienburg und in Königsberg, seit der Umwandlung des Ordensstaates in ein weltliches Herzogtum (1525) ist ihr Sitz in Wien.

Im „Jungvolk", der „Hitlerjugend" (HJ) oder dem „Bund deutscher Mädel" (BDM) organisiert, sollten die Kinder und Jugendlichen in der „Volksgemeinschaft" aufgehen.

Hofämter Im Zusammenhang mit dem Aufstieg des fränkischen Königtums übernahmen die Knechte des Königshofes allmählich wichtige Verwaltungsfunktionen (Hofämter). So wurde aus dem Pferdeknecht (ahd. *mariskalk*) der Führer des Reiterheeres (Marschall), aus dem Kammerknecht (lat. *camerarius*), da in der königlichen Schlafkammer das Geld aufbewahrt wurde, der oberste Finanzverwalter (Kämmerer). Tafelämter, aber auch andere Aufgaben, nahmen der Mundschenk und der Truchsess (Hausverwalter) wahr. Seit Otto I. wurden die Hofämter erblich und von den höchsten Reichsfürsten bekleidet (Erzämter).

Hofkapelle Am deutschen Königshof tätige Geistliche, die dort auch für Verwaltungsaufgaben, z. B. für das Urkundenwesen, ausgebildet wurden. Im ottonisch-salischen → Reichs-Kirchen-System wurden frei werdende Bischofsstellen oft mit Angehörigen der Hofkapelle besetzt, die damit die verlässlichsten Stützen des Königtums darstellten.

Holocaust Ursprünglich griechisches Wort für ein alttestamentliches (Tier-) Opfer, das ganz verbrannt wird.

Der Begriff bezeichnet heute die Verfolgung und Vernichtung eines großen Teils des jüdischen Volkes in der Zeit des Nationalsozialismus. Die hebräische Bezeichnung für die Vernichtung der Juden lautet „Shoa". → Konzentrationslager

Hopliten Schwerbewaffnete griechische Fußsoldaten, die seit dem 7. Jh. v. Chr. in geschlossener Formation, der → Phalanx, kämpften.

Horde (1) Familienähnliche Lebensgemeinschaft der steinzeitlichen Jäger und Sammler von ca. 20–30 Menschen. Ein gemeinsamer Lagerplatz sicherte Schutz und Lebensunterhalt. (2) Umherstreifende Völkerschaft, z. B. die so genannte „Goldene Horde" (Mongolen im 13. Jh.).

Höriger Im Unterschied zu dem Leibeigenen war der grundhörige Bauer seinem Grundherrn nur in Zusammenhang mit dem Grund und Boden, den er bewirtschaftete, hörig. Er durfte auch mit dem Land verkauft werden („Schollengebundenheit"). → Hintersasse, → Grundherrschaft

Hoßbachprotokoll Die Gedächtnismitschrift von Adolf Hitlers Wehrmachtsadjutant Friedrich Hoßbach über einen Vortrag des Führers vor einem kleinen Kreis von Kabinettsmitgliedern und hohen Wehrmachtsoffizieren in der Reichskanzlei im November 1937. Laut Hoßbach sprach Hitler von einem Angriffskrieg gegen die Sowjetunion und von Aktionen gegen Österreich und die Tschechoslowakei. Im → Nürnberger Prozess legten die Richter der Alliierten Hoßbachs Protokoll zum Beweis für Hitlers Kriegspläne vor.

Hostie (lat. *hostia* Opfertier) Ungesäuertes Abendmahlsbrot in Form einer kleinen runden Scheibe (Oblate).

Hufe Als bäuerliche Wirtschaftseinheit bezeichnet die Hufe im Mittelalter den Hof eines Bauern mit dem dazugehörigen Ackerland und dem Nutzungsrecht an der → Allmende.

Hugenotten (franz. *huguenot* aus schweiz. *eignot* Eidgenosse) Bezeichnung für die französischen Calvinisten. Die Ausbreitung des → Calvinismus führte in Frankreich seit der Mitte des 16. Jhs zu Religionskriegen, die in der → Bartholomäusnacht ihren Höhepunkt erreichten. Heinrich IV. beendete die Kriege durch das Edikt von → Nantes (Glaubensfreiheit für die Hugenotten). Ludwig XIV. hob 1685 das Edikt auf, verbot die reformierten Gottesdienste und wies die Geistlichen aus. Mehr als 300 000 Hugenotten flohen in protestantische Länder, wo sie oft eigene französische Siedlungen bildeten und zum wirtschaftlichen Aufschwung beitrugen. → Peuplierung

Humanismus (lat. *humanus* menschlich) Geistige Strömung der frühen Neuzeit, die sich an den literarischen und philosophischen Werken der → Antike orientierte; gleichzeitig Epochenbezeich-

Die Gräuel der Bartholomäusnacht in einer Simultandarstellung verschiedener Ereignisse.

nung für die Zeit vom 14. bis zum 16. Jh., parallel zur → Renaissance. Die humanistischen Gelehrten bildeten kleine Zirkel, die in Städten wie Nürnberg, Basel und Florenz, an einigen Fürstenhöfen und an Universitäten, z. B. in Ungarn oder am päpstlichen Hof, wirkten. Durch die Veröffentlichung der Bibel im Urtext leisteten sie eine wichtige Vorarbeit zur → Reformation. Vertreter des Humanismus waren Francesco Petrarca und Giovanni Boccaccio in Italien, Erasmus von Rotterdam und Ulrich von Hutten in Deutschland sowie Thomas Morus in England.

Hundertjähriger Krieg Zwischen 1339 und 1453 geführter Krieg zwischen Frankreich und England um die Vorherrschaft in West-Europa. Nach anfänglichen Siegen Englands kam es durch das Eingreifen Jeanne d'Arcs 1429 zur Wende zugunsten Frankreichs. Der Sieg über England begründete den Aufstieg Frankreichs im Europa des Spätmittelalters.

Hünengrab Volkstümliche Bezeichnung für → Großsteingrab.

Hussiten Vorreformatorische böhmische Glaubensgemeinschaft, Anhänger des 1415 auf dem → Konstanzer Konzil wegen Ketzerei verbrannten tschechischen Reformators Jan Hus. Die Hussiten forderten neben der Rückkehr der Kirche zur Armut, dass nicht nur der Priester, sondern jeder Gläubige aus dem Abendmahlskelch trinken dürfe („Laienkelch“).

I

Idealismus Im Gegensatz zum → Materialismus geht der Idealismus davon aus, dass hinter den sichtbaren und greifbaren Dingen eine viel wesentlichere Welt der Ideen, Vorstellungen und religiösen Erscheinungen existiert, von denen die äußere Wirklichkeit bestimmt wird. Wichtige Vertreter sind Platon und die Philosophen des deutschen Idealismus, wie z. B. Immanuel Kant und Friedrich Wilhelm Schelling.

Ideologie Allgemein bezeichnet der Begriff ein „Ideengebäude", wird oft aber mit Weltanschauung gleichgesetzt. In politischer Bedeutung wird ein systematisch ausgearbeiteter Entwurf einer idealen Gesellschaftsordnung mit dem Anspruch auf tatsächliche Realisierbarkeit als Ideologie bezeichnet. Historisch am nachhaltigsten wirkte die Ideologie des → Marxismus-Leninismus, die in zahlreichen Staaten in die Tat umgesetzt wurde und als gigantisches Menschheitsexperiment scheiterte.

Imperator (lat. Befehlshaber) Bezeichnung für den römischen Feldherrn, seit Augustus fester Bestandteil des kaiserlichen Titels. Vom Mittelalter bis hin zu Napoleon („Empereur") Kaisertitel bzw. Synonym für „Kaiser".

Imperialismus Von nationalem Sendungsbewusstsein und wirtschaftlich-politischem Machtstreben geprägte Politik von Staaten. Im 19. Jh. leiteten die imperialistischen Staaten, allen voran Großbritannien, aus ihrer zivilisatorischen, industriellen und militärtechnischen Überlegenheit die → Legitimation ab, Länder außerhalb Europas zu erobern und auszubeuten, z. B. durch Abbau und Abtransport von Bodenschätzen. Die so kolonialisierten Völker verloren dabei nicht nur ihre Souveränität, sondern oft auch ihre kulturelle Identität. Als Nebeneffekt profitierten sie aber von den technischen und zivilisatorischen Errungenschaften der imperialistischen Länder, z. B. Schulen, Krankenhäusern und Verbesserungen der Infrastruktur.

Imperium (lat. Befehlsgewalt, Reich) Im alten Rom die unbeschränkte Amtsgewalt der höchsten Beamten. Seit dem 1. Jh. v. Chr. bezeichnet der Begriff dann auch allgemein das römische Herrschaftsgebiet. Seit der → renovatio imperii durch die fränkischen und deutschen Könige und Kaiser wird Imperium gleichzeitig für das mittelalterliche Römische Reich der Deutschen und für die kaiserliche Gewalt im Gegensatz zur päpstlichen (→ sacerdotium) verwendet. Allgemein wird ein übernationaler Großstaat als Imperium bezeichnet, der häufig räumliche Ausdehnung, mitunter sogar die Weltherrschaft anstrebt, wie z. B. das „Imperium Romanum", das „Heilige Römische Reich" oder das britische „Empire".

Index (lat. *index librorum prohibitorum* Liste verbotener Bücher) Amtliches Verzeichnis der von der katholischen Kirche verbotenen Bücher seit 1559. Die Zensur reformatorischer Schriften war eine wichtige Maßnahme der → Gegenreformation, wurde aber später auch auf philosophische oder politische Schriften ausgeweitet. 1967 wurde der Index offiziell abgeschafft.

Industrielle Revolution Grundlegende Veränderung der Produktion seit dem 18. Jh. mit weit reichenden sozialen Folgen. Bis ins 18. Jh. wurden Waren überwiegend in Handarbeit hergestellt, auch wenn man in den → Manufakturen bereits einfache Maschinen verwendete. Ab 1760 kam es zu entscheidenden Veränderungen. Sie begannen mit einer technischen Revolution in der Textilindustrie, in der zunehmend Maschinen (Spinnmaschine, mechanischer Webstuhl) die Arbeit verrichteten. Die menschliche und tierische Arbeitskraft wurde durch die neu entwickelte Dampfmaschine ersetzt. Der Bau dieser Maschinen steigerte die Produktion im Bergbau und in der Schwerindustrie.

Gleichzeitig begann eine Verkehrsrevolution durch die dampfgetriebene Eisenbahn und das Dampfschiff, die Güter und Menschen in größerer Menge schneller und zuverlässiger beförderten. Parallel dazu kam es zu einer starken Zunahme der Bevölkerung in West- und Mitteleuropa sowie einer Agrarrevolution, deren wichtigste Faktoren chemische Dünger und verstärkter Maschineneinsatz waren. Dadurch konnte die Agrarproduktion gesteigert werden. Gleichzeitig wurden viele Arbeitskräfte freigesetzt, die mit dem Bevölkerungsüberschuss die Industriearbeiterschaft bildeten.

Die Industrielle Revolution begann in England, wo Rohstoffe (Wolle, importierte Baumwolle, Kohle, Eisenerz), eine gute Infrastruktur und das nötige Kapital vorhanden waren. Von dort aus breitete sich die Industrie nach Nordfrankreich, Belgien, Deutschland (Ruhrgebiet, Oberschlesien) und in die USA aus. Süd- und Osteuropa folgten in der zweiten Hälfte des 19. Jhs, Russland und die Länder der Dritten Welt im Verlauf des 20. Jhs.

Die wirtschaftliche Folge der Industriellen Revolution war die Massenproduktion in Fabriken, die von privaten Unternehmern mit Eigenkapital oder von Aktiengesellschaften betrieben wurde. Die abhängigen Lohnarbeiter waren durch die Maschinen zu festen Arbeitszeiten gezwungen. Soziale Folgen waren die Konzentration der Fabriken in den rasch anwachsenden Städten mit knappem Wohn-

Industriearbeit um 1910:
Lange Arbeitszeiten und niedrige Löhne machten auch die Arbeit von Kindern und Frauen notwendig.
Bei der „Allgemeinen Electrizitätsgesellschaft“ in Berlin saßen die meist ungelernten Arbeiterinnen in Reih und Glied an ihren Plätzen und arbeiteten im Akkord.
Die Firma Krupp hatte um 1900 bereits fast 300 000 Beschäftigte.

raum und die Rechtlosigkeit und mangelnde soziale Absicherung der Arbeiter (→Proletarier). Lange Arbeitszeiten bei niedrigen Löhnen machten die Frauen- und Kinderarbeit notwendig. Die soziale Lage führte aber nicht zu einem Klassenkampf oder zu einer proletarischen Revolution, sondern sie wurde langsam und schrittweise verbessert. Dies geschah durch Maßnahmen des Staates, der Kirche und einzelner Unternehmer, in erster Linie aber durch den gewerkschaftlichen und politischen Zusammenschluss der Arbeiter, durch den sie ihre Forderungen durchsetzten. (→ Gewerkschaft)

Weitere bedeutende Innovationen auf wirtschaftlich-technischem Gebiet werden gelegentlich als 2. oder 3. industrielle Revolution bezeichnet. Dazu gehören die Entwicklung des Verbrennungsmotors, von Elektrizität und Chemie am Ende des 19. Jhs, die Nutzung der Kernenergie und die Automatisierung in der Mitte des 20. Jhs. Auch die Datenspeicherung und Datenverarbeitung der Gegenwart stellt eine technische Revolution dar (Ablösung der Industriegesellschaft durch die Informationsgesellschaft).

Die Industrielle Revolution mit ihren globalen Folgen, zu denen auch die zunehmende ökologische Belastung gehört, ist eine der wichtigsten und nachhaltigsten Zäsuren in der Menschheitsgeschichte.

Inflation Allgemein bezeichnet der Begriff einen anhaltenden Prozess der Preissteigerung für Sachgüter und damit Kaufkraftverlust des Geldes (Gegenbegriff → Deflation). Während der → Weimarer Republik nahm die Geldentwertung 1923 extreme Formen an. Eine Ursache waren die hohen Kriegskosten und die Reparationsverpflichtungen, durch die der Staat stark belastet war. Zur Deckung seines Geldbedarfs ließ er Banknoten drucken. Eine weiterer Grund war die große Nachfrage an zivilen Gütern, die auf ein knappes Angebot stieß und die Preise in die Höhe trieb. Die Inflation erreichte im November 1923 ihren Höhepunkt, als man für das Porto eines Briefes 1 Milliarde Mark zahlen musste. Die Besitzer von Sachwerten wurden von der Inflation kaum, der Mittelstand, der Geldersparnisse hatte, wurde durch die Entwertung besonders getroffen. Der Reichsregierung unter Gustav Stresemann gelang es, im November 1923 mit Einführung der → Rentenmark wieder eine stabile Währung zu schaffen.

Inquisition (lat. *inquirere* aufspüren) Kirchliche Behörde des Hochmittelalters zur Fahndung nach → Ketzern und deren Verfolgung. Ziel der Inquisition, mit deren Durchführung die Dominikaner betraut waren, war es, die kirchliche Lehre „rein“ zu halten. Ketzer, die meist unter der Folter ihre „Schuld“ gestanden, wurden der staatlichen Gewalt zur Aburteilung übergeben.

Insignien → Reichsinsignien

Intendanten (lat. *intendere* seine Aufmerksamkeit auf etwas richten) Hohe Beamte des französischen → Absolutismus. Die vom König ernannten Intendanten standen an der Spitze der Provinzverwaltungen, wo sie anstelle der bisherigen ständischen Repräsentanten eine zentralistische Verwaltung durchsetzten.

Interregnum (lat. *inter reges* zwischen den Königen) Zeitraum zwischen zwei Herrschern. Die Bezeichnung wird vor allem für die Zeit zwischen dem Zusammenbruch der Stauferherrschaft und der Wahl Rudolfs von Habsburg (1254–1273) verwendet („die kaiserlose, die schreckliche Zeit“). Durch das Fehlen einer starken Zentralgewalt kam es zur Erstarkung der Partikulargewalten.

Investitur (lat. *investire* einkleiden) Einsetzung eines Geistlichen, insbesondere eines Bischofs oder Erzbischofs in sein Amt. Dabei erhielt dieser einen Ring (Symbol für die „Ehe“ mit der Kirche) und einen Stab (Symbol der Hirtengewalt über die ihm anvertrauten Seelen). → Investiturstreit

Investitur eines Erzbischofs mit dem Stab. Darstellung der Investitur durch Otto III. aus dem frühen 12. Jh.

Investiturstreit Im 11. Jh. brach im Zusammenhang mit der → kluniazensischen Reformbewegung zwischen → Imperium und → Sacerdotium ein Streit um die → Investitur der Bischöfe, Erzbischöfe und Reichsäbte aus. Während der Papst die Investitur als innerkirchliche Angelegenheit sah, bestand der deutsche König, um seine Machtgrundlagen zu erhalten, auf der Verfügungsgewalt über die Bischofssitze. Seinen Höhepunkt erreichte der Investiturstreit 1076 mit der Absetzung Papst Gregors VII. durch Kaiser Heinrich IV. und mit dem → Bann des Papstes gegen den Kaiser. 1077 wurde infolge des Bußgangs nach → Canossa der päpstliche Bann aufgehoben, wodurch Heinrich IV. seine politische Handlungsfähigkeit wiedergewann. Beendet wurde der Investiturstreit durch einen Kompromiss erst 1122 im → Wormser Konkordat.

Der Investiturstreit stürzte die Welt des frühen Mittelalters in eine schwere Krise. Die das Mittelalter prägende Einheit von Geistlichem und Weltlichem war zerstört und der Weg zu einer eigenständigen Entwicklung von Staat und Kirche angebahnt.

Islam (Ergebung in den Willen Gottes) Neben Christentum und Judentum die dritte und jüngste der monotheistischen Weltreligionen. Gesetzesreligion mit Jenseitserwartung und strengen Vorschriften für die Gläubigen (z. B. regelmäßige Gebete, Alkoholverbot, Pilgerfahrt nach Mekka). Der Islam wurde zu Beginn des 7. Jhs. von dem Propheten Mohammed in Mekka/Medina begründet und breitete sich über Nordafrika, Südwestasien und einzelne Randgebiete Europas aus.

Isonomie (gr. gleiches Recht) In den → Kleisthenischen Reformen begründete gesellschaftspolitische Ordnung Athens (6. Jh. v. Chr.), in der erstmals alle Bürger sowohl politisch als auch vor dem Gesetz weitgehend gleiche Rechte besaßen.

Die Isonomie war insofern ein wichtiger Schritt auf dem Weg zur → Demokratie.

Itinerar (lat. *iter* Reise) Verzeichnis der Reiserouten und der Aufenthaltsorte antiker und mittelalterlicher Herrscher. Da z. B. die deutschen Könige ständig unterwegs waren (→ Reisekönigtum), liefern ihre Itinerare wichtige Hinweise über die jeweilige Politik der Herrscher.

J

Jakobiner Politische Vereinigung, die während der → Französischen Revolution eine Fraktion in der → Nationalversammlung bzw. im → Nationalkonvent bildete. Die nach ihrem Versammlungsort, dem Pariser Kloster Saint Jacques, benannte Gruppe wurde zur führenden politischen Kraft des revolutionären Frankreichs.

Nach gemäßigten Anfängen 1789 radikalisierten sich die Jakobiner im Kampf gegen die revolutionäre Konkurrenz, z. B. die → Girondisten. 1793/94 errichteten sie dann unter ihrem Anführer Maximilien Robespierre die „Schreckensherrschaft" des → Wohlfahrtsausschusses, der jede Opposition brutal verfolgte. Die Jakobiner gelten als Prototypen fanatisierter Revolutionäre, die zuletzt selbst Opfer ihrer eigenen Exzesse werden, wie die Hinrichtung Robespierres 1794 zeigt.

Jesuiten (lat. *Societas Jesu* Gesellschaft Jesu, SJ) Der 1534 durch Ignatius von Loyola gegründete katholische Orden ist bis heute nach militärischem Vorbild streng hierarchisch aufgebaut. An der Spitze steht ein gewählter General. Ziele des Ordens waren die Ausbreitung des katholischen Glaubens in Europa (→ Gegenreformation) und die Heidenmission.

Josephinismus Reformpolitik des → Aufgeklärten Absolutismus in Österreich. Der Begriff wurde zuerst für die Maßnahmen Josephs II. (1780–1790) verwendet, der eine zentralistische und bürokratische Verwaltung einführte und die Rechte der katholischen Kirche weitgehend beschnitt. Im weiteren Sinn bezeichnet Josephinismus die Reformpolitik seit der Regierungszeit Maria Theresias von der Mitte des 18. bis zur Mitte des 19. Jhs. (z. B. Justizreform, Aufhebung der Leibeigenschaft und Wohlfahrteinrichtungen) in den habsburgischen Ländern.

Judikative (lat. *iudicare* Recht sprechen) Rechtsprechende Gewalt in einem Staat mit → Gewaltenteilung. Die Judikative (oder Jurisdiktion) ist von der → Legislative und der → Exekutive unabhängig und überwacht die Rechtmäßigkeit von Entscheidungen der anderen Gewalten.

Julirevolution Erhebung der Pariser Bevölkerung im Juli 1830 gegen König Karl X., einen Vertreter der französischen → Restauration, nachdem dieser sich über bestehendes Verfassungsrecht hinweggesetzt hatte. An seine Stelle wurde Louis Philippe von Orleans als Hoffnungsträger des Großbürgertums eingesetzt, der später den Beinamen → Bürgerkönig erhielt.

Junges Deutschland (1) Von den → Burschenschaften und liberalen Journalisten gebildete Bewegung, die mit den Ergebnissen des → Wiener Kongresses von 1815 unzufrieden war und für bürgerliche Freiheiten und einen deutschen Nationalstaat eintrat. (2) Politisch-publizistische Bewegung des 19. Jhs, die liberale und demokratische Grundsätze vertrat. 1835 wurden die Schriften der Gruppe, zu deren wichtigsten Vertretern Heinrich Heine und Ludwig Börne gehörten, per Bundestagsbeschluss verboten.

Jungtürken Türkische Reformbewegung des 19. Jhs, die gegen die Monarchie kämpfte. Von deren Abschaffung versprach sie sich eine Stärkung der internationalen Position der Türkei. 1913 wurde der Sultan durch die Jungtürken gestürzt, die die Macht übernahmen.

Junker Bezeichnung für den grundbesitzenden Adel Brandenburg-Preußens. Nach dem → Zweiten Weltkriegs wurde der großgrundbesitzende Adel im ostelbischen Preußen durch die sowjetische Besatzungsmacht enteignet und des Landes verwiesen, da die Junker aus Sicht des → Marxismus-Leninismus Ausbeuter der bäuerlichen Bevölkerung waren.

K

Kabinett (franz. *cabinet* kleines Nebenzimmer) Gesamtheit der Minister einer Regierung. Das Wort bezeichnete ursprünglich den Raum, in dem sich der absolutistische Monarch mit seinen Ministern beriet, bevor er eine Entscheidung traf. Später wurde der Begriff auf die Minister einer Regierung übertragen.

Kabinettskriege Von absolutistischen Monarchen beschlossene Kriege im 17. und 18. Jh. Der Grund für einen Kabinettskrieg war der Wunsch nach Steigerung von Macht und Ansehen, als Anlass dienten oft dynastische Erbansprüche. In diesen Kriegen wurden aus volkswirtschaftlichen Gründen verlustreiche Schlachten nach Möglichkeit vermieden. Seit der → Französischen Revolution traten Volkskriege an ihre Stelle.

Kaiser (lat. *Caesar*) Nach dem Ende der Römischen Republik Bezeichnung für den regierenden Monarchen (→ Prinzipat, → Dominat). Mit der → Translatio imperii ging der Titel auf den fränkischen, später deutschen König über, der bis zum 14. Jh. jeweils vom Papst zum Kaiser gekrönt wurde. Er galt ebenso wie der oströmische und später der russische Kaiser (Zar) als Schutzherr der Christenheit. Während der Kaisertitel in der Antike und im Mittelalter auf imperiale politische Zielsetzung deutete, implizierte der Titel in der Neuzeit nur selten – etwa bei Napoleon – imperiale Herrschaftsansprüche. → Imperium

Kaiserkult Der römische Kaiserkult vereinigte verschiedene Varianten des → Herrscherkultes. Im Westen des Reiches wurde der Kaiser zunächst erst nach seinem Tod vergöttlicht (*divus*), beanspruchte dann aber zunehmend auch zu Lebzeiten göttliche Ehren wie z. B. Opfer. Im hellenistischen Osten dagegen wurde der Kaiser traditionsgemäß als leibhaftiger Gott verehrt. Die Weigerung der Christen, dem Kaiser zu opfern, war ein zentraler Grund für die → Christenverfolgungen.

Kaisertum Höchste Form weltlicher Herrschaft, nicht selten verbunden mit dem Anspruch auf Weltherrschaft. Der Name geht zurück auf Cäsar (vgl. auch Zar). In der Antike beanspruchten diesen Titel die römischen, später auch die byzantinischen Kaiser. Seit der Kaiserkrönung Karls des Großen 800 n. Chr. trugen ihn die fränkischen und deutschen Kaiser, seit dem 15. Jh. auch die russischen Zaren und im 19. Jh. Monarchien wie Österreich und das Deutsche Kaiserreich. Auch außereuropäische Länder, z. B. China, Japan oder Äthiopien, kannten ein Kaisertum. In der ersten Hälfte des 20. Jhs wurde diese Herrschaftsform überall abgeschafft.

Kalif Nachfolger Mohammeds als Herrscher über die islamischen Gläubigen.

Kalmarer Union 1389 gegründeter Zusammenschluss der Königreiche Norwegen, Schweden und Dänemark unter dänischer Führung. Dieses erste nordische Großreich scheiterte, als die Schweden 1523 mit Gustav Wasa einen eigenen König wählten.

Kalter Krieg 1947 ausgebrochener Konflikt zwischen den USA und der UdSSR und ihren Verbündeten über die Gestaltung der Nachkriegspolitik, der weniger militärisch als mehr mit politischen und wirtschaftlichen Mitteln ausgetragen wurde. Die Angst vor einem Nuklearkrieg verhinderte den Ausbruch eines „heißen" Krieges. Höhepunkte des Kalten Krieges waren die → Berlin-Blockade (1948), der → Koreakrieg (1950–1953), die → Kubakrise (1962) und die Besetzung der Tschechoslowakei (→ Prager Frühling 1968). Mit der → Entspannungspolitik verbesserte sich das Verhältnis der Weltmächte. Der Kalte Krieg endete 1991 mit der Auflösung des → Warschauer Paktes.

Kanzlei In der ausgehenden Antike und im Mittelalter Schreibstube zur Ausfertigung von Urkunden. In den Reichskanzleien der deutschen Könige waren Angehörige der → Hofkapelle auch als politische Berater tätig. Reichskanzler für

Deutschland war der Erzbischof von Mainz, für Italien der Erzbischof von Köln und für Burgund der Erzbischof von Trier. In der Neuzeit ist die Kanzlei als Reichs- oder Staatskanzlei oberste Regierungs- und Verwaltungsbehörde.

Kapitalismus Durch die → Ideologie des → Marxismus-Leninismus geprägter, dort abwertender Begriff für eine Gesellschaftsordnung, in der sich die → Produktionsmittel (Fabriken und Unternehmen) in privatem Eigentum befinden, d. h. in der Hand weniger vermögender „Kapitalisten". Diese sind nach marxistischer Auffassung die eigentlichen „Drahtzieher" der Macht, die Politiker nur ihre Erfüllungsgehilfen. Im wertneutralen Gebrauch bezeichnet der Begriff einen Zustand, in dem nicht der Staat, sondern Privatinitiative und Privatkapital die wirtschaftlichen Prozesse in Gang halten. Seit dem Niedergang des Marxismus-Leninismus ist dies nahezu überall in der Welt der Fall.

Kapp-Lüttwitz-Putsch Am 13. März 1920 versuchten der radikale Politiker Wolfgang Kapp und General Walther von Lüttwitz die Regierungsgewalt in die Hand zu bekommen. Anlass war die Verfügung der Regierung, die → Freikorpsverbände aufzulösen. Die Reichsregierung floh aus Berlin und Kapp bildete eine provisorische Regierung. Der → Putsch scheiterte am 17. März 1920 am passiven Widerstand der Regierungsbeamten und am Generalstreik der Gewerkschaften.

Kardinal Nach dem Papst ranghöchster Geistlicher, in der Regel ein → Bischof oder → Erzbischof, der beim Tod eines Papstes mit den anderen Kardinälen im → Konklave zur Papstwahl zusammentritt.

Karlsbader Beschlüsse Nach der Ermordung August v. Kotzebues durch den Burschenschaftler Karl Ludwig Sand 1819 beschlossen die deutschen Regierungen in Karlsbad Maßnahmen gegen die studentische Opposition. Ziel dieser Bestimmungen war, die im Zeichen der → Restauration geschaffene Ordnung zu sichern. Dabei kam es u. a. zum Verbot der → Burschenschaften, zur polizeilichen Überwachung der Universitäten sowie zur Pressezensur. → Demagogenverfolgung

Katholische Könige Bezeichnung für Ferdinand von Aragon (1452–1516) und Isabella von Kastilien (1451–1504), die durch ihre Vermählung 1469 den spanischen Staat begründeten, die Araber vom europäischen Festland verdrängten und die spanische Expansion in Übersee veranlassten. → Entdeckungsreisen

Kellog-Pakt (Briand-Kellog-Pakt) Nach dem US-Außenminister Frank B. Kellog und dem französischen Außenminister Aristide Briand benannter Vertrag, der 1928 von 15 Staaten (darunter auch das Deutsche Reich) unterzeichnet wurde. Er verbot jeden Krieg, der nicht der Selbstverteidigung diente. In der Folgezeit ratifizierten insgesamt 63 Staaten das Abkommen.

Ketzer (wahrscheinl. abgeleitet von *Katharer*) Polemische Bezeichnung für Personen, die vom rechten Glauben abweichen (Häretiker). → Inquisition

Kiewer Reich Von den → Warägern im 9. Jh. gegründetes Reich im Dnjeprgebiet. Ausgangsgebiet für die Christianisierung Russlands.

Kirchenstaat Päpstliches Herrschaftsgebiet in Italien, dessen Kern seit der → Pippinischen Schenkung 754 das → Patrimonium Petri bildet. Im Zuge der Einigung Italiens 1871 wurde der Kirchenstaat endgültig dem Königreich Italien einverleibt, 1929 allerdings durch das → Konkordat mit Benito Mussolini in den Lateranverträgen wiederhergestellt. Seither umfasst der Kirchenstaat im Wesentlichen die → Vatikanstadt (Peterskirche und unmittelbare Umgebung) und ist als selbstständiger Stadtbezirk Roms Residenz des Papstes und Zentrum der katholischen Kirche.

Kirchenväter Angehörige der frühen christlichen Kirche, die durch ihre theologischen Schriften die römisch-katholische

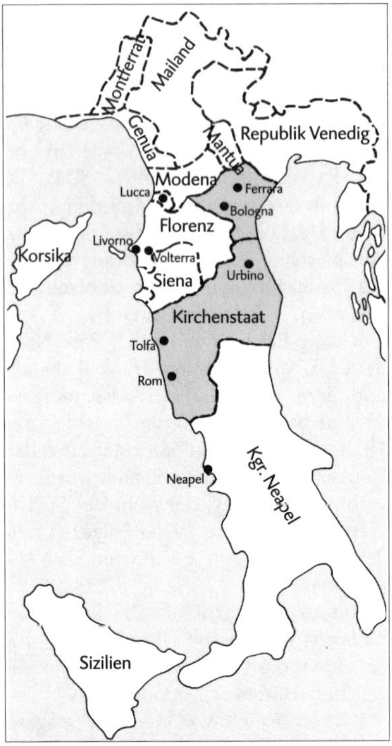

Der Kirchenstaat im 15/16. Jh.
Die Lage des Kirchenstaats war politisch von Bedeutung, da er zwischen den oberitalienischen Stadtstaaten und dem spanischen Königreich Neapel lag.

Glaubenslehre maßgeblich prägten. Bekannte Kirchenväter waren Hieronymus, Augustin und Isidor von Sevilla.

Klassenkampf Begriff des → Marxismus-Leninismus, der davon ausgeht, dass sich in der bisherigen Geschichte stets eine jeweils ausbeutende und eine ausgebeutete Klasse gegenüberstanden, z. B. Grundherren und Leibeigene oder Kapitalisten und Lohnarbeiter.

kleindeutsch Bezeichnung für die politische Gruppierung, die im 19. Jh. die deutsche Einigung unter Führung Preußens und ohne Österreich anstrebte. Diese Konzeption vertraten vor allem protestantische Liberale Norddeutschlands. Bei der Gründung des Deutschen Kaiserreichs 1871 unterlagen die Anhänger der großdeutschen Lösung und die kleindeutsche Idee setzte sich durch, auf die bereits der → Norddeutsche Bund vorausgewiesen hatte. → großdeutsch

Kleisthenische Reformen Mit seinen Reformen 508 v. Chr. verfolgte der Athener Kleisthenes das Ziel der politischen und rechtlichen Gleichheit aller Bürger (→ Isonomie). Er schwächte deshalb die alten adeligen Familienverbände zugunsten einer rational-schematischen Bevölkerungsgliederung auf geografischer Basis (→ Phylen), führte das Losverfahren bei der regelmäßig wechselnden Besetzung der Regierungsämter und das → Scherbengericht ein. Die Reformen brachten entscheidende Impulse für den Weg Athens zur → Demokratie.

Klerus Gesamtheit der Geistlichen in der römisch-katholischen Kirche im Gegensatz zu den → Laien.

Klientel (lat. *cliens* Schutzbefohlener) Im antiken Rom Gruppe nicht adeliger Personen, die von einem adeligen Patron abhängig waren, der sie vor Gericht sowie in der Öffentlichkeit vertrat und auch sonst versorgte und schützte. Dafür unterstützte die Klientel den Patron vor allem politisch und bei Abstimmungen in der Volksversammlung. Zwischen Schutzherrn und Klient bestand ein wechselseitiges Treueverhältnis.

Heute bezeichnet der Begriff allgemein eine Gruppe, die einerseits abhängig von einer Person oder Institution ist, andererseits diese aber auch unterstützt, wie z. B. die Klientel einer Parteiführung.

Kloster (lat. *claustrum* das Abgeschlossene) Wohn- und Wirtschaftsanlage, oft mit Besitz ausgestattet, in der eine Gruppe von → Mönchen oder → Nonnen nach einer bestimmten → Klosterregel zusammenlebt. Durch ihre vielfältigen landwirtschaftlichen, sozialen, wissenschaftlichen und theologischen Leistungen wurden die Klöster im Mittelalter wegweisend für die europäische Kulturentwicklung.

Klosterregel Satzung, die das Zusammenleben und die Aufgaben der Klosterangehörigen festlegt. Berühmt ist die Regel des heiligen Benedikt von Nursia, der mit seinem Grundsatz „Ora et labora!" („Bete und arbeite!") die Grundlagen des abendländischen Klosterlebens schuf.

Kluniazensische Reform Von dem Kloster Cluny in Burgund ausgehende, bedeutende kirchliche Erneuerungsbewegung des 10. und 11. Jhs.

Angestrebt wurde, zunächst für die Klöster, dann für die Kirche und schließlich für das Papsttum, die → *libertas ecclesiae* („Freiheit der Kirche") durch Ausschaltung des weltlichen Einflusses auf die Kirche. Die Reformer wandten sich vor allem gegen die Verwaltung kirchlicher Ämter durch Laien. Da die Machtstellung des Kaisers wesentlich auf seiner Verfügungsgewalt über die Bistümer beruhte, trugen die Forderungen der kluniazensischen Reformer entscheidend zur Entstehung des → Investiturstreits bei.

Koalitionskriege → Befreiungskriege

Koexistenz, friedliche Das 1956 von dem sowjetischen Parteichef Nikita Chruschtschow eingeführte Schlagwort entstand vor dem Hintergrund der atomaren Bewaffnung der Weltmächte und des Ost-West-Gegensatzes: Kommunistische und kapitalistische Staaten könnten zwar friedlich nebeneinander bestehen, Gegensätze der Staats- und Gesellschaftssysteme seien aber unüberwindlich.

Kolchose (russ. Kollektivwirtschaft) Genossenschaftlich organisierter landwirtschaftlicher Großbetrieb in der ehemaligen UdSSR. Zwischen 1929 und 1931 mussten die russischen Bauern ihre Höfe aufgeben und sich zu Kolchosen zusammenschließen (Kollektivierung). Der Staat bestimmte das Ablieferungssoll und den Preis der Agrarprodukte, weil er für die wachsende Industriebevölkerung billige Lebensmittel brauchte. In der → DDR waren die Kolchosen Vorbild für die Gründung der → Landwirtschaftlichen Produk-

Schlafraum des Klosters Eberbach, 1270–1345

tionsgenossenschaften (LPG). Im Zusammenhang mit der Reformpolitik (→ Perestroika) begann die russische Regierung, Grund und Boden der Kolchosen an einzelne Bauern zu verpachten.

Kollegialität (lat. *collega* Amtsgenosse) Nach diesem römischen Verfassungsgrundsatz mussten alle politischen Ämter mindestens doppelt besetzt sein (z. B. zwei Konsuln, zehn Volkstribunen), wobei jeder Kollege dieselbe uneingeschränkte Macht besaß. Wechselseitige Kontrolle und der Zwang zu Konsens sollten Machtmissbrauch verhindern und die politische Kontinuität sichern. → Annuität

Kolonialismus Politik eines Staates, die auf Erwerb oder Eroberung meist überseeischer und kriegstechnisch unterlegener Gebiete zielt. Seinen Ursprung hat der Kolonialismus in den → Entdeckungsreisen des 15. Jhs mit den ersten Kolonialmächten Portugal und Spanien. Seinen Höhepunkt fand er im Zeitalter des → Imperialismus. Die Kolonien dienten den Kolonialmächten zugleich als Rohstoffbasis und als Absatzmarkt für ihre Produkte. Den Erwerb von Kolonien betrachteten die Kolonialherren aufgrund ihres zivilisatorischen Überlegenheitsgefühls als ihr naturgegebenes Recht. Nach dem → Zweiten Weltkrieg setzte ein globaler Prozess der Entkolonialisierung ein, d. h. der Entlassung der unterworfenen Kolonien in die Selbstständigkeit.

Viele ehemals kolonisierte Länder haben bis heute große Schwierigkeiten, zu geordneten, freiheitlichen und sozial befriedeten Verhältnissen zu gelangen, da ihnen eine entsprechende Tradition fehlt. Auf dem Weltmarkt sind sie oft – teils durch unfaire Handelspraktiken der großen Wirtschaftsmächte – nicht konkurrenzfähig. Die negativen Folgen des Kolonialismus sind in der Dritten Welt bis heute spürbar.

Kolonie Die → Entdeckungsreisen im 16. Jh. führten zur Entstehung von Handelsstützpunkten und Siedlungskolonien, die durch Eroberungen zu Kolonialreichen erweitert wurden. Die Kolonien waren vom Mutterland staatsrechtlich und wirtschaftlich abhängig, sollten Rohstoffe liefern und dienten seit der Industrialisierung (→ Industrielle Revolution) als Absatzmärkte. Heute sind fast alle ehemaligen Kolonien souveräne Staaten. → Imperialismus, → Kolonialismus

Kolonisation In der griechischen Antike (8. Jh. v. Chr.) Gründung, Entwicklung und Förderung von Tochterstädten durch eine kolonisierende Mutterstadt.

Ursachen für die Kolonisation waren in erster Linie Hungersnöte, Versorgungskrisen, soziale Spannungen in der Heimatstadt sowie Abenteuerlust und Entdeckerfreude. Als Folge saßen die Griechen in ihren neugegründeten Städten an den Küsten des Mittelmeers „wie Frösche um den Teich". Die Tochterstadt übernahm den Götterkult und die Lebensformen der Heimatstadt, besaß aber ansonsten Unabhängigkeit und → Autonomie. Darin bestehen grundsätzliche Unterschiede zu den → Kolonien der Neuzeit. → Kolonialismus

Kombinat Industrieller Großbetrieb der → DDR, der im Rahmen der → Planwirtschaft eigenverantwortlich wirtschaften musste (→ Volkseigener Betrieb). Bekannte Kombinate waren das Chemiekombinat Bitterfeld oder die Leuna-Werke in Merseburg.

Kominform (Kommunistisches Informationsbüro) 1947 auf Befehl Josef Stalins gegründete Organisation mit Sitz in Bukarest, die die Arbeit der kommunistischen Parteien Jugoslawiens (bis 1948), Bulgariens, Polens, Rumäniens, Ungarns, der CSSR, Frankreichs und Italiens koordinieren und kontrollieren sollte. Im Zuge der → Entstalinisierung wurde die Kominform 1956 aufgelöst.

Komintern (Kommunistische Internationale) Auf Initiative Wladimir Iljitsch Lenins 1919 gegründeter internationaler Zusammenschluss vor allem kommunistischer Parteien. Das Ziel war die Weltrevolution und die Errichtung der → Diktatur des Proletariats. Josef Stalin verstand die Komintern weniger als Instrument der Weltrevolution als zur Durchsetzung politischer Ziele der UdSSR. Mit Blick auf das Bündnis mit den westlichen Alliierten löste Stalin die Komintern 1943 auf.

Kommissarbefehl Auf Veranlassung Adolf Hitlers wurde von der Führung der → Wehrmacht am 6. Juni 1941 ein Befehl ausgegeben, der die Behandlung von gefangen genommenen politischen Offizieren der sowjetischen Armee (Kommissare) regelte. Sie seien nicht als Soldaten anzusehen und daher nach durchgeführter Absonderung zu „erledigen". Dieser Befehl verstieß gegen das Völkerrecht.

Kommunismus Begriff aus der → Ideologie des → Marxismus-Leninismus. Der Kommunismus ist nach der Theorie das Endziel der Menschheitsgeschichte, die sich nach den Gesetzen des → Historischen Materialismus vollzieht. Der Zustand höchster gesellschaftlicher Gerechtigkeit und Vollkommenheit entsteht, wenn das Privateigentum an → Produktionsmitteln abgeschafft und der staatliche Machtapparat unnötig ist, da die Menschen ihre Bedürfnisse nun unmittelbar selbst regeln und erfüllen können. Die wichtigste Programmschrift des Kommunismus ist das von Marx und Engels 1847 verfasste „Kommunistische Manifest".

Konferenz für Sicherheit und Zusammenarbeit in Europa (KSZE) Gesprächsforum für den Dialog zwischen Ost und West, das 1973 in Helsinki von den Regierungschefs aus 35 Staaten eröffnet wurde. Mitglieder der Konferenz waren neben den beiden deutschen Staaten auch die USA und Kanada. In einer Schlussakte wurden die → Menschenrechte ebenso festgeschrieben wie der Grundsatz, dass die Grenzen in Europa nicht mit Gewalt verschoben werden dürften. Die KSZE hatte jedoch keine Machtmittel und verpflichtete ihre Teilnehmerstaaten nur politisch, nicht rechtlich. Die Institutionen und Rechtsakte der KSZE gingen mit Gründung der OSZE 1994 in diese Nachfolgeorganisation über.

Kongresspolen Das 1815 aus dem → Wiener Kongress hervorgegangene Königreich Polen. Gebiete Polens, die in den → polnischen Teilungen an Preußen und Österreich gefallen waren, fielen nun an Polen zurück, das in → Personalunion mit Russland regiert wurde.

König Nach dem Kaiser der höchste Träger staatlicher Gewalt bzw. Repräsentant der → Monarchie. Neben dem Wahlkönigtum setzte sich im Deutschen Reich auch die Erbmonarchie durch, die sich bis heute in zahlreichen Monarchien gehalten hat. → Gottesgnadentum

Königsheil Heidnisch-germanische Vorstellung, nach der auf dem König und seiner Sippe die besondere Gunst der Götter ruht. Das Königsheil konnte sich z. B. in erfolgreichen Kriegszügen, aber auch in guten Ernten und Krankenheilungen zeigen. → Gottesgnadentum

Königswahl Die Thronfolge in Monarchien folgte meist dem Grundsatz des → Geblütsrechts (→ Dynastie). Erst seit dem → Interregnum setzte sich im deutschen Reich das Wahlrecht durch. Seit der → Goldenen Bulle (1356) wurde die Königs- und Kaiserwahl im Heiligen Römischen Reich ausschließlich von den → Kurfürsten vorgenommen.

Konklave (lat. *clavis* Schlüssel) Nach außen völlig abgeschirmte Versammlung aller → Kardinäle zur Wahl eines neuen Papstes. Das Konklave, das in der Sixtinischen Kapelle des Vatikans zusammentritt, tagt solange, bis einstimmig ein neuer Papst gewählt ist.

Konquistadoren (span. *conquistar* erobern) Spanische Eroberer in Mittel- und Südamerika. Die bekanntesten Eroberer waren Hernán Cortés und Francesco Pizarro, die das Aztekenreich (1519–1521) und das Inkareich (1531–1533) unterwarfen. Die Konquistadoren erhielten Land und Adelstitel und bildeten die Oberschicht in den eroberten Gebieten, die als Teile des spanischen Kolonialreiches missioniert und ausgebeutet wurden.

Konstantinische Schenkung Nach einer von der Kirche im 8./9. Jh. gefälschten Urkunde soll Papst Sylvester I. Kaiser Konstantin vom Aussatz geheilt und von ihm dafür die Herrschaft über das Weströmische Reich erhalten haben (→ Pippinische Schenkung). Diese Urkunde, die erst in der Renaissance als Fälschung entlarvt wurde, sollte die weltlichen Machtansprüche des Papsttums legitimieren.

Konstanzer Konzil Das wichtigste spätmittelalterliche Reformkonzil (1414–1418) verfolgte drei wichtige Ziele: Das große abendländische → Schisma wurde durch die Wahl Martins V. beendet (*causa unionis*). Mit dem Verbot der hussitischen Lehre (→ Hussiten) und der Verbrennung des Jan Hus sollte die Ketzerei überwunden werden (*causa fidei*). Weiterhin beschloss das Konzil die Einschränkung der päpstlichen Gewalt durch die regelmäßige Einberufung von Konzilien. Deren Entscheidungen sollten als letzte Instanz über dem Papst (Konziliarismus) stehen (*causa reformationis*).

Konstruktives Misstrauensvotum Der Bundestag kann nach Artikel 67 des Grundgesetzes dem Bundeskanzler und seiner Regierung das Misstrauen aussprechen. Allerdings muss der Bundestag mit

Mehrheit einen neuen Kanzler wählen. Das konstruktive Misstrauensvotum stabilisiert die parlamentarische Demokratie. In der → Weimarer Republik fanden sich zwar oft Mehrheiten zum Sturz einer Regierung, aber ohne dass eine Mehrheit für eine neue Regierung in Sicht war. Dieses sog. „destruktive Misstrauensvotum" führte zur Krise der Weimarer Republik.

Konsul Die zwei höchsten Beamten der Römischen Republik mit umfassendem → Imperium für die Regierungsgeschäfte und im Krieg. Die Machtfülle war nicht nur begrenzt durch → Kollegialität und → Annuität, sondern auch durch die Abhängigkeit von den Beschlüssen und Empfehlungen des → Senats.

Konsularverfassung Die von 1799 bis 1804 geltende französische Verfassung löste die → Direktorialverfassung von 1795 ab und erhob Napoleon in Anlehnung an römische Traditionen zum Ersten Konsul Frankreichs. 1804 krönte er sich selbst zum Kaiser der Franzosen.

Kontrollrat Oberstes Kontrollorgan der vier Siegermächte des → Zweiten Weltkriegs mit Sitz in Berlin. Gemäß der → Potsdamer Konferenz übten die Oberbefehlshaber der vier Besatzungsmächte USA, UdSSR, Großbritannien und Frankreich gemeinsam die oberste Regierungsgewalt in Deutschland aus. Da sich die Besatzungsmächte nicht auf eine gemeinsame Besatzungspolitik einigen konnten, regierte jeder Oberbefehlshaber seine Zone bald nach eigenem Ermessen. Als die westlichen Alliierten in den Westzonen einen Staat gründen wollten, verließ der sowjetischen Oberbefehlshaber am 20. März 1948 aus Protest den Kontrollrat, womit dessen Arbeit endete.

Konzentrationslager Ab März 1933 von den Nationalsozialisten eingerichtete Lager, um politische Gegner als „Schutzhäftlinge" zu isolieren. Die ersten Lager waren Dachau, Oranienburg, Buchenwald und Ravensbrück. Neben politischen Gegnern wurden ab 1935 auch Homosexuelle, Sinti und Roma, Juden, Polen und „Arbeitsscheue" zu „Volksschädlingen" deklariert und ohne Verfahren inhaftiert.

Auch Kinder gehörten zu den Opfern der Nationalsozialisten und wurden – meist getrennt von ihrer Familie – in Konzentrationslagern interniert.

Die Lager standen unter der Leitung der → SS. Misshandlungen, willkürliche Hinrichtungen sowie Hunger, Kälte, katastrophale hygienische Verhältnisse und Epidemien forderten zahllose Opfer. Viele Häftlinge mussten als Zwangsarbeiter für Rüstungsfabriken arbeiten. Nach Kriegsbeginn errichtete die SS im polnischen → Generalgouvernement Vernichtungs-

Kontinentalsperre 1806 von Napoleon durchgesetzte Handelssperre zwischen Großbritannien und dem europäischen Kontinent. Sie hatte das Ziel, zum einen die britische Wirtschaft zu schwächen und zum anderen die französische Vorherrschaft in Europa sicherzustellen. Napoleon erreichte sein Ziel allerdings nur teilweise und vorübergehend; die Blockade wurde ständig unterlaufen und mit den → Befreiungskriegen schließlich endgültig aufgehoben.

lager zur „Endlösung" der Judenfrage. Zwischen 5 und 6 Millionen Juden wurden in den Lagern Auschwitz, Treblinka und Majdanek seit dem Frühjahr 1942 bis zum Kriegsende ermordet. → Holocaust

Konzil Versammlung hoher Geistlicher, insbesondere der Bischöfe und Erzbischöfe. Vom Papst einberufen, besitzt das Konzil in Glaubensfragen Unfehlbarkeit. So beschloss das Konzil von Nicäa (325) das heutige Glaubensbekenntnis, das Erste Vatikanische Konzil (1870) legte die Unfehlbarkeit des Papstes fest.

Koreakrieg Konflikt zwischen Nord- und Südkorea und UN-Truppen von 1951 bis 1953. Nach Ende des Zweiten Weltkriegs und dem Rückzug der Japaner rückten Truppen der Sowjetunion im Norden, die der USA im Süden Koreas ein. Korea wurde geteilt und Schauplatz des Kalten Krieges. Im Juni 1950 überschritten nordkoreanische Truppen den 38. Breitengrad, der als international garantierte Grenze festgelegt war, und eroberten die südkoreanische Hauptstadt Seoul. Der UN-Sicherheitsrat verurteilte diese Aggression und beschloss die Intervention. Unter dem Oberbefehlshaber US-General Douglas McArthur gelang es den UN-Truppen, Pjöngjang, die Hauptstadt Nordkoreas, einzunehmen und trotz Warnungen der chinesischen Regierung unter Mao Tse-tung bis zur chinesischen Grenze vorzustoßen. Daraufhin rückten chinesische „Freiwilligenverbände" in Nordkorea ein, um den kommunistischen Verbündeten zu unterstützen. Die UN-Truppen wurden weit zurückgeworfen, konnten ihre Front aber stabilisieren. McArthur drohte, bei einer Annäherung chinesischer Truppen an den 38. Breitengrad den Krieg auf China auszudehnen und Atomwaffen einzusetzen. Mao ignorierte diese Drohung und McArthur stieß erneut über die Demarkationslinie hinaus, worauf er von US-Präsident Truman abgesetzt wurde. In der Folgezeit kam es zu einem über zwei Jahre dauernden Stellungskrieg. Der im Juli 1953 unterzeichnete Waffenstillstandsvertrag sah eine Demilitarisierung des gesamten Gebiets um den 38. Breitengrad vor.

Der Krieg hatte so die Zementierung der koreanischen Teilung zur Folge und beschleunigte amerikanische Pläne, die Wiederbewaffnung Westdeutschlands zuzulassen, um das westliche Lager gegen den Ostblock zu stärken.

Korridor Landstreifen zwischen Pommern und Ostpreußen, den die Siegermächte nach dem → Ersten Weltkrieg Polen zusprachen, um dem Land einen Zugang zur Ostsee zu verschaffen. Im Korridor lag die Stadt Danzig, die die Siegermächte unter die Hoheit des → Völkerbundes stellten. Der Korridor trennte Ostpreußen vom Reichsgebiet. Im → Hitler-Stalin-Pakt einigten sich die Diktatoren auf Kosten Polens, das aufgeteilt wurde. Am 1. September 1939 ließ Hitler deutsche Truppen in Polen einmarschieren und löste damit den → Zweiten Weltkrieg aus.

Kraft durch Freude (KdF) Im nationalsozialistischen Deutschland von der → Deutschen Arbeitsfront (DAF) betreute Urlaubs- und Freizeitorganisation. Arbeiter sollten ihre freie Zeit gemeinschaftlich in KdF-Erholungsheimen oder auf KdF-Kreuzfahrtschiffen verbringen. Mit kleinen Beiträgen konnten sie auch auf einen „KdF-Wagen" (VW) sparen. Mit dem umfassenden Wirken der KdF-Organisation sollte vorrangig die Arbeiterschaft in die „Volksgemeinschaft" eingebunden werden.

Kreisauer Kreis Gruppe von Widerstandskämpfern gegen den Nationalsozialismus, die sich ab 1940 auf dem Gut Kreisau des Grafen Helmuth James von Moltke in Schlesien traf. Julius Leber, Adolf Reichwein, Carlo Mierendorff und Pfarrer Delp waren neben von Moltke die führenden Köpfe. Die Mitglieder der Widerstandsgruppe stammten aus unterschiedlichen sozialen Schichten und waren politisch nicht stets einer Meinung: Sie verband das Ziel, ein Programm zur demokratischen Neuordnung Deutschlands nach dem Zusammenbruch des Hitler-Regimes zu entwerfen. Viele Mitglieder des Kreisauer Kreises waren in das gescheiterte Attentat am → 20. Juli 1944 verwickelt und wurden zum Tode verurteilt.

Kreuzzüge Unter Kreuzzug im engeren Sinn versteht man die zwischen dem 11. und 13. Jh. durchgeführten Kriegszüge zur Befreiung des Heiligen Landes, an denen sich alle führenden Länder Europas beteiligten. Obwohl die Kreuzzüge politisch eher erfolglos blieben, trugen sie durch den Kulturaustausch mit dem Islam und der griechisch-orientalischen Kultur zur kulturellen und wirtschaftlichen Entwicklung des Abendlandes sowie zur Entfaltung des europäischen Rittertums und Städtewesens bei. Kreuzzüge im weiteren Sinn waren aber auch die von der Kirche unterstützten militärischen Unternehmungen zur Verbreitung oder Wiederherstellung des christlichen Glaubens, z. B. gegen die → Albigenser oder → Hussiten.

Krimkrieg Nach dem Zusammenbruch des Osmanischen Reichs kam es von 1853 bis 1856 zur kriegerischen Auseinandersetzung zwischen Russland und der Türkei. Als sich Russland Teile der angrenzenden Türkei aneignen wollte, kamen ihr Großbritannien und Frankreich zu Hilfe. Im Frieden von Paris musste Russland auf das Donaudelta verzichten und die Neutralität des Schwarzen Meeres anerkennen. Die Niederlage Russlands hatte dessen enorme wirtschaftliche und politische Mängel offen gelegt und leitete eine Epoche der inneren Reformen ein.

Kubakrise Im Herbst 1962 ausgebrochene Konfrontation der Weltmächte USA und UdSSR durch die Stationierung sowjetischer nuklearer Mittelstreckenraketen auf Kuba, das seit 1959 von dem sozialistischen Revolutionär Fidel Castro regiert wurde. Die amerikanische Regierung unter John F. Kennedy sah die Sicherheit der USA bedroht und verlangte von Moskau ultimativ den Abzug der Raketen. Die US-Streitkräfte wurden mobilisiert. Angesichts der drohenden militärischen Aktion gab Parteichef Nikita Chruschtschow nach und zog die Raketen ab. Die Kubakrise wird als Wendepunkt des → Kalten Krieges angesehen. Die Einsicht, dass die Konfrontation in einen nuklearen Krieg umschlagen könnte, förderte die Gesprächsbereitschaft der Politiker beider Großmächte. → Entspannungspolitik

Kulturkampf Konflikt zwischen dem 1871 gegründeten Deutschen Reich unter Otto von Bismarck und der katholischen Kirche um das Verhältnis von Staats- und Kirchenhoheit in Deutschland. Vor allem in Preußen wurden gegen den Widerstand der katholischen Zentrumspartei Maßnahmen beschlossen, die den kirchlichen Einfluss im gesellschaftlichen und kulturellen Leben beschnitten, wie z. B. das Verbot des einflussreichen Jesuitenordens, die Übernahme der Schulaufsicht durch den Staat und die Einführung der Zivilehe. Ab 1879 zeichnete sich eine Einigung zwischen Bismarck und Leo XIII. ab. Der Kulturkampf belastete noch lange Zeit das politische Leben im Reich, da er die gesellschaftlichen Gegensätze verschärft hatte.

Kurfürst Fürst im Heiligen Römischen Reich, der bei der Königs- und Kaiserwahl mitwirkte. Seit der → Goldenen Bulle von 1356 bestand das Kurfürstenkolleg aus den Erzbischöfen von Köln, Mainz und Trier, dem König von Böhmen, dem Pfalzgraf bei Rhein, dem Markgraf von Brandenburg sowie dem Herzog von Sachsen.

Kurie (lat. *curia* Hof) Im antiken Rom das Sitzungsgebäude des Senats; später die päpstliche Regierungsbehörde.

Kurverein von Rhense 1338 erklärten die in Rhense bei Koblenz zusammengetretenen → Kurfürsten, dass der von ihnen gewählte deutsche König in Zukunft auch römischer Kaiser sei und keiner päpstlichen Bestätigung mehr bedürfe. Damit endete der mit der päpstlichen Krönung Karls des Großen im Jahr 800 begründete Anspruch des Papstes auf Zustimmung zur Wahl des Reichsoberhaupts.

L

Laie Im Gegensatz zum → Klerus Angehöriger des Kirchenvolkes, der keine Weihen empfangen hat; heute in übertragenem Sinn soviel wie Nicht-Fachmann.

Landeskirche Organisation der protestantischen Kirche im Deutschen Reich. Das Ende der → Reformation als Volksbewegung hatte zur Folge, dass die Reformation von den Landesfürsten durchgeführt wurde, die als „Notbischöfe" die Kirche in ihrem Territorium leiteten („landesherrliches Kirchenregiment"). Die evangelische Kirche ist bis heute in Landeskirchen organisiert.

Landstände Stände im politischen Sinn waren im Spätmittelalter und der frühen Neuzeit die hohe Geistlichkeit (1. Stand), der Adel (2. Stand), die Städte/das Bürgertum (3. Stand), in manchen Gegenden kamen die Bauern als 4. Stand hinzu.

Parallel zur Entwicklung im größten Teil Europas kam es seit dem 14. Jh. auch in den deutschen Territorien zur Beteiligung der Stände an der Regierung. Die Landstände wurden von den Vertretern der Klöster und Bistümer, vom Landadel und von den Bürgermeistern der Städte gebildet, die zum → Landtag zusammentraten.

Landtag Politische Vertretung eines Landes. Seit dem 14. Jh. Versammlung der → Landstände mit dem Landesherrn, der in der Regel das alleinige Recht besaß, den Landtag einzuberufen. Auf den meisten Landtagen waren die Vertreter der Klöster und Bistümer, der Adel und die Bürgermeister der Städte anwesend. Politische Entscheidungen waren nur gültig, wenn Landesherr und „Land", also alle Landstände, zustimmten. Heute ist der Landtag das demokratisch gewählte Parlament eines → Bundeslandes.

Landwirtschaftliche Produktionsgenossenschaft (LPG) Genossenschaftlich organisierter landwirtschaftlicher Großbetrieb, der nach dem Vorbild der sowjetischen → Kolchose in der DDR ab 1952 entstand. Die durch die → Bodenreform zu Grund und Boden gekommenen Kleinbauern mussten sich zwangsweise zu LPGs zusammenschließen. Je nach dem Grad der gemeinsamen Nutzung von Boden, Vieh, Maschinen und Wirtschaftsgebäuden unterschied man verschiedene Typen der LPGs.

Laren Römische Schutzgötter, die das Haus und die Familie, die Stadt und den Staat, aber auch Reisende beschirmten.

Lastenausgleich Zahlungen nach dem 1952 erlassenen Lastenausgleichsgesetz an die Bevölkerungsgruppen in der Bundesrepublik, die im → Zweiten Weltkrieg besonders große Schäden an Hab und Gut erlitten hatten. Die materiellen Einbußen sollten von der Gemeinschaft getragen werden. Die nicht von den Kriegsereignissen Betroffenen mussten einen Teil ihres erhalten gebliebenen Vermögens abgeben.

Ausgebombte, Flüchtlinge, ehemalige Kriegsgefangene und Vertriebene bekamen einen finanziellen Ausgleich, um die größte Not zu lindern. Bis 1980 betrug die Summe aller Leistungen rund 104 Milliarden DM. → Heimatvertriebene

Lateran Im frühen Mittelalter Sitz des Papstes und Zentrum des frühen Christentums. Die Kirche San Giovanni in Laterano gilt bis heute als Mutterkirche der Christenheit.

Lateranverträge → Kirchenstaat

Latifundien (lat. *latus fundus* großes Grundstück) Im antiken Italien Großgrundbesitz der Senatoren und Ritter, den diese oft durch billige Pachtung des eroberten Staatslandes vermehrten und von Sklaven bearbeiten ließen. In der Neuzeit vor allem Bezeichnung für Großgrundbesitz (z. B. in Osteuropa oder Lateinamerika) mit entsprechenden Sozialstrukturen und Problemen bei einer Bodenreform.

Legislative (lat. *latio legis* Gesetzvorschlag) Gesetzgebende Gewalt in einem Staat mit → Gewaltenteilung. Die Legislative stellt in den meisten Staaten die gewählte Volksvertretung, die → Parlamente, dar.

Legitimation Rechtfertigung von Herrschaft. In den frühen → Hochkulturen und im Mittelalter wurde Herrschaft durch unmittelbare Berufung auf Gott begründet. In der Antike und in der Neuzeit, vor allem unter dem Einfluss der → Aufklärung, überwogen vernunftorientierte, rationale Modelle der Legitimation. Ihre Überzeugung von der Rechtmäßigkeit (→ Legitimität) eines politischen Herrschaftssystems drücken Mitglieder in demokratischen Systemen durch freie, gleiche und geheime Wahlen aus. Die totalitären Systeme des 20. Jhs indessen behaupteten eine Identität zwischen Volkswillen und Regierungswillen und versuchten, diese Behauptung durch eine entsprechende → Ideologie zu beweisen.

Legitimität Rechtmäßigkeit von Herrschaft. Der Begriff wird oft nicht genau genug vom Begriff der → Legitimation unterschieden, bei dem es um den Vorgang der Herstellung von Legitimität geht.

Lehen (vgl. leihen) Seit dem 8. Jh. Grund und Boden (Landlehen), der einem Adligen von der Kirche oder vom König überlassen wurde. Als Gegenleistung verpflichtete sich der Lehnsnehmer (Lehnsmann) zum Dienst (Kriegsdienst zu Pferd). Schon recht früh wurden die Lehen erblich. Außer Land konnten auch öffentliche Ämter als Lehen (Amtslehen) vergeben werden. → Lehnswesen

Lehnswesen Staats- und Gesellschaftssystem des Mittelalters, das durch ein lebenslanges persönliches Treueverhältnis zwischen Lehnsherren und Lehnsleuten gekennzeichnet war. Für die Nutzung des vom Lehnsherrn erhaltenen Lehens war der Lehnsmann (→ Vasall) zu Leistungen, meist Kriegsdienst, verpflichtet. An der Spitze der mittelalterlichen Gesellschaft stand der Kaiser bzw. König als oberster Lehnsherr. Seit dem 12. Jh. wurden öffentliche Ämter fast nur noch auf dem Lehnsweg vergeben (Feudalisierung der Verfassung).

Leipziger Disputation (lat. *disputare* erörtern, unterreden) Öffentliches theologisches Streitgespräch zwischen Martin Luther und dem Ingolstädter Theologen Johannes Eck 1519. Luther bestritt die Unfehlbarkeit von Papst und Konzilium. Damit war die Leipziger Disputation ein wichtiger Schritt in der theologischen Abgrenzung zwischen Luther und der Lehre der katholischen Kirche. → Reformation

Liberalismus (lat. *liber* frei) Politische Bewegung des Bürgertums, die sich auf die Ideen der → Aufklärung berief und für Freiheit und Selbstbestimmung des Menschen eintrat. Während der → Restauration forderten die Liberalen mehr Freiheitsrechte und kämpften in → Burschenschaften und im → Jungen Deutschland für einen geeinten deutschen Nationalstaat, von dem sie sich mehr politische Mitsprache des Bürgertums erhofften.

Darstellung des Lehnsrechts nach der Dresdner Bilderhandschrift des Sachsenspiegels zu Beginn des 14. Jhs

Im 20. Jh. formierte sich der Liberalismus in politischen Parteien, aus denen in Deutschland die heutige Freie Demokratische Partei (FDP) hervorging. Das Spektrum der liberalen Freiheitsideen hat sich durch die Auseinandersetzung mit dem → Marxismus-Leninismus auf den Bereich der Wirtschaft erweitert, die von staatlicher Einflussnahme möglichst bewahrt werden soll (Wirtschaftsliberalismus).

Libertas ecclesiae (Freiheit der Kirche) Forderung der → kluniazensischen Reformbewegung, die auf die Lösung der Kirche von allen weltlichen Bindungen abzielte.

Liga (lat. *ligare* binden) 1609 geschlossenes Bündnis katholischer Reichsstände unter Führung des Herzogtums Bayern als Reaktion auf die Gründung der protestantischen → Union. Ihre Ziele waren die Verteidigung des Landfriedens und der katholischen Religion.

Die Liga unterstützte den Kaiser und war in den ersten Jahren des → Dreißigjährigen Krieges die entscheidende militärische Macht. Nach der Aufstellung eines kaiserlichen Heeres unter Albrecht von Wallenstein verlor sie an Bedeutung und löste sich 1635 auf.

Liktor Amtsdiener im antiken Rom. Eine Gruppe von Liktoren schritt in der

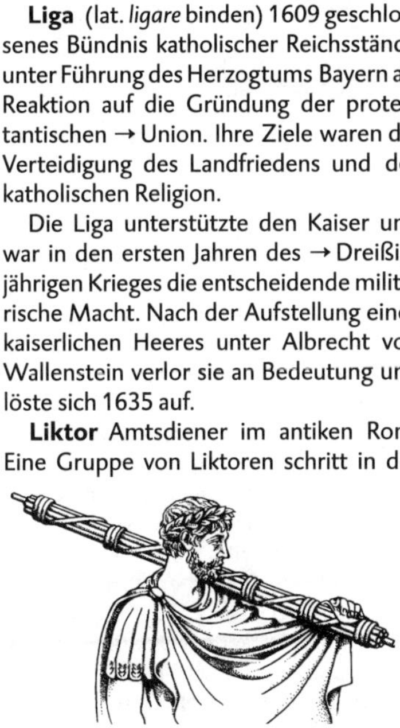

Öffentlichkeit den höheren → Magistraten voran. Sie trugen Rutenbündel, in denen Beile steckten (Fasces) zum Zeichen, dass der Magistrat die Strafgewalt über Leben und Tod besaß.

Im 20. Jh. wählte Mussolini die Fasces als Symbol für sein Herrschaftssystem, den → Faschismus.

Limes (lat. Grenzweg) Befestigte Grenze des Römischen Reiches während der Kaiserzeit (1.–3. Jh. n. Chr.), besonders zu Germanien. Die unterschiedliche Bauweise hing davon ab, ob es sich um Beobachtungs- oder Verteidigungsanlagen handelte (in Sichtweite errichtete Wachtürme zwischen Wällen mit Gräben und Palisadenzäunen oder Steinmauern). Eine Kette von Kastellen sicherte die Grenze.

Locarnoverträge In der Stadt Locarno (Schweiz) 1925 unterzeichnete Verträge zwischen Deutschland, Frankreich, Großbritannien, Belgien, Italien, Polen und der Tschechoslowakei. Die deutsche Delegation unter der Leitung von Außenminister Gustav Stresemann erkannte die durch den → Versailler Vertrag geschaffenen Westgrenzen an. Im Gegenzug verzichtete Frankreich auf alle Ansprüche auf das Rheinland. Verabredet wurde die Aufnahme Deutschlands in den → Völkerbund. Die Locarnoverträge bedeuteten einen wichtigen Schritt auf dem Weg zur europäischen Friedenssicherung.

Loge Vereinigung der → Freimaurer und Ort ihrer Zusammenkünfte.

Londoner Konferenz Konferenzen der Alliierten nach dem → Versailler Vertrag, in denen es um die Frage der deutschen → Reparationen ging. Ergebnis war das „Londoner Ultimatum“: Festgelegt wurde die deutsche Reparationsschuld in Höhe von 132 Mrd. Goldmark, die bis 1958 abgeleistet werden sollte. Eine Million Goldmark sollte sofort gezahlt werden. Zusätzlich wurde eine jährliche Abgabe auf die Ausfuhren bestimmt. Bei Nichterfüllung wurde die Besetzung des Ruhrgebietes angedroht. → Ruhrkampf

Losverfahren Im Gegensatz zur Wahl werden die politischen Amtsträger durch das Los bestimmt. Die → Kleisthenischen Reformen im 5. Jh. v. Chr. wollten auf diese Weise eine (Chancen-)Gleichheit für alle athenischen Bürger sichern: Jeder konnte unter Umständen für eine kurze Zeit Regierungsmitglied werden. Bezeichnenderweise wurde der → Stratege ausgenommen, weil bei diesem Amt ohne erforderliche Sachkompetenz Katastrophen vorprogrammiert gewesen wären.

Kinder bejubeln während der Berlinblockade die amerikanischen Flugzeuge der Luftbrücke.

Lubliner Komitee In der polnischen Stadt Chelm wurde 1944 einige Kommunisten von der sowjetischen Armee als polnische „Regierung" eingesetzt, die später nach Lublin umzog. Die Sowjetunion erkannte nur dieses Lubliner Komitee als Repräsentation Polens an, nicht aber die polnische Exilregierung in London. Nach der Befreiung Polens von deutscher Besatzung erklärte sich das Komitee in Warschau zur provisorischen Regierung Polens.

Lubliner Union Bis 1569 war Polen mit Litauen und Westpreußen (2. Frieden von Thorn) jeweils durch → Personalunion verbunden. Die Lubliner Union begründete die Realunion aller drei Gebiete.

Luftbrücke Von den Westalliierten durchgeführte Versorgung der Westberliner Bevölkerung auf dem Luftweg vom 26. Juni 1948 bis 12. Mai 1949. Als Reaktion auf die → Währungsreform in den westlichen Zonen hatte die Sowjetunion alle Wege nach Berlin gesperrt. Die Luftbrücke für Nahrungsmittel und Heizmaterial war erfolgreich. Nach fast einem Jahr hoben die sowjetischen Behörden die Blockade auf. In den Augen der Berliner ließ die Luftbrücke die militärisch präsenten Alliierten von einer Besatzungsmacht zu einer Schutzmacht werden.

Luftkrieg Angriff aus der Luft mit Bomben ohne Ansehen der Ziele und der Opfer. Am Anfang des → Zweiten Weltkrieges (1940) griffen deutsche Flugzeuge Flugplätze und Städte in Großbritannien an (Coventry und London), um eine Invasion vorzubereiten. Die Alliierten gewannen jedoch die Luftüberlegenheit. 1942 begann der gezielte Bombenkrieg englischer und amerikanischer Luftflotten auf Wohnviertel deutscher Städte, Industrieanlagen und Verkehrswege. In Hamburg (1943) und Dresden (1945) forderte der Luftkrieg besonders viele Opfer.

M

Maastrichtvertrag In der niederländischen Stadt Maastricht unterzeichneter, 1993 in Kraft getretener Vertrag der Mitgliedstaaten der → Europäischen Union (EU). Die EU-Staaten beschlossen, bis 1999 eine europäische Währung und eine europäische Zentralbank zu schaffen. Auch die zukünftige Gemeinsame Außen- und Sicherheitspolitik (GASP) sollte vorangetrieben werden. In der Justiz- und Innenpolitik wollen die Mitgliedsländer Grundlagen für eine einheitliche Asyl- und Einwanderungspolitik schaffen und gemeinsam alle Formen internationaler Kriminalität bekämpfen. Reformen mit dem Ziel, einen europäischen → Bundesstaat zu schaffen, scheiterten am Widerstand einzelner Mitgliedsstaaten. Der Vertrag von Maastricht wurde durch den Vertrag von Amsterdam 1997 weiterentwickelt.

Machtergreifung Begriff, mit dem die Nationalsozialisten die Ernennung Adolf Hitlers zum Reichskanzler am 30. Januar 1933 und die Umgestaltung des Staates in den folgenden Monaten bezeichneten. Wichtige Schritte auf dem Weg zur Diktatur waren die Aufhebung der Grundrechte (→ Reichstagsbrand), das → Ermächtigungsgesetz und die → Gleichschaltung der Länder. Mit der Übernahme aller wichtigen politischen Ämter durch Hitler als Führer und Reichskanzler war die Machtergreifung im August 1934 abgeschlossen.

Magistrat (1) Gewählter Staatsbeamter im antiken Rom. In republikanischer Zeit galten für die Beamten die Prinzipien der → Annuität und der → Kollegialität. Das Amt galt als Ehre (*honor*) und wurde nicht besoldet. Für höhere Ämter waren das vorherige Durchlaufen einer abgestuften Ämterfolge, des *cursus honorum* (→ Ämterlaufbahn), und ein Mindestalter nötig. (2) Seit der Neuzeit ist der Magistrat das höchste Organ der städtischen Selbstverwaltung.

Magna Charta (libertatum) Urkunde von 1215, die zur Grundlage des englischen Parlamentarismus wurde. In einer Schwächeperiode des englischen Königtums erzwangen aufständische Barone die schriftliche Fixierung ihrer Vorrechte und Freiheiten. Die Magna Charta bildete die Grundlage für die Entwicklung des englischen Parlamentarismus, da sie das Verhältnis zwischen König und Vasall als ein beide Seiten bindendes Rechtsverhältnis definierte.

Bis auf einige antiquierte Bestimmungen ist die Magna Charta bis heute gültig.

Magnat (lat. *magnus* groß) Angehöriger der adligen Oberschicht, vor allem in Polen und Ungarn.

Magnet-Theorie 1947 von den westlichen Alliierten und deutschen Politikern verfolgte Strategie, um die bevorstehende Teilung Deutschlands langfristig zu überwinden. Nach dieser Theorie musste der Westen Deutschlands wirtschaftlich und politisch attraktiv sein, sodass eine Magnetwirkung auf die Bewohner der → sowjetischen Besatzungszone (SBZ) ausging.

Mainzer Hoffest Von Kaiser Friedrich Barbarossa 1184 veranstaltetes glanzvolles Fest anlässlich der Schwertleite seiner Söhne. Die Einführung in die ritterliche Gemeinschaft war der gesellschaftliche Höhepunkt der Stauferzeit.

Manufaktur (lat. *manu facere* mit der Hand machen). In den Manufakturen, den Großwerkstätten des → Merkantilismus, wurden sowohl Gebrauchs- als auch Luxuswaren durch Handarbeit und einfache Maschinen hergestellt. Durch Spezialisierung und → Arbeitsteilung konnte die Produktion gegenüber dem Handwerk wesentlich gesteigert werden.

Mark Im Mittelalter Grenzgebiet, das einem → Markgrafen unterstand (z. B. Mark Brandenburg, Mark Österreich) und der militärischen Sicherung des Reiches diente.

Markgraf Adeliger Herrscher über eine → Mark. Wegen der gefährdeten geografischen Lage der Marken hatten Markgrafen größere Befugnisse, z. B. das Befestigungs- und das Aufgebotsrecht, als andere → Grafen.

Marktrecht Recht zur Errichtung eines ständigen Marktes und zur Regelung des Marktwesens (Marktregal). Das ursprünglich dem König vorbehaltene Recht ging später auf Fürsten und Städte über. Das Marktrecht ist Grundlage der städtischen Wirtschaftsblüte im Mittelalter.

Marktwirtschaft Wirtschaft, die sich im Gegensatz zum → Merkantilismus oder der → Planwirtschaft ohne staatliche Eingriffe selbst regelt. Grundprinzipien sind der Eigennutz der Beteiligten und rationales Handeln im Wettbewerb von Angebot und Nachfrage. Die Marktwirtschaft ist die Grundlage der modernen Wirtschaftsordnung im → Kapitalismus, doch greift der Staat durch die Gesetzgebung in die Wirtschaft ein, wobei er vor allem soziale Benachteiligung auszugleichen versucht („soziale Marktwirtschaft").

Marokkokrisen Sowohl Frankreich als auch Deutschland versuchten, mit friedlichen Mitteln ihren Einfluss auf Marokko auszudehnen. Als der deutsche Kaiser Wilhelm II. 1906 den Sultan von Marokko besuchte und ihn zum freien Souverän erklärte, musste dies als offene Kampfansage gegen Frankreichs Ansprüche auf Marokko verstanden werden. Daraufhin kam es in Algeciras zur Konferenz der europäischen Mächte, auf der sich Frankreich durchsetzte. Die französische Vormachtstellung in Marokko war damit anerkannt, die → Entente cordiale hatte sich behauptet, Deutschland war isoliert. Das Deutsche Reich protestierte 1911 erneut gegen den weiteren Ausbau der französischen Herrschaft in Marokko, gab aber gegen Entschädigung (Vergrößerung Kameruns) nach. Die feindliche Konstellation zwischen Frankreich und Deutschland im Vorfeld des → Ersten Weltkrieges war damit zementiert.

Marshall-Plan 1947 von dem amerikanischen Außenminister George C. Marshall vorgestelltes Hilfsprogramm zum Wiederaufbau Europas nach dem → Zweiten Weltkrieg.

Durch das Europäische Wiederaufbauprogramm (*European Recovery Program, ERP*) flossen Kredite und Zuschüsse in verschiedene Staaten Westeuropas einschließlich der westlichen Besatzungszonen in Deutschland. Die Länder des Ostblocks lehnten das Programm ab. Der Marshall-Plan diente der → Containment-Politik und kurbelte insbesondere den Wiederaufbau in der Bundesrepublik an.

Der amerikanische Präsident Harry S. Truman und sein Außenminister George C. Marshall entwickelten den Marshall-Plan.

Marxismus-Leninismus Von Karl Marx und Friedrich Engels entwickelte und später von Wladimir I. Lenin weitergeführte Gesellschaftstheorie mit dem Ziel den Menschen aus allen materiellen und herrschaftlichen Zwängen zu befreien.

Alle bisherige Geschichte ist nach dieser Theorie eine Geschichte des → Klassenkampfes: In der „Sklavenhaltergesellschaft" bestand demnach ein Klassengegensatz zwischen Herrn und Sklaven, im → Feudalismus zwischen Grundherrn und Leibeigenen, im → Kapitalismus zwischen Kapitalist und Lohnarbeitern. Die Enteignung der Kapitalisten und die Vergesellschaftung der → Produktionsmittel bedeutet nach Marx die Aufhebung des Klassenkampfes; sie ebnet den Weg zur sozialistischen Gesellschaftsordnung, an deren Ende die → kommunistische, d. h. herrschaftsfreie Gesellschaft steht.

Der Marxismus-Leninismus leistete großenteils eine scharfsinnige und kritische Analyse der Industriegesellschaft des 19. Jhs. Er erhob auch den wissenschaftlichen Anspruch, den einzig richtigen Weg zu einer sozial gerechten, wohlhabenden und von Herrschaftszwängen freien Gesellschaft zu kennen, und faszinierte damit weltweit viele Menschen. Bei der praktischen Umsetzung in ein konkretes Staatswesen lief der Marxismus-Leninismus allerdings stets auf eine Einparteiendiktatur hinaus. Die Sowjetunion war der erste und führende derjenigen Staaten, die nach marxistisch-leninistischen Prinzipien organisiert wurden und 1989/90 schließlich sowohl politisch als auch wirtschaftlich zusammenbrachen.

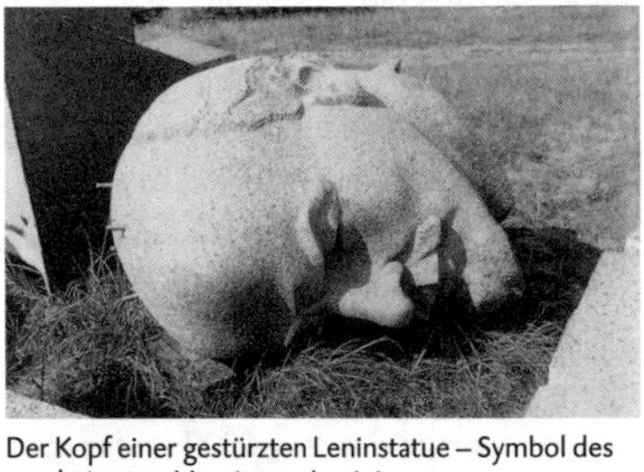

Der Kopf einer gestürzten Leninstatue – Symbol des gescheiterten Marxismus-Leninismus

Märzrevolution Ausgelöst von der französischen → Februarrevolution kam es im März 1848 zu Aufständen in verschiedenen Teilen Deutschlands, um zum einen die Einheit Deutschlands und zum anderen verfassungsrechtlich verbürgte Freiheiten zu erreichen. Träger war vor allem der bürgerliche Mittelstand, der eine allgemeine Wahl einer → Nationalversammlung organisierte, die 1849 in der Frankfurter → Paulskirche eine Reichsverfassung (Erklärung der → Grundrechte, erbliches Kaisertum) beschloss.

Als der preußische König Friedrich Wilhelm IV. jedoch die deutsche Kaiserkrone ablehnte, war der Versuch einer Reichsgründung „von unten" fehlgeschlagen. Die Revolution scheiterte vor allem an der inneren Zerrissenheit des deutschen Bürgertums und der ablehnenden Haltung der europäischen Nachbarn.

Materialismus (lat. *materia* Stoff) Auffassung, dass es auf der Welt außer den stofflichen Dingen nichts Weiteres gibt, also keinen Gott und auch keine von der Materie unabhängigen Vorstellungen des Menschen. Vertreten wird diese Vorstellung, die den Gegensatz zum → Idealismus bildet, z. B. durch die → Ideologie des → Marxismus-Leninismus.

Mauerbau Am 13. August 1961 von der DDR-Regierung veranlasste Sperrung der Sektorengrenze zwischen West- und Ostberlin und der Grenze zwischen der DDR und der Bundesrepublik Deutschland. Der DDR gelang es dadurch, den Flüchtlingsstrom aus der DDR in den Westen zu stoppen. In der Propaganda der DDR hieß die Mauer „antifaschistischer Schutzwall". Die Sperranlagen bestanden aus hohen Gitterzäunen, Beobachtungstürmen und Minenfeldern.

Mauren Arabisch-muslimische Bevölkerung Nordafrikas und der Pyrenäenhalbinsel.

Mausoleum Ursprünglich das Grabmal des Königs Mausolos von Halikarnassos, das seine Gattin Artemisia nach dessen Tod 350 v. Chr. vollendete. Das Grabmal war eines der → Sieben Weltwunder. Der Begriff Mausoleum wird allgemein für ein prächtiges Grabmal verwendet.

Mediatisierung (lat. *im-mediatus* unmittelbar) 1806 entzog Napoleon den deutschen Kleinstaaten und fast allen Reichsstädten die Reichsunmittelbarkeit und unterstellte sie der Landeshoheit anderer Territorien. Auf der Grundlage des → Reichsdeputationshauptschlusses von 1803 sollte die Mediatisierung dazu dienen, mittelgroße Pufferstaaten zwischen Frankreich und Österreich zu schaffen.

Mendikanten Bettelorden

Menschenrechte Rechte, die jeder Mensch von Geburt an besitzt. Die Auffassung vom angeborenen → Naturrecht geht auf antike und mittelalterliche Vorstellungen zurück, wurde aber erst in der → Aufklärung zu einer zentralen politischen Forderung. Den Anfang bildeten die politischen Freiheitsrechte (z. B. Freiheit der Person, Recht auf Gleichheit und Eigentum, Glaubens- und Gewissensfreiheit). Politisch wirksam wurden diese Rechte erstmals in der Verfassung der USA. → Amerikanische Unabhängigkeit

Ein weiteres wichtiges Dokument in der Geschichte der Menschenrechte war die „*Déclaration des droits de l'homme et du citoyen*" der Französischen Nationalversammlung vom August 1789 (→ Französische Revolution), die Bestandteil der französischen Verfassung von 1791 wurde.

Im Laufe des 19. und 20. Jhs ergänzte man die politischen Freiheitsrechte durch soziale Rechte als „Menschenrechte der 2. Generation" (z. B. Recht auf Arbeit und soziale Sicherheit). In der aktuellen Diskussion wird der Begriff erneut ausgeweitet und auf Rechte wie intakte Umwelt, Frieden, Entwicklung und Schutz vor Diskriminierung angewandt („Menschenrechte der 3. Generation").

Seit dem → Zweiten Weltkrieg gibt es zahlreiche völkerrechtliche Vereinbarungen zu den Menschenrechten. Dazu gehört z. B. die Allgemeine Erklärung der Menschenrechte durch die Vereinten Nationen 1948 und die Wiener Weltkonferenz für Menschenrechte 1993. Weitere internationale Institutionen sind das Menschenrechtszentrum in Genf und die Menschenrechtsorganisation Amnesty International, in Europa der Gerichtshof für Menschenrechte in Straßburg.

Während auf internationaler Ebene keine → Exekutive und Gerichtsbarkeit für die Menschenrechte existieren, sind sie als Grundrechte in vielen Ländern Bestandteil der → Verfassung und gelten für alle Menschen, die sich in dem jeweiligen Staatsgebiet aufhalten. In Deutschland enthielten bereits die ersten Verfassungen zu Beginn des 19. Jhs Grundrechte, die aber vom Monarchen gewährt und damit auch wieder zurückgenommen werden konnten. Der umfangreiche Grundrechtskatalog der → Nationalversammlung in der Paulskirche 1848 wurde Vorbild für die → Weimarer Verfassung und für das → Grundgesetz, in dem die Grundrechte bewusst an den Anfang gestellt (Art. 1–19), für alle drei Staatsgewalten verbindlich (Art. 1) und in ihrem Wesensgehalt nicht veränderbar sind. Die Entwicklung der Menschenrechte ist eine bedeutende politische Leistung der letzten zwei Jahrhunderte, ihre Durchsetzung, Sicherung und Weiterentwicklung eine der wichtigsten Aufgaben unserer Zeit.

Menschewisten Gemäßigte, demokratisch orientierte Gruppierung innerhalb der Sozialdemokratischen Arbeiterpartei Russlands („Minderheitler"), die auf dem Zweiten Parteikongress 1903 gegenüber den radikalen → Bolschewisten („Mehrheitler") Abstimmungsniederlagen erlitt und danach weiter an Einfluss verlor.

Merkantilismus (lat. *mercari* Handel treiben) Wirtschaftsordnung absolutistischer Staaten im 17. und 18. Jh. Ziel des

Merkantilismus war, Reichtum und Macht des Landes zu steigern. Dazu sollten alle benötigten Güter im eigenen Land hergestellt und durch Exporte Gewinne erzielt werden, während man den Import auf Rohstoffe beschränken wollte, um eine → aktive Handelsbilanz zu gewährleisten. Eine Steigerung der Produktion erhoffte man sich durch → Manufakturen und eine Verbesserung der Verkehrswege.

Messe (1) Römisch-katholischer Gottesdienst. (2) Seit dem frühen Mittelalter Kaufmannstreffen, das häufig von überregionaler Bedeutung (z. B. Lyoner oder Frankfurter Messe) war. Da die Märkte ursprünglich an Feiertagen nach der Heiligen Messe abgehalten wurden, erhielt der Begriff seine doppelte Bedeutung.

Metöke (gr. Mitbewohner) In Athen ansässige Fremde, die meist freie Bürger anderer Städte waren. In Athen hatten sie keine politischen Rechte und durften keinen Grundbesitz erwerben, mussten aber Steuern zahlen und Kriegsdienste leisten. Vor allem in Handel und Handwerk tätig, trugen sie wesentlich zur Wirtschaftsblüte Athens bei.

Ministerialer Im fränkisch-deutschen Reich Unfreier, der Verwaltungs- und Kriegsdienste für einen geistlichen oder weltlichen Herrn leistete. Da er für diesen Dienst häufig Grundbesitz erhielt, glich er sich in sozialer Hinsicht den Rittern (→ Reichsritter) an, blieb aber unfrei.

Ministerium für Staatssicherheit (MfS) 1950 gegründeter Nachrichtendienst der DDR. Sein Leiter Erich Mielke baute den Dienst zu einer alle Bereiche in Staat und Gesellschaft überwachenden Organisation aus. Hauptamtliche und Inoffizielle Mitarbeiter (IM) zapften Telefone an, öffneten Briefe, schleusten Agenten in die Bundesrepublik Deutschland und verfolgten Flüchtlinge. → Bürgerrechtler wurden verstärkt durch Spitzel ausgehorcht und überwacht.

Nach der Wende wurden das Ministerium 1990 aufgelöst und die nicht beseitigten Akten an einen Sonderbeauftragten der Bundesregierung (Gauck-Behörde) zur Auswertung übergeben.

Ministerpräsident Amtsbezeichnung für einen Regierungschef, der seinen Ministern „präsidiert“ (vorsitzt).

Minoische Kultur Vorgriechische Kultur Kretas (3. Jtsd. – ca. 1200 v. Chr.) mit ausgedehnten Handelsbeziehungen im Mittelmeerraum sowie hohen technisch-zivilisatorischen und künstlerischen Leistungen. Frauen spielten in der Öffentlichkeit und in der Religion eine große Rolle. Der Palast des Königs Minos galt als Ort des sagenhaften Labyrinths, das Dädalos für den Minotauros – eine Kreatur halb Mensch, halb Stier – errichtete.

Minotauros → Minoische Kultur

Mission (lat. *mittere* schicken, entsenden) Auftrag der christlichen Kirche, die

Das Wandgemälde aus dem frühen 15. Jh. v. Chr. im spätminoischen Palast in Knossos (Kreta) zeigt eine Phase des Stierspieles.

gesamte Menschheit für das Christentum zu gewinnen. Dieser Auftrag beruht auf dem Missionsbefehl Christi: „Gehet hin in alle Welt und lehret alle Völker und taufet sie im Namen des Vaters und des Sohnes und des Heiligen Geistes."

Mittelmächte Bezeichnung für die im → Ersten Weltkrieg verbündeten Staaten Deutschland und Österreich-Ungarn aufgrund ihrer Mittellage zwischen den Kriegsgegnern im Osten und Westen. Später zählte man noch die Bündnispartner Türkei und Bulgarien dazu.

Mittelmeer-Entente Verständigung zwischen Großbritannien, Italien und Österreich-Ungarn von 1887 mit dem Ziel, die damals bestehenden Verhältnisse im Mittelmeerraum, auf dem Balkan und im Orient zu sichern. Großbritannien näherte sich damit vorübergehend den Mächten des → Dreibunds an, was auch zum Helgoland-Sansibar-Vertrag führte.

Monarchie (von gr. *monos* allein und *archein* herrschen) Legitim begründete Herrschaft eines Einzelnen.

Ursprünglich wurde der Herrscher als Gott verehrt oder man sagte ihm eine besonders enge Beziehung zur Gottheit nach. Nachfolger wurde oft ein Blutsverwandter (Geblütsrecht). Die Germanen glaubten, dass ihre Könige von Göttern abstammten und dass daher deren besondere Gunst, das → Königsheil, auf der königlichen Sippe ruhe. Die innere Rechtfertigung der monarchischen Staatsform lag folglich darin, dem Volk die besondere Göttergunst nutzbar zu machen. Seit der Krönung Pippins 751 trat in Europa anstelle der heidnisch sakralen Grundlagen die Salbung des Monarchen durch die christliche Kirche. Die Begründung der Monarchie wurde damit zwar den veränderten religiösen Verhältnissen angepasst, blieb aber sakral. Daraus entwickelte sich die Vorstellung vom → Gottesgnadentum und vom „Bündnis zwischen Thron und Altar", das bis in das 20. Jh. hinein bestanden hat.

Monarchien sind häufig aus Wander- oder Krisenzeiten heraus entstanden, da der permanente Ausnahmezustand die Konzentration der politischen Gewalt in einer Person begünstigte. Vor allem in Europa, weniger in anderen Weltgegenden, beschränkte man allerdings im Laufe der weiteren Entwicklung die monarchische Gewalt. Die ständische Monarchie des späten Mittelalters und der frühen Neuzeit ist durch den Dualismus der Krone und der → Stände gekennzeichnet: Politische Entscheidungen kamen nur zustande, wenn Monarch und Ständevertretung übereinstimmten. Im Lauf des 17. Jhs bildete sich jedoch die absolute Monarchie (→ Absolutismus) heraus, bei der alle Staatsgewalt vom Monarchen ausging, der sich als Herr des Staates ansah (Ludwig XIV: „Der Staat bin ich"). Ein Sondertyp dieser Staatsform ist der → aufgeklärte Absolutismus der zweiten Hälfte des 18. Jhs. (z. B. unter Friedrich dem Großen oder Joseph II. von Österreich). Er ist dadurch gekennzeichnet, dass der Monarch sich vor allem als Diener seines Staates sieht. Das 19. Jh. ist die Blütezeit der konstitutionellen Monarchie, in der die Rechte der Krone einerseits, der Volksvertretung andererseits durch eine Verfassung geregelt sind. Im 20. Jh. gibt es in Europa nur noch parlamentarische Monarchien. Hier liegt die Souveränität bei einem vom Volk gewählten Parlament, während der Monarch nur noch repräsentative Aufgaben wahrnimmt.

Mönch Angehöriger eines → Ordens, der meist in einem → Kloster mit anderen Mönchen nach bestimmten Regeln zusammenlebt.

Monotheismus (gr. *monos* ein und *theos* Gott) Glaube an einen einzigen Gott als den Weltschöpfer und -erhalter (z. B. im Judentum, Christentum, Islam). Im Gegensatz hierzu werden im → Polytheismus verschiedene Götter verehrt (z. B. bei den Ägyptern, Griechen, Römern, Germanen, Slawen, Indern).

Monroe-Doktrin (lat. *doctrina* Lehrmeinung) Von Präsident James Monroe 1823 verkündete Doktrin zur amerikanischen Außenpolitik, nach der sich Europa und die USA wechselseitig jeder Einflussnahme enthalten sollten. Die Doktrin wurde erst im → Ersten Weltkrieg aufgegeben.

Montagsdemonstrationen Die ursprünglich aus einem engen Kreis der Friedensgebete in der Leipziger Nikolaikirche hervorgegangenen Montagsdemonstrationen wurden im Oktober 1989 zum Inbegriff der friedlichen Revolution in der DDR. Innerhalb weniger Wochen stieg die Anzahl der Demonstranten von 1 200 (4. September) auf 450 000 (6. November). Trotz der Gefahr des gewaltsamen Einschreitens der Volkspolizei blieben die Demonstrationen weitgehend friedlich. Die Menschen auf der Straße forderten unter dem Motto „Wir sind das Volk" eine demokratische Umgestaltung der DDR, wirtschaftliche Reformen, freie Wahlen und Reisefreiheit.

Morgenthau-Plan Von dem amerikanischen Finanzminister Henry Morgenthau 1944 erarbeitetes Programm für den Umgang mit Deutschland nach dem → Zweiten Weltkrieg. Das um die Ostgebiete verkleinerte Deutschland sollte nach Demontage und Entmilitarisierung in ein Agrarland verwandelt werden. Der Plan wurde nicht verwirklicht, dennoch beeinflusste er die amerikanische Nachkriegspolitik. → Potsdamer Abkommen

Mos maiorum (lat. Sitte der Vorfahren) In der Römischen Republik Oberbegriff für die Sitten, Gebräuche, politisch-religiösen Werte und Haltungen, die in der bäuerlich geprägten Welt der Vorfahren entwickelt worden waren. Die *mores maiorum* galten als ungeschriebene Norm im öffentlichen und privaten Leben, z. B. Dienst für den Staat, verlässliche Pflichterfüllung, Streben nach Ansehen und Ruhm und Tugenden wie Maß, Sparsamkeit und Disziplin.

Münchner Abkommen Großbritannien, Italien und Frankreich schlossen am 29. September 1938 aufgrund der → Sudetenkrise einen Vertrag mit dem Deutschen Reich. Darin wurde die Tschechoslowakei – die bei den Verhandlungen in München nicht einbezogen wurde – verpflichtet, die überwiegend von Deutschen bewohnten Grenzgebiete Böhmens, das Sudetenland, an Deutschland abzutreten. Man glaubte, Adolf Hitler durch Nachgiebigkeit in der Sudetenfrage davon abhalten zu können, die gesamte Tschechoslowakei zu besetzen, und den europäischen Frieden zu retten. Als Hitler 1939 unter Missachtung des Münchner Abkommens in die sog. „Resttschechei" einmarschierte (→ Reichsprotektorat) führte dies zur Beendigung der → Appeasement-Politik.

Münchner Ministerpräsidentenkonferenz Zusammenkunft der Länderregierungschefs aus allen vier Besatzungszonen im Mai 1947, um in München über die Zukunft Deutschlands zu verhandeln. Die Konferenz scheiterte, da man sich nicht auf eine gemeinsame Tagesordnung einigen konnte.

Die Regierungschefs der → sowjetischen Besatzungszone wollten auf Drängen ihrer Besatzungsmacht nur über die Bildung eines deutschen Einheitsstaates reden. Die Ministerpräsidenten aus den westlichen Zonen folgten der Weisung ihrer Besatzungsmächte, nur über die weitere wirtschaftliche Zusammenarbeit der Zonen zu verhandeln. Das Scheitern der Konferenz machte deutlich, wie weit die Spaltung Deutschlands bereits fortgeschritten war.

Museion (gr. *musae* Göttinnen für Kunst und Wissenschaft) Wohngebäude, Treffpunkt und Arbeitsort bedeutender Gelehrter, Philosophen und Künstler im hellenistischen Alexandria (3. bis 1. Jh. v. Chr.), die dort auf Einladung des Königs lebten und arbeiteten, vergleichbar einem heutigen Forschungsinstitut. In einer riesigen Bibliothek wurde das gesamte Wissen der damaligen Welt gesammelt. Gleichzeitig kam es zu bahnbrechenden geografischen, astronomischen, technischen, natur- und sprachwissenschaftlichen Erfindungen und Entdeckungen.

Mystik (gr. *myo* ich schließe die Augen) Bemühen, durch geistige Versenkung zur Begegnung mit Gott zu gelangen. Es geht dabei um die „erfahrungsmäßige Gotteserkenntnis" (Thomas von Aquin) und nicht um ein rationalbegriffliches Erfassen Gottes. Den Höhepunkt ihrer Bedeutung erreichte die Mystik im Spätmittelalter. Bekannte deutsche Mystiker waren Meister Eckhart, Hildegard von Bingen, Elisabeth von Schönau und Mechtild von Magdeburg.

Die geistige Versenkung wird hier durch den Blick der Hildegard von Bingen deutlich, der sich nicht auf das Buch richtet, sondern dem Himmel öffnet.

Mythos (gr. Wort, Erzählung, Fabel) In der Antike über viele Generationen hinweg überlieferte Erzählung von der Entstehung der Welt, der Götter und Menschen, Geschlechter und Völker. Darüber hinaus handeln diese Erzählungen auch von besonderen Ereignissen im Leben der Götter oder Schicksalen herausragender Menschen, wie z. B. der Geburt der Aphrodite, von Zeus und → Europa oder der Gründung Roms. Mythen gestalten häufig zeitlose menschliche „Ursituationen" wie Liebe (Orpheus) oder Hass (Medea).

Von der Theologie und der aufgeklärten Philosophie wird der Mythos als irrational und alogisch abgelehnt. Heute überwiegt eine kritische Verwendung des Begriffs im Sinn von → Ideologie, d. h. nicht auf rationale Überzeugung zielend, sondern auf gläubiges „Fürwahrhalten".

N

Nahostkonflikt Konflikt zwischen Israel und seinen arabischen Nachbarstaaten sowie den Palästinensern über die staatliche Gestaltung Palästinas und den Status Jerusalems. Nach mehreren israe-

Begin und Hussein beenden aufgrund amerikanischer Vermittlung nach 46 Jahren den Kriegszustand.

lisch-arabischen Kriegen zwischen 1948 und 1973 kam es seit den 1970er-Jahren unter Vermittlung der USA zu Friedensverhandlungen zwischen Israel einerseits und Ägypten, Syrien und der Palästinensischen Befreiungsorganisation (PLO) andererseits. Ergebnisse dieser Verhandlungen waren ein israelisch-ägyptischer Friedensvertrag (1978) und ein Abkommen über die Teilautonomie der Palästinenser im Gazastreifen und im Gebiet von Jericho (1994). Israelische Bautätigkeiten in palästinensischen Gebieten und Terrorangriffe palästinensischer Extremisten störten immer wieder den Friedensprozess. Die Verhandlungen mit Syrien verliefen bisher ohne Ergebnisse.

Nantes, Edikt von Königlicher Erlass Heinrichs IV. zur Beendigung der Hugenottenkriege (→ Hugenotten) in Frankreich 1598. Das Edikt bestimmte die katholische Konfession zur Staatskirche, sicherte aber gleichzeitig den Hugenotten Gewissensfreiheit, rechtliche Gleichstellung, eine begrenzte Kultfreiheit und etwa 100 „feste Plätze“ zur militärischen Sicherheit. Die Aufhebung durch Ludwig XIV. (1685) führte zu einer Massenflucht der Hugenotten aus Frankreich.

Nation (lat. *nasci* geboren werden) Das Bewusstsein eines Volkes von gemeinsamen kulturellen Traditionen und politischen Werten führte seit der → Französischen Revolution zu der Vorstellung einer gemeinsamen Nation (Nationalbewusstsein). Mit diesem Bewusstsein verknüpfte sich zunehmend der Wille, auch in einem gemeinsamen Staat zu leben (Nationalstaat). In der französischen Tradition ist der Begriff Nation bis heute den Idealen der → Französischen Revolution verpflichtet: Ausgehend von der Idee der → Volkssouveränität, lebt er von der Vorstellung, dass die Staatsbürger ihre Nation und den Staat durch einen freiwilligen Willensakt begründen (Staatsnation). In Deutschland herrscht dagegen die Vorstellung einer historisch gewachsenen Nation, die sich in erster Linie auf die Gemeinsamkeit kultureller Traditionen, wie z. B. Sprache oder Literatur, gründet (Kulturnation).

Nationale Front 1949 gegründeter Zusammenschluss aller politischen Parteien und Massenorganisationen (→ FDJ und → FDGB) der DDR unter Führung der SED. Die Christliche Demokratische Union (CDU), die Liberaldemokratische Partei (LPD), die Nationaldemokratische Partei (NDPD) und die Demokratische Bauernpartei (DBD) gingen keine Koalition ein, sondern mussten sich zu einem sog. „antifaschistischen Block“ zusammenschließen (Blockparteien). Die Parteien konnten sich nicht in einem Wahlkampf um Parlamentssitze bewerben. Die mit der DDR gegründete Nationale Front stand über den Parteien. Sie benannte die Wahlkandidaten und stellte eine Einheitsliste auf, in der die Anzahl der Sitze vorab aufgeteilt wurde. Die meisten Kandidaten stellte die SED. Die Wähler konnten die Liste nur bestätigen oder ablehnen. Eine parlamentarische Opposition gab es nicht.

Neues Forum Angesichts der erfolgreichen Demonstrationen (→ Montagsdemonstrationen) im September/Oktober 1989 bildeten sich in der DDR neue politische Vereinigungen. Die Opposition organisierte sich im „Neuen Forum", in der Gruppierung „Demokratie Jetzt" oder im „Demokratischen Aufbruch". Die bedeutendste oppositionelle Bewegung war das Neue Forum, zu dessen Initiatoren Bärbel Boley und Jens Reich (→ Bürgerrechtler) gehörten. Das Neue Forum wollte eine Bürgerbewegung sein, keine Partei und trat für die Verwirklichung der bürgerlichen Freiheiten und die Menschenrechte ein. Nach dem Mauerfall arbeitete das Neue Forum am → Runden Tisch mit. Nach der Gründung demokratischer Parteien in der DDR verloren alle Oppositionsgruppen schnell an Bedeutung.

Nationale Volksarmee (NVA) Land-, Luft- und Seestreitkräfte der DDR, die 1956 aufgestellt wurden, nachdem die DDR dem → Warschauer Pakt beigetreten war. Die sowjetische Armee schulte und rüstete die Einheiten der NVA aus. Die Grenztruppen kontrollierten die Westgrenzen der DDR, um die Flucht zu verhindern. Nach der → Wiedervereinigung übernahm die Bundeswehr Waffen und Soldaten der NVA.

Nationalkomitee Freies Deutschland (NKFD) 1943 in Krasnogorsk bei Moskau auf sowjetische Initiative hin von deutschen Kriegsgefangenen und kommunistischen Emigranten gegründete Organisation. Sie stand im Dienst der sowjetischen Kriegsführung und sollte für die Beendigung des Krieges arbeiten. Die Appelle des NKFD, die durch Flugblätter und Lautsprecherdurchsagen an die deutschen Truppen der Ostfront verbreitet wurden, blieben wirkungslos. 1945 löste Moskau das Nationalkomitee auf.

Nationalkonvent Politisches Gremium der → Französischen Revolution, das die revolutionäre Idee der → Gewaltenteilung verwarf und auf der Grundlage einer neuen Verfassung 1793 alle staatliche Gewalt auf sich vereinte. Für die Ausübung der Regierungsgewalt setzte der Nationalkonvent Ausschüsse ein, deren wichtigster und berüchtigtster der → Wohlfahrtsausschuss wurde.

Nationalsozialismus Politische Bewegung und von den Nationalsozialisten geformtes diktatorisches Herrschaftssystem in Deutschland von 1933–1945 mit extremer nationalistischer und rassistischer Weltanschauung. Seinen Durchbruch erlebte der Nationalsozialismus nach dem → Ersten Weltkrieg, seine gedanklichen Wurzeln liegen aber bereits im 19. Jh.

Seine parteipolitische Plattform fand der Nationalsozialismus in der 1920 gegründeten Nationalsozialistischen Deutschen Arbeiterpartei (NSDAP), deren Führer 1921 Adolf Hitler wurde (→ Führerprinzip). Im Juli 1932 wurde die NSDAP dann stärkste Partei im Reichstag. Am 30. Januar 1933, dem „Tag der → Machtergreifung", schließlich betraute Reichspräsident Paul von Hindenburg Hitler als Reichskanzler mit der Regierung.

Nationalversammlung Bezeichnung für ein nationales Parlament. Die erste moderne Nationalversammlung war die zu Beginn der → Französischen Revolution 1789 gebildete Versammlung des → Dritten Standes. Sie verabschiedete u. a. eine Erklärung der → Menschenrechte und 1791 eine auf dem Prinzip der → Gewaltenteilung beruhende Verfassung. Nach der → Februarrevolution von 1848, nach dem → Deutsch-französischen Krieg und nach dem → Zweiten Weltkrieg traten in Frankreich weitere Nationalversammlungen zusammen.

In Deutschland tagte nach der → Märzrevolution 1848 die Frankfurter Nationalversammlung. 1919 trat in Weimar eine Nationalversammlung zusammen, um die Verfassung der Weimarer Republik zu verabschieden.

NATO (engl. *North Atlantic Treaty Organization*) 1949 in Washington gegründetes westliches Verteidigungsbündnis mit Sitz in Brüssel. Gründungsmitglieder waren Großbritannien, Frankreich, USA, Kanada, Italien, Belgien, die Niederlande,

Luxemburg, Dänemark, Norwegen, Island und Portugal. Inzwischen sind auch Griechenland, die Türkei (1952), die Bundesrepublik Deutschland (1955), Spanien (1982), Polen, Ungarn und die Tschechische Republik (1999) dem Bündnis beigetreten.

Die Vertragsstaaten versprechen sich politischen und militärischen Beistand gegen jeden bewaffneten Angriff auf das Gebiet eines Mitglieds in Europa oder Nordamerika. Seit seiner Gründung erfüllt das Bündnis den Zweck, Freiheit und Sicherheit in Europa zu gewährleisten. Die Erhaltung des Friedens im früheren Jugoslawien und die Erweiterung nach Südosten stellen das Bündnis vor neue Aufgaben.

Natodoppelbeschluss Als Reaktion auf den Rüstungsvorsprung des → Warschauer Paktes bei Atomraketen mittlerer Reichweite verabschiedete die → NATO 1979 einen Doppelbeschluss, der die Nachrüstung amerikanischer Mittelstreckenraketen innerhalb von vier Jahren und Vorschläge zur Rüstungskontrolle vorsah. In der Bundesrepublik war die Entscheidung der NATO heftig umstritten und führte zu massiven Protesten der Friedensbewegung. 1987 einigten sich die beiden Großmächte USA und Sowjetunion über den Abbau aller atomarer Mittelstreckenraketen.

Naturrecht Ursprüngliches und angeborenes Recht des Menschen. Die Auffassung vom Naturrecht geht auf antike und christliche Ursprünge zurück, die in der → Aufklärung weiterentwickelt wurden. Danach besitzt der Mensch durch göttlichen Willen oder die Natur von Ge-

Der Nationalsozialismus zog entscheidende Attraktivität aus dem wirkungsvoll inszenierten, anfänglichen Bündnis mit den konservativen Kräften. Deutlich zeigte sich dies der Öffentlichkeit, als sich Hitler am „Tag von Potsdam" vor Reichspräsident Hindenburg verneigte. Massenpsychologisch gekonnt eingesetzte Propaganda begeisterte Viele und verdeckte den düsteren Hintergrund des totalitären Systems, der sich vor allem in der öffentlichen Diskriminierung der Juden zeigte.

burt an bestimmte Rechte, die ihm nicht durch menschliche Gesetze verliehen wurden. Das vom Menschen gesetzte Recht ist deshalb dem Naturrecht untergeordnet und kann aus ihm begründet oder von ihm kontrolliert werden. Das Naturrecht, aus dem der → Gesellschaftsvertrag und die → Menschenrechte abgeleitet wurden, ist eine Grundlage des modernen Rechtsdenkens.

Navigationsakte (lat. *navigare* zur See fahren) Englisches Gesetz von 1651 zur Förderung des eigenen Handels. Waren durften nach England oder in englische Kolonien nur auf englischen Schiffen oder Schiffen des Erzeugerlandes transportiert werden. Damit wurde der Zwischenhandel, vor allem der der Niederlande, ausgeschaltet. Die Navigationsakte war ein wichtiger Schritt bei der Entwicklung der englischen See- und Handelsmacht.

Neolithische Revolution Vom 8. bis 3. Jtsd. v. Chr. vollzog sich der Übergang von der Altsteinzeit zur Jungsteinzeit, d. h. vom Nomadenleben der Jäger und Sammler zur Sesshaftigkeit. Wichtige Merkmale dieser ersten friedlichen → Revolution in der Geschichte sind Getreideanbau, Tierhaltung, Leben in festen Häusern innerhalb der Dorfgemeinschaften und Arbeitsteilung.

Neuzeit Historische Epoche zwischen Mittelalter und Gegenwart bzw. Zeitgeschichte. Als Beginn wird die Wende vom 15. zum 16. Jh. angesehen (→ Reformation, → Entdeckungsreisen, → Renaissance und → Humanismus). Als Übergang zur Zeitgeschichte gilt häufig der → Erste Weltkrieg, manchmal auch das „Epochenjahr" 1917.

Wichtige Ereignisse der Neuzeit waren die Europäisierung der Erde (→ Kolonien), die → Säkularisation, die Emanzipation des Bürgertums, die zu den bürgerlichen Revolutionen führte (→ Amerikanische Unabhängigkeit, → Französische Revolution) und der wirtschaftliche und soziale Umbruch der → Industriellen Revolution.

Nibelungentreue Schlagwort für die Bündnistreue zwischen Deutschland und Österreich-Ungarn in der Zeit vor bzw. im → Ersten Weltkrieg. Die Bezeichnung bezieht sich auf die in der Nibelungensage geschilderte unbedingte Treue, mit der die Nibelungen bis zum gemeinsamen Untergang an Etzels Hof zueinander hielten. → Dolchstoßlegende

Niederländischer Freiheitskampf Kampf der Niederlande gegen die spanische Herrschaft im 16. und 17. Jh. Die Niederlande gehörten seit 1555 zu Spanien. Die politische, wirtschaftliche und konfessionelle Unterdrückung durch Spanien führte unter der Zwangsherrschaft des Herzogs Fernando Álvarez Alba 1568 zu einem offenen Aufstand von Städten und Adel (→ Geusen). Die sieben nördlichen Provinzen bildeten 1581 die Republik der Vereinigten Niederlande („Generalstaaten") und erkämpften bis 1648 ihre Unabhängigkeit von Spanien.

Der erfolgreiche Freiheitskampf stärkte das Selbstbewusstsein des kleinen Landes, das im 17. und 18. Jh. eine bedeutende europäische See- und Handelsmacht wurde und eine kulturelle Blüte erlebte.

Nobilität Adelige Führungsschicht in der Römischen Republik, bei der der alte patrizische Geburtsadel mit dem neuen Amtsadel verschmolzen war. Die Nobilität entstand, als nach den Ständekämpfen auch reiche Plebejer Konsuln werden konnten. Damit gehörten sie und ihre Nachkommen zum kleinen Kreis der führenden Familien, die über das Konsulat und die Zugehörigkeit zum Senat die römische Politik bestimmten (Adelsrepublik).

Nomade Angehöriger einer wandernden, nicht sesshaften Menschengruppe, wobei die Lebensformen der verschiedenen Gruppen sehr unterschiedlich sein können. In der älteren Steinzeit zogen Nomaden als Jäger und Sammler auf der Suche nach geeigneter Jagdbeute umher. Die Hunnen wiederum waren ein nomadisches Reitervolk, das seine Viehherden auf seinen kriegerischen Eroberungszügen mit sich führte. In Arabien und Nordafrika wandern bis heute Vieh züchtende Nomaden mit ihren Herden zu wechselnden Weideplätzen.

Nonne Weibliche Angehörige eines → Ordens.

Nonnen beim Chorgesang. Miniatur aus einem englischen Psalmenbuch um 1430

Norddeutscher Bund Von Preußen geführter → Bundesstaat mit 22 Mitgliedsstaaten, der 1867 durch Initiative Otto von Bismarcks errichtet wurde. Durch den → Zollverein waren die süddeutschen Staaten mit dem Norddeutschen Bund verbunden. Österreich blieb von diesem Prozess allerdings ausgeschlossen, sodass sich in der deutschen Einigungsfrage eine → kleindeutsche Lösung anbahnte. Der Norddeutsche Bund bildete die Keimzelle des 1871 gegründeten Deutschen Reichs.

Nordische Kriege (1655–1660 und 1700–1724) Kriege um die schwedische Vorherrschaft in Nordeuropa zwischen Schweden, Brandenburg, Dänemark, Polen, Russland und dem Deutschen Reich in wechselnden Bündnissen. Nach mehreren militärischen Erfolgen erlitt der schwedische König Karl XII. eine entscheidende Niederlage gegen Russland. Schweden verlor seine Stellung als Großmacht, da es die baltischen Staaten und Karelien an Russland abtreten musste. Russland ging als Sieger aus dem Krieg hervor, hatte einen Zugang zur Ostsee gewonnen und war europäische Großmacht geworden.

Normaljahr (lat. *annus normalis* oder *annus decretorius*) Im → Westfälischen Frieden wurde das Jahr 1624 als Normaljahr festgelegt, um den Besitzstand zu bestimmen. Der 1. Januar 1624 war für den Besitz verbindlich, der beibehalten oder wiederhergestellt werden sollte.

Notverordnungen Aufgrund → Artikel 48 der Weimarer Verfassung konnte der → Reichspräsident zur „Wiederherstellung der öffentlichen Sicherheit und Ordnung" in Notfällen Notverordnungen erlassen. Notverordnungen hatten Gesetzescharakter und konnten ohne Mitwirkung des Parlaments beschlossen werden.

Zwischen 1930 und 1933 regierten die durch den Reichspräsidenten eingesetzten → Präsidialkabinette nur mit Notverordnungen. So wurde die in der → Weimarer Verfassung verankerte → Gewaltenteilung außer Kraft gesetzt, was den Nationalsozialisten die → Machtergreifung erleichterte.

Novemberrevolution Die deutsche Revolution vom November 1918 war die unmittelbare Folge der Niederlage im → Ersten Weltkrieg und der schlechten wirtschaftlichen Lage der Bevölkerung. Den Anlass zur Revolution gab ein Matrosenaufstand in Wilhelmshaven gegen einen militärisch sinnlosen Einsatzbefehl der kaiserlichen Marine. In Berlin verkündete Reichskanzler Max von Baden angesichts der sich ausbreitenden Unruhen eigenmächtig den Rücktritt Kaiser Wilhelms II. Um Deutschland vor radikalen Kräften zu schützen, die ein Rätesystem (→ Arbeiter- und Soldatenräte) nach den Prinzipien des → Marxismus-Leninismus errichten wollten, rief am 9. November der Sozialdemokrat die Republik aus. Karl Liebknecht rief Philipp Scheidemann kurze Zeit später die „Freie sozialistische Republik" aus. Die Novemberrevolution führte zur Abschaffung der Monarchie und zur Errichtung einer parlamentarischen Demokratie, der → Weimarer Republik, jedoch ohne soziale Umwälzung wie bei der russischen → Oktoberrevolution 1917.

Nürnberger Gesetze Die auf dem Reichsparteitag der NSDAP in Nürnberg 1935 verkündeten Gesetze nahmen den Juden ganz elementare → Grundrechte. Nach dem „Reichsbürgergesetz" waren Juden nur noch Staatsbürger ohne politische Rechte. Zum Beispiel verbot das „Gesetz zum Schutz des deutschen Blutes und der deutschen Ehre" bei Gefängnisstrafe die Eheschließung sowie außereheliche Beziehungen zwischen Juden und „Staatsangehörigen deutschen Blutes".

Die Nürnberger Gesetze waren ein Schritt auf dem Weg zur Vernichtung der jüdischen Bevölkerung.

Nürnberger Prozesse Gerichtliches Verfahren des Internationalen Militärgerichtshofs zwischen 1945 und 1949 gegen die führenden Vertreter des Dritten Reiches. Der Hauptprozess gegen 22 Angeklagte schloss mit zwölf Todesstrafen und ansonsten mit langen Haftstrafen. Zum Tode wurden u. a. Hermann Göring. Alfred Jodl, Alfred Rosenberg und Wilhelm Keitel verurteilt.

Die Nürnberger Prozesse wurden als „Siegerjustiz" kritisiert, weil Straftatbestände rückwirkend eingeführt wurden und alliierte Kriegsverbrechen nicht bestraft wurden. Die Prozesse erfüllten aber im Rahmen der → Entnazifizierung eine wichtige Funktion, denn sie führten der deutschen Bevölkerung das Ausmaß der bisher unbekannten Verbrechen aus der Zeit des → Nationalsozialismus vor Augen. Weitere Prozesse gegen Beamte des Auswärtigen Amtes, Industrielle, SS-Ärzte und KZ-Aufseher folgten.

O

Oberhaus Erste Kammer des britischen Parlaments und Bestandteil des → Zweikammersystems. Die Mitglieder haben ihren Sitz geerbt oder werden vom britischen Königshaus ernannt. Im Lauf der Geschichte hat das Oberhaus zunehmend an Bedeutung gegenüber dem → Unterhaus verloren.

Oder-Neiße-Linie 1945 im → Potsdamer Abkommen festgelegte Demarkationslinie zwischen Deutschland und den Ostgebieten, die von Polen verwaltet wurden. Sie verlief von der Ostsee entlang der Oder und der westlichen Neiße bis zur tschechischen Grenze. Die Bundesregierung akzeptierte sie im Warschauer Vertrag (1970) und in der → KSZE-Schlussakte (1975) als westliche Staatsgrenze Polens. Nach der deutschen Wiedervereinigung legte der deutsch-polnische Grenzvertrag vom 16. Januar 1992 die Grenze entlang der Oder-Neiße-Linie völkerrechtlich verbindlich fest.

Oktoberrevolution Die Ursachen für die Erhebung lagen in der Unzufriedenheit der russischen Bevölkerung wegen der Verweigerung demokratischer Reformen durch den Zaren, in Verfallserscheinungen im Zarenhaus und im unglücklichen Verlauf des → Ersten Weltkrieges für Russland. Am 7. November 1917 (nach dem damaligen russischen Kalender der 25. Oktober) erstürmten die → Bolschewisten in einem von Leo Trotzki organisierten → Putsch den Petersburger Sitz der provisorischen Regierung Russlands. Diese hatte nach dem Sturz des Zaren versucht, eine parlamentarische Demokratie aufzubauen. Unmittelbar darauf bildeten die Bolschewisten unter der Führung Wladimir I. Lenins den „Rat der Volksbeauftragten" als neue Regierung. Das Ereignis wurde in der späteren Sowjetunion als „Große Sozialistische Oktoberrevolution" zum revolutionären Mythos stilisiert, obwohl die für eine Revolution typische Beteiligung der Volksmassen keineswegs gegeben war. Als revolutionär ist allerdings der geschichtliche Umschwung zu werten, der mit dem Geschehen für Russland und die Welt verbunden war.

Oligarchie (gr. *oligarchie* Herrschaft der Wenigen) Die Herrschaft einer kleinen Gruppe, z. B. Familien, Clans oder reichen bzw. adeligen Großgrundbesitzern. In der griechischen Staatstheorie ist die Oligarchie die Verfallsform der → Aristokratie. Heute bezeichnet der Begriff Herrschaftsverhältnisse, in denen die Entscheidungsprozesse trotz oft formal demokratischer Strukturen bei eng begrenzten Gruppen liegen (z. B. Parteidiktatur).

Olymp Bergmassiv in Thessalien, mit 2111 m höchster Berg Griechenlands. In der Antike galt er als Wohnsitz der griechischen Götter.

Olympiade Zeitraum von vier Jahren zwischen zwei Olympischen Spielen, oft auch als Bezeichnung für die Spiele selbst verwendet. Darüber hinaus sind die Olympiaden eine Zeiteinheit zur Datierung in der griechischen Antike. Da man die ersten Olympischen Spiele aufgrund von Siegerlisten auf 776 v. Chr. nach unserer Zeitrechnung datiert hatte, war z. B. das erste Jahr der 75. Olympiade das Jahr 480 v. Chr., das Jahr der Schlacht von Salamis.

Opiumkrieg Kolonialkrieg zwischen China und Großbritannien von 1840 bis 1842, mit dem die Unterwerfung Chinas unter die wirtschaftlichen Interessen europäischer Staaten begann. Nachdem die chinesische Regierung die massenhafte Opiumeinfuhr durch die britische East India Company untersagt und 1 000 Tonnen Rauschgift beschlagnahmt hatte, zwangen die britischen Truppen China 1842 zum Frieden von Nanking. China musste Hongkong an Großbritannien abtreten und den Briten eine Reihe von Handelsvergünstigungen gewähren. Für China begann damit eine Periode des

Niedergangs und der Bevormundung durch europäische Kolonialmächte, die u. a. 1900 den → Boxeraufstand auslöste.

Opposition (lat. *opponere* entgegensetzen) Politische Gegenbewegung, die in einer Demokratie der Regierungsmehrheit mit der Aufgabe gegenübersteht, die Regierungsgeschäfte zu kontrollieren, zu kritisieren und politische Alternativen aufzuzeigen.

Optimaten (lat. *optimus* der Beste) Die konservative Mehrheit der römischen Senatsaristokratie, die in der Krise der Republik (Ende des 2. Jhs v. Chr.) die traditionelle Senatsherrschaft und die Interessen der Großgrundbesitzer gegen die Reformforderungen der → Popularen verteidigte.

Orakel Weissagung über Zukünftiges oder räumlich Entferntes, meist in verschlüsselter Form, die erst gedeutet werden muss (Orakelspruch). Gleichzeitig auch Ort der Weissagung z. B. das Orakel von Delphi (Orakelstätte). Orakelsprüche konnten auf vielerlei Weise zustande kommen: Durch Weissagung von Priestern (→ Auguren) oder weisen Frauen (Sibyllen) sowie durch die Deutung naturmagischer Vorgänge wie z. B. Blätterrauschen, Blitz und Donner, Vogelflug (→ Auspizien) oder Eingeweideschau.

Orden (lat. *ordo* Ordnung) Klösterliche Gemeinschaft, deren Mitglieder ihr Leben in den Dienst einer bestimmten Idee stellen. Der Eintritt in einen Orden bedeutet die lebenslange Verpflichtung auf dessen Regeln. Neben den geistlichen Orden – z. B. Benediktiner oder Franziskaner – deren Angehörige die Gelübde von Armut, Gehorsam und Keuschheit ablegen, existieren auch weltliche Orden wie der Orden vom Goldenen Vlies. → Ritterorden

Ordensburg Schule, in denen die NSDAP ihren „Führungsnachwuchs" ausbildete. In den drei Ordensburgen „Crössinsee" in Pommern, „Vogelsang" in der Eifel und „Sonthofen" im Allgäu fand allerdings bis 1939 nur jeweils ein Lehrgang statt. Im Zweiten Weltkrieg wurden in den Ordensburgen → Adolf-Hitler-Schulen untergebracht.

Orient-Dreibund Nach dem Untergang des Osmanischen Reichs kam es 1887 zum Bündnis zwischen Großbritannien, Österreich-Ungarn und Italien zum Schutz der Türkei gegen Russland.

Zentraler Punkt des Zusammenschlusses war die Meerengenfrage, da Großbritannien die gesicherte Dardanellendurchfahrt für den Weg nach Indien brauchte.

Osmanisches Reich Reich der Türken, nach der Herrscherfamilie der Osmanen benannt. In seiner Blütezeit um 1600 umfasste das Reich Nordafrika, den Nahen Osten und den gesamten Balkan einschließlich des größten Teils Ungarns. Mit der gescheiterten Belagerung Wiens 1683 begann der Niedergang des Osmanischen Reiches.

Österreichischer Erbfolgekrieg Auseinandersetzung um die habsburgische Erbfolge (1740–1748) nach dem Tod Karls VI. Trotz der → Pragmatischen Sanktion, mit der der Kaiser die weibliche Erbfolge durchsetzen wollte, kam es zu einem europäischen Krieg, durch den Frankreich und Preußen eine Aufteilung Österreichs erreichen wollten. Friedrich II. von Preußen nutzte die Gelegenheit zur Besetzung von Schlesien und löste damit die → Schlesischen Kriege aus. Österreich konnte aber durch die Unterstützung Englands seine Stellung als Großmacht erfolgreich verteidigen.

Ostindische Kompanie (engl. *East India Company, E. I. C.)* Die Ostindische → Handelskompanie wurde 1599 von England gegründet und erhielt 1600 das Monopol für den Handel mit Ostindien, wo sie die niederländischen Kaufleute verdrängte.

Ostpolitik Im Rahmen der Entspannungspolitik ging es der 1969 gewählten sozialliberalen Bundesregierung unter Bundeskanzler Willy Brandt darum, die nach dem → Zweiten Weltkrieg geschaf-

Die Marienburg an der Weichsel (Polen). Von 1309 bis 1466 regierte der Hochmeister des Deutschen Ordens von hier aus den preußischen Ordensstaat, einen der bestorganisierten und finanzkräftigsten Staaten Europas.

fenen Realitäten anzuerkennen und die Beziehungen zwischen Ost und West zu verbessern. Vereinbart wurde die Aufnahme der diplomatischen Beziehungen mit allen Ostblockstaaten. Im Moskauer Vertrag (1970) und im Warschauer Vertrag (1970) erkannte die Bundesregierung die bestehenden Grenzen in Europa an (→ Oder-Neiße-Linie). Im → Grundlagenvertrag (1972) akzeptierte die Bundesrepublik des Status der DDR, ohne sie jedoch völkerrechtlich anzuerkennen. Über die Ostpolitik wurde im Bundestag zwischen Regierung und Opposition heftig gestritten.

Ostrakismus → Scherbengericht

Ostrom Abendländische Bezeichnung für den östlichen Teil des Römischen Reiches nach der Reichsteilung 395 n. Chr. Nach dem Zusammenbruch des Weströmischen Reichs 476 n. Chr. galt Konstantinopel, die Hauptstadt des Oströmischen Reiches, als „Zweites Rom". Abgesehen von der Pflege des römischen Rechts folgte Ostrom in Staatsverständnis, Regierungspraxis und kaiserlichem Selbstverständnis aber eher orientalischen Traditionen. Vor allem die bildende Kunst und die Religion (Ostkirche) nahmen eine eigene Entwicklung. Aus dem Oströmischen Reich entstand das → Byzantinische Reich.

Ostsiedlung Siedlungsbewegung des 12. bis 14. Jhs, an der neben Schweden, Dänen und slawischen Fürsten vor allem deutsche Ritter, Bürger und Bauern beteiligt waren. Die Ostsiedlung führte zur Verdoppelung des deutschen Siedlungsgebiets, das sich um die Mitte des 12. Jhs bis zur Elbe-Saale-Linie, im 14. Jh. bis an die Ostgrenzen Ostpreußens, Schlesiens und des heutigen Burgenlandes erstreckte. Auch in Polen, in Rumänien (Siebenbürgen) und im Baltikum siedelten sich Deutsche an.

Bei der Ostsiedlung handelt es sich, von Ostpreußen abgesehen, um einen friedlichen Vorgang, da die Siedlungsbewegung den Interessen der einheimischen Fürsten entsprach. Durch die Ostsiedlung verbreiteten sich das Städtewesen, die Adelskultur und das Rechtssystem des Abendlandes über das östliche Mitteleuropa.

OSZE → Konferenz für Sicherheit und Zusammenarbeit in Europa (KSZE)

P – Q

Pallium (1) In der römischen Antike ein mantelartiges Kleidungsstück, dessen Tragen Männern vorbehalten war. (2) Seit dem Mittelalter wollene Schmuckbinde mit schwarzen Kreuzen als Amtszeichen des → Erzbischofs.

Panamerikanismus Seit 1824 existieren Bestrebungen, die Zusammenarbeit zwischen den Staaten des amerikanischen Kontinents im Geiste guter Nachbarschaft zu vertiefen. 1948 entstand daraus die Organisation Amerikanischer Staaten (OAS).

Panslawismus Diese Bewegung hatte im 19. Jh. das Ziel des politischen und kulturellen Zusammenschlusses aller Slawen. Die in Österreich-Ungarn lebenden Slawen strebten nach Unabhängigkeit und wurden darin von Russland unterstützt, das sich als Haupt des Panslawismus verstand. Die dadurch entstandenen Spannungen zwischen Russland und Österreich entluden sich in der → Bosnischen Krise und im → Ersten Weltkrieg.

Papst (lat. *papa* Vater) Bischof von Rom, der als Nachfolger des Apostels Petrus seit der Spätantike den Vorrang vor allen übrigen kirchlichen Autoritäten beanspruchte (Primat Petri). Als Oberhaupt der römisch-katholischen Kirche wurde der Papst 754 Herrscher über ein eigenes Staatswesen, den → Kirchenstaat.

Papstwahldekret Erlass des Papstes Nikolaus II. (1059), nach dem ausschließlich die → Kardinäle den Papst wählen. Damit wurde der politische Einfluss (z. B. der römischen Adelsfamilien oder der deutschen Könige) auf die Papstwahl und damit auf die Kirche zurückgedrängt.

Pariser Kommune (franz. *commun* gemeinschaftlich) Nach der Niederlage im → Deutsch-französischen Krieg entstand in Paris eine patriotische, sozialrevolutionäre Bewegung gegen die vom besitzenden Großbürgertum getragene Regierung. Nach deren Vertreibung stellten Bildungsbürger, Handwerker und Gewerbetreibende die Mehrheit des im März 1871 gewählten Parlaments, die Kommune. Durch innere Zerstrittenheit geschwächt, wurde die Kommune im Mai 1871 von Regierungstruppen blutig zerschlagen.

Parlament (franz. *parlement* Unterhaltung, Erörterung) Ursprünglich als Vertretung der Stände verwendet, bezeichnet Parlament heute die Vertretung des ganzen Volkes.

In England existiert seit dem 13. Jh. (→ Magna Charta) eine zentrale Ständeversammlung mit zwei Kammern, dem „House of Lords“ und dem „House of Commons“. In der Neuzeit bezeichnet Parlament die gewählte Vertretung eines Landes. In den Demokratien des 20. Jhs nimmt das aus allgemeinen Wahlen hervorgegangene Parlament als oberstes Staatsorgan die Legislative (→ Gewaltenteilung) wahr und wählt meist auch die Regierung. Die Parlamente tragen in den verschiedenen Ländern eigene Bezeichnungen, wie z. B. Bundestag (Deutschland), Landtag (deutsche Bundesländer), Nationalversammlung (Frankreich), Unterhaus (Großbritannien), Duma (Russland), Kongress (USA).

Parlamentarischer Rat Versammlung von 65 Abgeordneten der elf westdeutschen Landtage, die am 1. September 1948 in Bonn zusammentraten, um das → Grundgesetz für die Bundesrepublik Deutschland zu erarbeiten. Konrad Adenauer (CDU) war der Präsident des Rates und Carlo Schmid (SPD) der Vorsitzende des Hauptausschusses. Am 8. Mai 1949 stimmte die Mehrheit der Abgeordneten dem erarbeiteten Verfassungsentwurf zu. Nachdem die Militärgouverneure der westlichen Besatzungsmächte ihn genehmigt hatten, trat das → Grundgesetz am 23. Mai 1949 in Kraft. Die Arbeit des Parlamentarischen Rates stand in der Tradition der Nationalversammlung von 1848 in der → Paulskirche und der → Weimarer Nationalversammlung von 1919.

Parteien (lat. *pars* Anteil, Gruppe) Nach der Revolution 1848/49 hatten sich in Deutschland vier Richtungen von politischen Parteien ausgebildet: konservative, liberale, sozialistische Parteien und das Zentrum, die Partei des politischen Katholizismus. Mit der Einführung der parlamentarischen → Demokratie in der → Weimarer Republik (1919) saßen die gewählten Vertreter der Parteien im Reichstag und bildeten die Regierung. Im nationalsozialistischen Deutschland existierte nach dem Verbot der anderen Parteien nur die NSDAP. Nach dem → Zweiten Weltkrieg entwickelten sich in der Bundesrepublik Deutschland mit der CDU/ CSU und der SPD zwei große Volksparteien, deren Programme sich in wesentlichen Fragen zunehmend annäherten.

Laut Grundgesetz (Art. 21) wirken die Parteien bei der politischen Willensbildung des Volkes mit. Ihr Ziel ist, die Macht im Staat zu kontrollieren (Oppositionspartei) bzw. die Regierung selbst zu übernehmen (Regierungspartei).

Patricius (lat. *pater* Vater) Im antiken Rom Bezeichnung für → Patrizier. Im Mittelalter Ehrentitel, der besonders dem Schutzherrn der Stadt Rom zukam.

Mit diesem Titel begründeten die fränkischen und deutschen Könige das Recht auf die Ein- bzw. Absetzung des Papstes.

Patrimonium Petri (Erbe des Petrus) Päpstliches Herrschaftsgebiet. → Kirchenstaat

Patrizier (lat. *patres* Väter, Vorfahren) Adelige Führungsschicht im antiken Rom, die ihren sozialen und politischen Rang von der Leistung ihrer Vorfahren für die Gründung der Republik ableitete. Im Mittelalter die städtische Oberschicht der reichen, „ratsbürtigen" Kaufmannsfamilien, die die Ratsherren stellten. Die Herrschaft des Patriziats wurde jeweils in → Ständekämpfen bzw. Zunftaufständen zugunsten erweiterter politischer und sozialer Rechte der → Plebejer bzw. der → Zünfte eingeschränkt.

Patron → Klientel

Paulskirche Kirche in Frankfurt am Main, in der 1848/49 als Folge der → Märzrevolution die deutsche → Nationalversammlung mit dem Ziel der Reichsgründung tagte.

Pauperismus Durch Bevölkerungswachstum, → Bauernbefreiung und Gewerbefreiheit hervorgerufene Massenarmut in der Zeit von 1800 bis 1850. Der Pauperismus wurde mit der → Industriellen Revolution beseitigt.

Pax Romana (lat. römischer Friede) Bezeichnung für die Friedensordnung des Römischen Reiches, die Augustus erstmals als Programm formulierte (*Pax Augusta*). Für die unterworfenen Reichsgebiete bedeutete die Pax Romana einerseits zivilisatorische Bereicherung, z. B. in Architektur oder Landwirtschaft (Weinbau). Andererseits beruhte die römische Herrschaft zumindest zunächst auf Unterdrückung. Zwischen dem Ziel eines zivilisatorischen Weltfriedens und den angewandten Methoden bestand also häufig ein Widerspruch.

Peloponnesischer Krieg Dieser Krieg von 431 bis 404 v. Chr. zwischen Athen und Sparta markiert den Höhepunkt des Dualismus zwischen den beiden Großmächten infolge der → Perserkriege. Da beide Gegner von ihren Verbündeten unterstützt wurden (Peloponnesischer Bund bzw. → Attischer Seebund), weitete sich der Krieg zu einem gesamtgriechischen Bruderkrieg aus, in dem es letztlich um den Führungsanspruch in Griechenland ging. Der Krieg endete mit der vernichtenden Niederlage Athens, hatte am Ende aber auch die Kräfte Spartas erschöpft.

Penaten Römische Hausgötter, die die Familie beschützten. Allgemein auch als Bezeichnung für das häusliche Eigentum oder die Heimat verwendet.

Perestroika (russ. Umbau) 1985 bekannt gewordenes Schlagwort, das zusammen mit „Glasnost" (russ. Offenheit) das Reformprogramm des damaligen sowjetischen Parteichefs Michail Gorbatschow beschreibt. Es zielte darauf ab, in Staat und Wirtschaft demokratische Elemente einzuführen, ohne aber den Sozialismus abzuschaffen. Voraussetzung für Perestroika war Glasnost. Viele Probleme, die in der Sowjetunion geleugnet wurden – wie z. B. Zensur, Korruption oder Geschichtsfälschung – sollten offen angesprochen werden.

Personalunion Verbindung von zwei selbstständigen Staaten durch einen gemeinsamen Herrscher; im Gegensatz zur Realunion, bei der die Staaten auch gemeinsame Institutionen wie Regierung oder Parlament besitzen. Beispiele für eine Personalunion waren Hannover und England von 1714 bis 1837 oder Dänemark und Schleswig-Holstein von 1459 von 1864.

Glasnost und Perestroika ermöglichten das Treffen zwischen Helmut Kohl und Michail Gorbatschow 1990, das die entscheidenden Weichen für die Wiedervereinigung Deutschlands stellte.

Periöken In der Antike die bäuerlichen Bewohner des spartanischen Umlandes. Sie waren zwar persönlich frei und kämpften im Heer mit, besaßen aber keine politischen Rechte.

Perserkriege In mehreren Schlachten verteidigten die griechischen Stadtstaaten, vor allem Athen und Sparta mit ihren Verbündeten, ihre Freiheit gegen den persischen Herrschaftsanspruch. Entscheidende Etappen waren der Sieg Athens 490 v. Chr. bei Marathon (Marathonlauf!), der Sieg der griechischen Flotte bei Salamis 480 v. Chr. sowie 479 der Sieg des griechischen Heeres bei Platäa. Mit einem Kompromiss beendete der Kalliasfrieden 449/48 den Krieg: die kleinasiatischen Griechenstädte wurden autonom und Athen verzichtete auf weitere Angriffe gegen Persien. Die Perserkriege wurden von den Griechen als Kampf zwischen → Europa und Asien gedeutet, wobei Europa für Freiheit, Asien für Despotie stand.

Personenverbandsstaat Ältere Form des Staates, der noch keine Institutionen ausgebildet hatte, sondern auf einem Zusammenschluss von Personen beruhte. Der Personenverbandsstaat war für Politik-, Heeres- und Gerichtswesen unmittelbar zuständig. Im Lauf des Spätmittelalters entwickelte er sich zum institutionellen → Flächenstaat. → Staat

Peuplierung (franz. *peuple;* lat. *populus* Volk) Maßnahme zur Vermehrung der Bevölkerung in einem Land. Zu diesem Mittel griffen vor allem die deutschen Fürsten im → Merkantilismus, um die Bevölkerungsverluste des → Dreißigjährigen Krieges auszugleichen. Sie förderten deshalb die Einwanderung, z. B. der → Hugenotten, und erleichterten die Ansiedlung durch finanzielle und rechtliche Anreize.

Pfahlbürger Seit dem Ende des 12. Jhs Bezeichnung für städtische Bürger, die nicht innerhalb der Stadtbefestigung lebten, sondern bei den äußeren Pfählen.

Pfälzischer Erbfolgekrieg Krieg Ludwigs XIV. zur Durchsetzung von Erbansprüchen auf die Pfalz (1688–97). Nachdem die Pfalz von französischen Truppen besetzt und verwüstet worden war, unterlag Frankreich der Koalition aus Deutschem Reich, England, den Niederlanden und Spanien und musste die Pfalz und einen Teil der zuvor reunierten Gebiete zurückgeben. Der Pfälzische Erbfolgekrieg markiert damit eine Wende in der Expansionspolitik Ludwigs XIV.

Pfründe Einkommen von Geistlichen aus Ländereien oder Kirchenämtern.

Phalanx (gr. Walze) Feste Schlachtordnung der schwerbewaffneten griechischen Fußsoldaten, der → Hopliten.

Phylen (gr. Stamm) Im antiken Griechenland gliederten sich die Stämme nach verwandtschaftlichen, religiösen, sozialen oder rechtlichen Kriterien. Die zehn athenischen Phylen wurden seit den → Kleisthenischen Reformen ausschließlich nach geografischen Kriterien gebildet. Diese neue Ordnung drängte alte, gewachsene religiöse und soziale Bindungen zugunsten einer Bevölkerungsgliederung nach rationalen Gesichtspunkten zurück.

Physiokraten (gr. *physis* Natur und *kratein* herrschen) Wirtschaftstheoretiker der → Aufklärung. Sie vertraten die Auffassung, dass der Reichtum eines Landes nicht vom Handel, sondern allein aus der Landwirtschaft stamme. Deshalb dürfe dieser Wirtschaftszweig nicht vom Staat behindert werden. Durch den freien Austausch von Gütern und Geld entstehe dann ein Wirtschaftskreislauf.

Die Lehren der Physiokraten standen im Gegensatz zum → Merkantilismus. Sie wurden von Adam Smith aufgegriffen und zur klassischen Nationalökonomie weiterentwickelt. → Marktwirtschaft

Pietismus (lat. *pietas* Frömmigkeit) Erneuerungsbewegung in er deutschen protestantischen Kirche seit dem 17. Jh. Anstelle einer erstarrten orthodoxen Lehre setzte der Pietismus die lebendige Frömmigkeit des Einzelnen, der sich vor allem in tätiger Nächstenliebe äußern sollte. Der Pietismus gab der protestantischen Kirche wichtige Impulse und wirkte durch Johann Gottfried Herder und Friedrich Gottlieb Klopstock auch auf die deutsche Literatur.

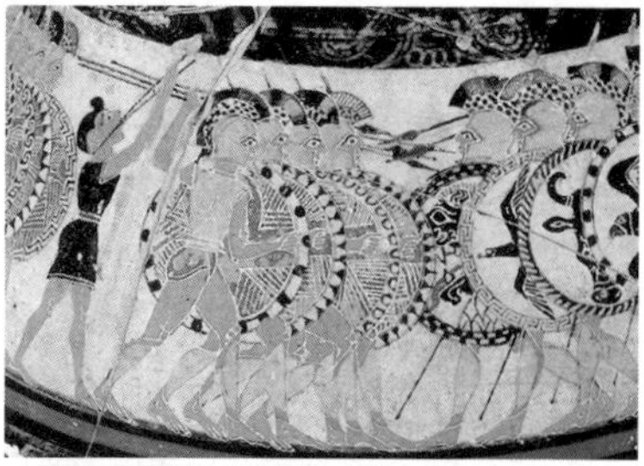

Die dichte Formation einer Hoplitenphalanx

Pippinische Schenkung 754 schenkte Pippin III. Papst Stephan II. als Gegenleistung für die Salbung zum König Gebiete in Mittelitalien, die er von den Langobarden erobert hatte. Diese Schenkung bildete den Grundstock für den → Kirchenstaat. Während Pippin und seine Nachfolger die Ansicht vertraten, dass eine königliche bzw. kaiserliche Oberhoheit über dieses Gebiet bestand, ging das Papsttum davon aus, dass die Pippinische Schenkung lediglich die Bestätigung der → Konstantinischen Schenkung sei. In der Verschränkung zwischen geistlichen und weltlichen Befugnissen – der König als „Gesalbter des Herrn“, der Papst als weltlicher Herrscher – lag der Keim für den → Investiturstreit.

Planwirtschaft (Zentralverwaltungswirtschaft) Wirtschaftsform, in der nicht private Unternehmen nach dem Prinzip von Angebot und Nachfrage wirtschaften (→ Marktwirtschaft), sondern staatseigene Unternehmen nach den Vorgaben einer staatlichen Plankommission produzieren. Diese legt auch die Preise für Güter und Dienstleistungen sowie für Arbeit (Löhne) fest. Das Plansystem erfordert eine gewaltige Bürokratie und kann nicht auf die Veränderungen des Weltmarktes reagieren. Wegen des fehlenden Wettbewerbs werden die Qualität der Produkte und die Investition in die Entwicklung neuer Produkte vernachlässigt.

Plebejer (lat. *plebs* Menge) Die Masse der freien, nichtadeligen Bevölkerung Roms, zu der auch begüterte Familien gehörten. Zu Beginn der Republik hatten die Plebejer keine politischen Rechte. In den → Ständekämpfen (494–287 v. Chr.) erstritten sie von den → Patriziern den Zugang zu politischen Ämtern und Ehrenstellen sowie eine weitgehende politische Gleichberechtigung. Ab dem 3. Jh. v. Chr. hatten auch die Beschlüsse der Plebsversammlung (→ Plebiszit) unter der Führung der → Volkstribunen Gesetzeskraft. Die Gleichsetzung der Plebejer mit der untersten Volksschicht (*plebs*) stammt erst aus der Kaiserzeit.

Plebiszit (lat. Beschluss der Plebs, Volksentscheid) (1) In der Römischen Republik die Beschlüsse der Plebsversammlung, die seit 287 v. Chr. dieselbe Gesetzeskraft besaßen wie die nominell vom ganzen Volk angenommenen Gesetze. (2) Seit dem 19. Jh. versteht man unter dem Plebiszit eine Volksabstimmung über konkrete Einzelfragen, die nur mit „ja" oder „nein" beantwortet werden können, z. B. die Volksabstimmungen nach Versailles 1918. Da das Ergebnis durch die Fragestellung gelenkt werden kann, ist das Plebiszit problematisch. Hinzu kommt, dass Plebiszite von Alleinherrschern oder Diktatoren missbraucht werden können, um bestimmte politische Ziele durchzusetzen, z. B. das Plebiszit, mit dem Napoleon sich nach der Französischen Revolution zum Kaiser machte.

Pogrom (russ. Verwüstung) Gewalttätige Ausschreitung gegen die jüdische Bevölkerung, im weiteren Sinne auch gegen andere Minderheiten. Bekannt sind die Judenpogrome des Mittelalters, die des 19. Jhs im Zarenreich und im 20. Jh. vor allem die → „Reichskristallnacht" vom 9. auf den 10. November 1938.

Polis (gr. Burg, Siedlung, Stadt) Griechischer Stadtstaat, dessen Blütezeit im 6.–4. Jh. v. Chr. lag. Eine Polis bestand aus der → Akropolis, einer am Fuß des Bergs gelegenen Wohnsiedlung mit einem Marktplatz, der → Agora, als politischem und wirtschaftlichen Zentrum und dem oft landwirtschaftlich genutzten Umland.

Kennzeichen der Polis waren wirtschaftliche Unabhängigkeit (→ Autarkie) sowie Selbstständigkeit in der Gestaltung der inneren Angelegenheiten und Freiheit in den Außenbeziehungen (→ Autonomie). Das Gebiet der Polis, d. h. der Stadt mit dem umliegenden Land, war vergleichsweise klein, weshalb den Bürgern der Überblick und die Entscheidung über alle die Polis betreffenden Fragen (Politik) möglich war.

Politbüro (politisches Büro) Gruppe von ca. 20 Mitgliedern, die in kommunistischen Parteien alle grundsätzlichen politischen und organisatorischen Entscheidungen für alle Bereiche des öffentlichen Lebens fällt. Der Generalsekretär der Partei leitet die Sitzungen.

In der → DDR gab das Politbüro die „Parteilinie" der → SED vor und war das eigentliche Machtzentrum des Staates.

Polnische Teilungen Aufteilung des polnischen Staatsgebietes im 18. Jh. Gegen den zunehmenden Einfluss Russlands setzten Preußen und Österreich Gebietsabtretungen Polens an alle drei Großmächte durch (1. polnische Teilung 1772). Der Versuch des polnischen Königs, den Staat durch Reformen zu festigen, führte zum militärischen Eingreifen Russlands und Preußens, die erneut Gebietsabtretungen erzwangen (2. polnische Teilung 1793). Zwei Jahre später teilten Preußen, Österreich und Russland das restliche Polen unter sich auf. Eine 4. polnische Teilung erfolgte 1939 auf der Grundlage des → Hitler-Stalin-Paktes.

Polytheismus (gr. Vielgötterei) Eine Religion, in der im Gegensatz zum → Monotheismus viele Götter verehrt werden, wie z. B. bei den Ägyptern, den Griechen, Römern und Germanen.

Popularen (lat. *populus* das Volk) Mitglieder der römischen Senatsaristokratie, die während der Krise der Republik (Ende 2. Jh. v. Chr.) mit ihren Reformabsichten, z. B. einer Bodenreform oder der Verleihung des Bürgerrechts an weitere Bevölkerungsgruppen in Italien, offiziell die Interessen der besitzlosen → Proletarier (des „Volkes") vertraten. Sie wurden deshalb „Volksfreunde" genannt. Dagegen nannten sich ihre Gegner, der Senat und die Großgrundbesitzer, → Optimaten (die Besten). Bekannteste Vertreter der Popularen waren die Gracchen und Cäsar.

Potemkinsche Dörfer Der russische Fürst Potemkin war Berater der Zarin Katharina II. und Generalgouverneur in den kurz zuvor dem → Osmanischen Reich entrissenen neuen russischen Südprovinzen, wo er zahlreiche Städte gründete. Um den noch nicht vorhandenen Wohlstand des Landes vorzutäuschen, soll er während einer Krimreise der Zarin 1787 Attrappen von Dörfern entlang der Straßen errichtet haben. Heute meint der Begriff allgemein die Vorspiegelung falscher Tatsachen.

Potsdamer Abkommen Abschlusskommunikee der letzten Kriegskonferenz, zu der sich die „Großen Drei" 1945 in Potsdam trafen, um über die zukünftige Behandlung Deutschlands zu entscheiden. Josef Stalin, Harry Truman und Winston Churchill (später Clement Attlee) einigten sich auf fünf Grundsätze: Entmilitarisierung, Demontage, → Entnazifizierung und Demokratisierung sowie Dezentralisierung der deutschen Verwaltung.

Das Potsdamer Abkommen hielt fest, dass die wirtschaftliche Einheit des Landes gewahrt werden sollte. Faktisch erkannten die Regierungschefs die → Oder-Neiße-Linie als Westgrenze Polens an und billigten die Vertreibung der deutschen Bevölkerung aus Osteuropa.

Prädestination (lat. *praedestinare* vorherbestimmen) Wichtiger Bestandteil der calvinistischen Lehre (→ Calvinismus), nach der Gott den Menschen bereits vor der Geburt zur Seligkeit oder zur Verdammung bestimmt („doppelte Prädestination"). Da der Mensch am beruflichen Erfolg erkennen kann, ob er zu den von Gott Erwählten gehört, trug diese Lehre zum Entstehen des → Kapitalismus bei.

Prager Fenstersturz Am 23. Mai 1618 stürmten die Führer der protestantischen Stände aus Protest gegen die habsburgische Politik in Böhmen den Hradschin und warfen zwei kaiserliche Statthalter und einen Schreiber aus dem Fenster. Die spektakuläre Aktion löste den Böhmischen Aufstand aus, der sich zum → Dreißigjährigen Krieg ausweitete.

Die „großen Drei" Churchill, Truman und Stalin auf der Konferenz von Potsdam 1945

Prager Frühling Versuch tschechischer Politiker im Frühjahr 1968, das kommunistische System zu reformieren. Präsident Alexander Dubcek wollte einen „Sozialismus mit menschlichem Antlitz" schaffen. Er versprach der Bevölkerung mehr Rechte und größeren Wohlstand. Der Prager Frühling wurde am 21. August 1968 von Soldaten des → Warschauer Paktes, darunter auch Truppen der → Nationalen Volksarmee, gewaltsam beendet.

Pragmatische Sanktion Grundlegendes Staatsgesetz zur dauernden Regelung einer staatlichen Angelegenheit. Meistens bezeichnet der Begriff das Habsburger Hausgesetz von 1713, durch das Kaiser Karl VI. die Nachfolge beim Aussterben der Familie im Mannesstamm regelte. Die habsburgischen Länder sollten ungeteilt und auch über die weiblichen Nachkommen vererbt werden.

Obwohl die meisten europäischen Staaten der Pragmatischen Sanktion zustimmten, lösten der Tod des Kaisers 1740 und die Thronfolge Maria Theresias die → Schlesischen Kriege und den → Österreichischen Erbfolgekrieg aus.

Präsidialkabinette Regierungen in der Endphase der → Weimarer Republik (1930–1933), die keine Mehrheit im Parlament hatten und nur das Vertrauen des Reichspräsidenten besaßen. Die Reichskanzler Heinrich Brüning (1930–1932), Franz von Papen (1932) und Kurt von Schleicher (1932/33) setzten ihre Regierungsvorlagen nicht als Gesetze, sondern als → „Notverordnungen" des Reichspräsidenten auf Grundlage des → Artikels 48 der Reichsverfassung in Kraft. Die völlige Entmachtung des Reichstags ebnete den Weg zur „Machtergreifung" der Nationalsozialisten am 30. Januar 1933.

Präsidialsystem (lat. *praesidere* den Vorsitz haben) Demokratisches Regierungssystem, in dem das Präsidentenamt entscheidende Macht besitzt (→ Demokratie). Der Präsident wird direkt vom Volk gewählt und ist vom Vertrauen des Parlamentes unabhängig. Als Oberhaupt der → Exekutive ist er entweder gleichzeitig Staats- und Regierungschef (USA) oder er setzt als Staatschef die Regierung ein (Frankreich).

Prätor (lat. *praeire* vorangehen) Amtsbezeichnung für die höchsten Gerichtsbeamten im antiken Rom.

Pressburger Friede → Austerlitz

Preußenschlag („Preußenputsch") Rechtswidrige Absetzung der geschäftsführenden preußischen Landesregierung unter Ministerpräsident Otto Braun (SPD) durch Reichskanzler Franz von Papen am 20. Juli 1932. Durch den sog. Preußenschlag wurde die letzte sozialdemokratische Machtposition in der → Weimarer Republik ausgeschaltet.

Preußische Reformen (Stein-Hardenbergsche Reformen) Wiederaufbau Preußens von 1807–1814 mit umfassenden Reformen nach der Niederlage im Krieg gegen Napoleon (1806/1807).

Die von König Friedrich Wilhelm III. beauftragten Minister Heinrich Friedrich von Stein und August von Hardenberg reformierten die Staatsverwaltung und hoben die Erbuntertänigkeit der Bauern auf. Der Leiter des Kriegsministeriums Gerhard Johann David von Scharnhorst führte die allgemeine Wehrpflicht ein. Weite Bedeutung hatte auch die Bildungsreform; die durch Wilhelm von Humboldt gegründete Berliner Universität errang eine führende Stellung in Europa.

Durch den Erfolg der Reformen sicherte sich Preußen seit dem → Wiener Kongress einen Platz als europäische Großmacht.

Primogenitur (lat. *primogenitus* der Erstgeborene) Regelung, nach der dem Erstgeborenen die Erbfolge zusteht. Mit der Primogenitur war meist auch die Unteilbarkeit des Erbes festgelegt.

Prinzipat (lat. Herrschaft des ersten Mannes) Die von Augustus 27 v. Chr. begründete Herrschaftsordnung wahrte zwar die republikanischen Einrichtungen weitgehend, markiert aber tatsächlich als verkappte Form der Alleinherrschaft den Beginn des Kaisertums.

Angesichts der republikanischen Ablehnung der Alleinherrschaft, an der Julius Cäsar gescheitert war, wählte Augustus den Titel des „Ersten Bürgers" (*princeps*). Grundlagen seiner Macht waren das Heer, die kaiserliche Beamtenschaft, ein gewaltiges Privatvermögen und die Vereinigung wichtiger Amtsbefugnisse und Vorrechte in seiner Person. Entscheidend jedoch war seine persönliche Autorität (*auctoritas*).

Abb. oben: Für alle Provinzen war die Stadt Rom Vorbild. Der Einfluss zeigte sich vor allem in der Architektur, etwa im Amphietheaters von Arles. Abb. links: Augustus verdeutlichte dem Volk seine Herrschaftsauffassung auch durch überall im Reich aufgestellte Statuen: Die berühmte „Panzerstatue" zeigt den Princeps, der den Weg in die Zukunft weist.

Privilegien Sonderrechte, durch die bestimmte Personen und Gruppen gegenüber anderen begünstigt werden. Auch die Urkunde, die diese Sonderrechte verbrieft, wird als Privileg bezeichnet.

Produktionsmittel Güter, die zur Herstellung industrieller Produkte benötigt werden, z. B. Fabrikgebäude und Maschinen. Der Begriff ist durch die → Ideologie des → Marxismus-Leninismus geprägt.

Proletarier (lat. *proles* Nachkommen) (1) Im antiken Rom die während der vielen Kriegszüge völlig verarmten Kleinbauern, die außer ihren Nachkommen und ihrem Bürgerrecht nichts besaßen. (2) Seit dem 19. Jh. versteht man unter Proletariern die Angehörigen des vierten Standes bzw. der untersten sozialen Klasse der abhängigen Lohnarbeiter, die außer ihrer Arbeitskraft nichts besitzen. Nach Karl Marx und der kommunistischen Ideologie sollte das Proletariat Träger der Weltrevolution werden. → Marxismus-Leninismus

Proskriptionen (lat. *proscribere* aufschreiben) Im antiken Rom öffentlich ausgehängte Listen mit den Namen der politischen Gegner, die ungestraft getötet werden konnten. Während der Bürgerkriege (1. Jh. v. Chr.) besonders von Sulla und den Cäsaranhängern angewandt, führten die Proskriptionen zu einem nachhaltigen Aderlass unter den profilierten Politikern Roms. Es überlebten vor allem die anpassungsbereiten Karrieristen, die Wegbereiter der Alleinherrschaft wurden.

Protestanten (lat. *protestari* beteuern, bezeugen) Name für die Anhänger der → Reformation. Als auf dem → Reichstag zu Speyer 1529 alle reformatorischen Veränderungen vorerst verboten wurden, protestierten Sachsen, Hessen, Brandenburg und mehrere Städte gegen diesen Beschluss. Der Name Protestanten, mit dem man zuerst diese Reichsstände bezeichnete, wurde später auf alle Lutheraner und Calvinisten übertragen.

Provinz In der Antike ein von Rom erobertes Gebiet außerhalb Italiens. Die Bewohner der Provinzen waren Untertanen ohne römisches Bürgerrecht (bis 212 n. Chr.) und mussten deshalb Steuern oder Tribute zahlen. Verwaltet wurden die Provinzen durch römische Stadthalter, die die Provinzen oft rücksichtslos ausbeuteten, wie z. B. Verres in Sizilien

In der Neuzeit Bezeichnung für größere Gebietseinheiten innerhalb eines Staates (z. B. die → Preußischen Provinzen).

Punische Kriege Die drei Kriege zwischen Römern und Karthagern (Puniern) um die Vorherrschaft im westlichen Mittelmeer, das die Karthager bereits mit ihrer Handelsflotte beherrschten und in das Rom nach der Eroberung Süditaliens nun ebenfalls ausgriff (264–241, 218–201, 149–146 v. Chr.).

Trotz schwerer Niederlagen gegen den karthagischen Feldherrn Hannibal (unter anderem in Cannae 216 v. Chr.) siegte Rom und machte Karthago 146 dem Erdboden gleich. Afrika wurde daraufhin römische Provinz. Der Verlauf und das Ergebnis der Punischen Kriege markieren zum einen den Beginn der römischen Weltherrschaft und zum anderen auch den Wandel der römischen Herrschaft. Die Römer sahen nun in ihren besiegten Gegnern nicht mehr die künftigen Bundesgenossen, sondern auszubeutende Untertanen.

Puritaner (engl. *pure*; lat. *purus* rein) Bezeichnung für eine Reformbewegung in der englischen Kirche seit der zweiten Hälfte des 16. Jhs.

Der Name wurde anfangs spöttisch für protestantische Gruppen gebraucht, die eine radikale Reinigung des Gottesdienstes vom katholischen Kultus durchsetzen wollten. Dadurch gerieten die Puritaner, deren Leben sich durch Einfachheit auszeichnete, in Konflikt mit der anglikanischen Kirche, sodass viele von ihnen in die USA auswanderten („Pilgerväter").

Ihre Forderungen nach einer Trennung von Staat und Kirche, nach Gewissensfreiheit und Toleranz beeinflussten auch die politische und kulturelle Entwicklung Englands und den USA.

Putsch Von einer meist kleinen Gruppe durchgeführter Umsturz oder Umsturzversuch, um auf gewaltsamem Weg die Macht im Staat zu erringen. Im Unterschied zum Staatsstreich sind die Putschisten nicht an der Regierung beteiligt, die sie stürzen wollen.

Pyrrhussieg Als Rom im Zuge seiner Expansion die Griechenstädte in Süditalien bedrohte, kam König Pyrrhus von Epiros diesen mit einem gewaltigen Heer zur Hilfe. Er siegte zwar (272 v. Chr.), aber unter derartig hohen Verlusten, dass er ausgerufen haben soll: „Noch ein solcher Sieg, und ich bin verloren!" Im sprichwörtlichen Sinne steht der Pyrrhussieg für einen zu teuer erkauften Sieg.

Quästor (lat. *questor* der Untersucher) Zuerst waren die Quästoren Untersuchungsrichter, später dann die für die Verwaltung der Staatsfinanzen zuständigen Beamten der Römischen Republik.

R

Rapallo-Vertrag 1922 in Rapallo unterzeichnetes Abkommen zwischen Sowjetrussland und Deutschland. Beide Länder verzichteten gegenseitig auf den Ersatz von Kriegsschäden, nahmen mit sofortiger Wirkung die 1918 unterbrochenen diplomatischen Beziehungen wieder auf und beschlossen, ihre Wirtschaftsbeziehungen auszuweiten.

Nach dem → Versailler Vertrag war der Rapallo-Vertrag der erste selbstständige außenpolitische Schritt Deutschlands. Bei den Westmächten bewirkte er erhöhtes Misstrauen, denn sie befürchteten, dass Deutschland mit seiner Ostpolitik Bestimmungen des Versailler Vertrags umgehen könnte.

Rat der Volksbeauftragen Aus der → Novemberrevolution von 1918 hervorgegangene, provisorische deutsche Regierung aus Vertretern der unabhängigen Sozialisten (USPD) und der Mehrheitssozialisten (SPD). In dieser Regierung setzten sich die Mehrheitssozialisten unter Friedrich Ebert gegen die Kräfte durch, die eine → Räteregierung für Deutschland wollten. Friedrich Ebert schloss ein Bündnis mit der Heeresleitung (→ Ebert-Groener-Abkommen) und setzte die Errichtung der parlamentarischen Demokratie durch. Nach der Wahl der → Weimarer Nationalversammlung vom 19. Januar 1919 übergab der Rat der Volksbeauftragten die Macht an die gewählten Volksvertreter.

Rat für Gegenseitige Wirtschaftshilfe → COMECON

Räterepublik Durch den → Marxismus-Leninismus entwickeltes Modell einer unmittelbaren Demokratie, in dem kleinste gesellschaftliche Einheiten (z. B. Betriebe) Räte wählen, die dann ihrerseits Räte auf der nächst höheren Ebene wählen, bis hin zur höchsten Ebene, dem Zentralrat. Alle Räte sind an die Weisungen ihrer Wähler gebunden und unterstehen deren Kontrolle. Das Rätesystem konnte sich in der Geschichte nirgends dauerhaft behaupten, vermutlich wegen der zu komplizierten Entscheidungsprozesse.

Rationalismus (lat. *ratio* Vernunft) Philosophie, die in der kritischen Vernunft die Quelle aller menschlichen Erkenntnis sieht und deshalb eine wichtige Voraussetzung der → Aufklärung wurde.

Die Rationalisten gingen davon aus, dass es Vernunftwahrheiten gibt, die unabhängig von der menschlichen Erfahrung existieren (René Descartes: „Cogito ergo sum"). Deshalb sahen sie in der Vernunft das Mittel, um die Welt oder Gott zu erkennen und zu erklären.

Reaktion (lat. *re-agere* dagegen handeln) Begriff für eine rückwärtsgewandte Politik, die nach Veränderungen bzw. revolutionären Entwicklungen die alten Verhältnisse wiederherstellen will, z. B. die Politik der deutschen Fürsten während der → Restauration.

Realismus (lat. *realitas* Wirklichkeit) Vorherrschende philosophische und literarische Richtung in der zweiten Hälfte des 19. Jhs, als die revolutionären und romantischen Ideale verblasst waren und Naturwissenschaft, Technik und Wirtschaft nicht nur die Gesellschaft, sondern auch das europäische Geistesleben zu prägen begannen.

Realunion → Personalunion

Reconquista (span. Rückeroberung) Zu Beginn des 8. Jhs hatten die Mauren die gesamte Pyrenäenhalbinsel mit Ausnahme der äußersten nördlichen Randgebiete eingenommen. Wenig später begannen christliche Heere diese Gebiete zurückzuerobern. Die Reconquista endete 1492 mit der Einnahme der letzten muslimischen Bastion Granada und ist das große Thema der mittelalterlichen Geschichtsschreibung Spaniens.

Reform (lat. *reformare* wiederherstellen, erneuern) Im Gegensatz zur → Revolution erstreben Reformen Veränderungen auf gewaltlose Weise. Nicht selten werden Reformen damit begründet, dass ein älterer, besserer Zustand wiederhergestellt werden soll (z. B. die → Gracchischen Reformen oder die → Kirchenreform des 11./12. Jhs).

Bewusst oder unbewusst erstreben Reformen aber meist grundsätzliche Neuerungen im Interesse einer besseren Zukunft, was ihnen unter Umständen geradezu revolutionäre Züge verleihen kann. Dies gilt ebenso für die → Solonischen und → Kleisthenischen Reformen im Athen des 6. Jhs v. Chr. wie für die → Preußischen Reformen Anfang des 19. Jhs oder die Deutsche Bildungsreform der 70er- und 80er-Jahre des 20. Jhs bzw. die politisch-sozialen Reformen in Osteuropa, Russland, China oder der Türkei.

Reformation (lat. *reformare* wiederherstellen, erneuern) Bewegung zur Erneuerung der Kirche im 16. Jh., die zur konfessionellen Spaltung führte. Als ihr Beginn gilt die Abfassung der 95 Thesen durch Martin Luther 1517, in denen er u. a. den → Ablasshandel kritisierte. Die in seinen weiteren Schriften entwickelte Lehre führte zur Trennung von der katholischen Kirche (→ Protestanten, → Augsburger Bekenntnis). Unabhängig davon kam es zur Reformation in der Schweiz durch Ulrich Zwingli und Jean Calvin (→ Calvinismus) und in England durch Heinrich VIII. (→ Anglikanische Kirche). Mit der Reformation ging die mittelalterliche Einheit von Kirche und Glauben zu Ende, sodass sie einen wichtigen Beitrag zum säkularisierten und pluralistischen Denken der → Neuzeit leistete.

Reformierte Bezeichnung für die Anhänger des → Calvinismus.

Regalien (lat. *rex* König) Bezeichnung für politische, militärische und finanzielle Rechte und Hoheitsansprüche der mittelalterlichen Könige (z. B. Münz-, Markt- und Zollregal). Die Regalien konnten Fürsten oder Städten vom König zur Nutzung überlassen werden.

Reich (ahd. *rich* Herrschaft) Im allgemeinen Sinn jede monarchische Staatsbildung. Im engeren Sinn übernationales Staatswesen mit imperialen Zielen (→ Imperium), wie z. B. das Römische Reich, das Heilige Römische Reich deutscher Nation oder das napoleonische Empire. Von 1871 bis 1945 Bezeichnung für den deutschen Nationalstaat.

Martin Luther zündet die Flamme der Reformation an seinen Vorgängern Johann Hus und Jan Wiclif. Holzschnitt um 1550

In der deutschen Geschichte unterscheidet man zwischen dem römisch-deutschen Reich des Mittelalters (1. Reich), dem von Bismarck gegründeten Wilhelminischen Kaiserreich (2. Reich) und dem nationalsozialistischen → „Dritten Reich" (1933–1945)

Reichsbanner Schwarz-Rot-Gold 1924 gegründeter, republiktreuer Wehrverband in der → Weimarer Republik, dessen 3 Millionen Mitglieder überwiegend aus der SPD stammten. Er stand gegen den nationalkonservativen → Stahlhelm und den kommunistischen Roten Frontkämpferbund. 1933 wurde er verboten und aufgelöst.

Reichsdeputationshauptschluss Beschluss eines Ausschusses (Deputation) des Deutschen Reichstages 1803, wonach alle geistlichen Gebiete (außer Mainz und 45 freie Reichsstädten) und kleinere Fürstentümer in bestehende, größere weltliche Fürstentümer eingegliedert wurden. Dies bedeutete die → Säkularisierung des Kirchenguts nach französischem Vorbild. Am meisten profitierten Baden, Preußen, Württemberg und Bayern.

Im Zusammenhang mit dem Reichsdeputationshauptschluss begann die Auflösung des Heiligen Römischen Reiches deutscher Nation, die sich 1806 mit der Gründung des → Rheinbundes und dem Rücktritt des Kaisers vollendete. Der Reichsdeputationshauptschluss wurde unter dem Druck Napoleons gefasst, der Frankreich durch die Schaffung neuer mittelgroßer deutscher Pufferstaaten vor Österreich sichern wollte.

Reichsexekution Unter Anwendung des → Artikels 48 der Weimarer Verfassung konnte der → Reichspräsident den Einsatz der → Reichswehr anordnen, wenn ein Land gegen Verfassung oder Gesetze verstieß. Zum Beispiel verhängte die Reichsregierung 1923 über Sachsen die Reichsexekution, weil der sächsische Ministerpräsident sich weigerte, kommunistische Landesminister zu entlassen und paramilitärische Verbände der kommunistischen Partei (KPD) aufzulösen. Infolge dieser Maßnahme rückten Reichswehreinheiten in Sachsen ein und setzten den Ministerpräsidenten ab.

Reichsfürst Im römisch-deutschen Reich seit etwa 1200 jeder unmittelbare geistliche und weltliche Lehnsträger der Krone. → Kurfürst, → Goldene Bulle

Reichsgut Im mittelalterlichen Reich zusammenfassende Bezeichnung für die Besitzungen der Krone (z. B. Reichspfalzen, Reichsklöster, Reichsdörfer).

Reichsinsignien Zu den Herrschaftszeichen der römisch-deutschen Kaiser und Könige gehörten seit dem Mittelalter neben der achteckigen Reichskrone das Reichsschwert, das Zepter, der Reichsapfel und die Heilige Lanze. Die Reichsinsignien, die bei der Königs- und Kaiserkrönung verwandt wurden, symbolisieren den christlich-imperialen Anspruch des Reiches. Seit den napoleonischen Kriegen werden sie in der Wiener Hofburg aufbewahrt.

Die Reichsinsignien

Reichskammergericht 1495 wurde auf dem Wormser Reichstag im Zug der → Reichsreform die Errichtung des Reichsgerichts beschlossen, das von 1495 bis 1806 das oberste Gericht im Deutschen Reich war. Es befasste sich mit Fällen von Landfriedensbruch, Klagen gegen Reichsunmittelbare und war Berufungsinstanz für alle anderen Gerichte. Seine Wirkung war durch die lange Dauer der schriftlich geführten Prozesse eingeschränkt, doch brachte es größere Rechtssicherheit und Vereinheitlichung in der Rechtsprechung.

Reichskanzler Höchster vom Kaiser berufener Staatsbeamter des Deutschen Reichs 1871–1918. In der → Weimarer Republik war der Reichskanzler der vom Reichstag gewählte Regierungschef. Letzter Reichskanzler war Adolf Hitler, der das Amt 1933 von Paul von Hindenburg übernahm, es später durch das → Ermächtigungsgesetz aus der Verantwortung gegenüber dem Reichstag löste und damit eine persönliche → Diktatur begründete.

Reichs-Kirchen-System Von Otto I. geschaffenes Herrschaftssystem, bei dem die Geistlichkeit (Erzbischöfe, Bischöfe und Reichsäbte) zur Regierung, Verwaltung und Verteidigung des Reiches herangezogen wurde.

Der König besetzte frei werdende Bischofssitze häufig mit loyalen und politisch geschulten Mitgliedern der → Hofkapelle. Da die geistlichen Fürsten keine Nachkommen hatten, konnte der König bzw. Kaiser die Positionen immer wieder neu mit zuverlässigen Leuten besetzen. Auf diese Weise konnte trotz der Größe des Reiches und der unzulänglichen Kommunikationsmöglichkeiten eine wirksame Reichsverwaltung aufgebaut und zugleich der Einfluss der weltlichen Fürsten verringert werden.

Mit dem → Investiturstreit geriet das Reichs-Kirchen-System in eine tiefe Krise. Danach behielt der König nur noch nördlich der Alpen Einfluss auf die Besetzung von Bischofsstühlen.

Reichskreis Bei der Durchführung der → Reichsreform 1495 wurde das Deutsche Reich in sechs (ab 1512 in zehn) Reichskreise eingeteilt. Sie sollten die Vertreter für das → Reichskammergericht ernennen, den Landfrieden sichern, das Münzwesen überwachen und für die Aufstellung und den Unterhalt des Reichsheeres sorgen. Die Mitglieder der Reichskreise trafen sich in unregelmäßigen Abständen zu Kreistagen. Als Instanz zwischen Kaiser und Reichsständen trugen die Reichskreise zum Zusammenhalt des Reiches bei.

Reichskristallnacht Von den Nationalsozialisten gebrauchter Begriff für die von Josef Goebbels organisierten Ausschreitungen gegen die Juden am 9./10. November 1938. → SA-Männer und andere Anhänger des → Nationalsozialismus ermordeten und misshandelten Juden, zerstörten jüdische Geschäfte und fast alle Synagogen. 30 000 Juden wurden in → Konzentrationslager gesperrt.

Nach den → Nürnberger Gesetzen von 1935 setzte die nationalsozialistische Führung mit diesen Terrormaßnahmen die Verwirklichung ihres antisemitischen Programms fort. Weite Teile der deutschen Bevölkerung lehnten im Stillen das offensichtliche Unrecht an ihren jüdischen Nachbarn ab, Proteste blieben aber aus.

Reichsnährstand 1933 geschaffene nationalsozialistische Organisation, die alle in der Landwirtschaft Tätigen unter der Führung des „Reichsbauernführers" Richard Darré zusammenfasste. Bestehende Bauernverbände und Landwirtschaftskammern wurden → gleichgeschaltet. Die Verbände des RNS regelten die Produktion, den Transport und den Absatz landwirtschaftlicher Produkte. Die NS-Führung strebte eine weitgehende Sicherung der Ernährung aus eigener Produktion an.

Reichspräsident Nach der Weimarer Verfassung (1919) das Staatsoberhaupt des Deutschen Reiches, das für sieben Jahre direkt vom Volk gewählt wurde. Wegen seiner starken Rechtsstellung wurde er auch „Ersatzkaiser" genannt. Er vertrat das Reich völkerrechtlich, ernannte den Reichskanzler sowie die Reichsminister und hatte den Oberbefehl über die Reichswehr. Außerdem konnte er den Reichstag auflösen. Nach → Artikel 48 entschied er im Notfall über den Ausnahmezustand.

Erster Reichspräsident – von der Weimarer Nationalversammlung gewählt – war der Sozialdemokrat Friedrich Ebert (1919–1925). Der pensionierte General Paul von Hindenburg wurde 1925 dessen Nachfolger. Bei einer erneuten Reichspräsidentenwahl 1934 wurde er von allen demokratischen Parteien unterstützt. Bedrängt durch Berater aus Wirtschaft und Militär ernannte Hindenburg am 30. Januar 1933 Adolf Hitler zum Reichskanzler. Nach dem Tod Hindenburgs (1934) übernahm Adolf Hitler auch noch das Amt des Reichspräsidenten.

Reichsprotektorat Tschechischer Teil der Tschechoslowakei, der nach dem Einmarsch der deutschen Truppen 1939 als „Reichsprotektorat Böhmen und Mähren" dem Reich angegliedert wurde. Nach dem Attentat auf den stellvertretenden Reichsprotektor Reinhard Heydrich am 26. Mai 1942 übten die deutschen Behörden eine brutale Besatzungspolitik aus.

Reichsrat Verfassungsorgan in der → Weimarer Republik mit der Funktion eines → Bundesrats. Die Mitglieder des Reichsrats waren Regierungsvertreter der einzelnen Länder.

Reichsreform Spätmittelalterliche Bestrebungen der Kaiser, im Heiligen Römischen Reich deutscher Nation mehr zentrale Behörden einzurichten. So beschloss 1495 der Wormser Reichstag die Einführung einer Reichssteuer, den „Gemeinen Pfennig", die Errichtung des → Reichskammergerichts und die Verkündung des „Ewigen Landfriedens". Die Reichsreform war letztlich wenig erfolgreich, da die erstarkten Stände und Territorien auf Wahrung ihrer Rechte bedacht waren und die Entwicklung zur modernen Staatlichkeit in Deutschland längst auf der Ebene der Territorien eingesetzt hatte.

Reichsritterschaft Aus den mittelalterlichen → Ministerialen, deren Burgen und Grundherrschaften nicht in ein Territorium einverleibt wurden, entwickelte sich der Reichsritterstand. Die Besitzungen der Reichsritter waren zwar nicht sehr groß, doch waren sie – ebenso wie die Reichsstädte – reichsunmittelbar, also direkt der Krone unterstellt.

Reichssicherheitshauptamt (RSHA) Im nationalsozialistischen Deutschland die zentrale Kommandostelle für die Sicherheitsdienste des Staates und der Partei (→ NSDAP) unter Leitung Heinrich Himmlers. Das RSHA verfolgte politische Gegner im Reich, organisierte Terrormaßnahmen in den besetzten Ostgebieten und leitete die Vernichtungsaktionen zur „Endlösung der Judenfrage" (→ Holocaust). Ihm unterstanden Vernichtungslager und → Konzentrationslager.

Reichsstädte Städte im Heiligen Römischen Reich, die keinem Territorium angehörten, sondern unmittelbar dem Reich unterstanden und nur dem König zu Abgaben und Diensten verpflichtet waren. Praktisch bedeutete dies die politische → Autonomie. Mit dem → Reichsdeputationshauptschluss von 1803 wurden fast alle Reichsstädte in die benachbarten Territorien eingegliedert. → Mediatisierung

Reichstag Im Mittelalter und in der frühen Neuzeit zunächst Zusammenkunft der Ständevertreter (geistliche und weltliche Fürsten, Reichsstädte) im Deutschen Reich. Der Reichstag hatte Mitspracherecht bei Krieg und Frieden, Verträgen und wichtigen Gesetzen. Die unregelmäßigen Zusammenkünfte wurden ab 1663 durch den „Immerwährenden Reichstag" ersetzt, einen in Regensburg tagenden Gesandtenkongress. Die politische Mitwirkung der Stände auf Reichsebene entsprach derjenigen auf Landesebene. Der Reichstag verhinderte eine absolutistische Regierung im Deutschen Reich und stärkte dessen föderale Struktur.

Im 19. und 20. Jh. wurde der Reichstag zur parlamentarischen Vertretung des deutschen Volkes und entwickelte sich vom Repräsentationsorgan der Stände zu demjenigen der gewählten Volksvertreter.

Reichstagsbrand Brand des Reichstagsgebäudes in Berlin am 27. Februar 1933. Obwohl die Brandstiftung die Einzeltat des holländischen Kommunisten Marinus van der Lubbe war, lasteten die Nationalsozialisten den Brand den Kommunisten an. Die → Gestapo verhaftete nach vorbereiteten Listen kommunistische Funktionäre und Reichstagsabgeordnete. Hitler erließ am folgenden Tag die sog. „Reichstagsbrandverordnung". Sie setzte „bis auf weiteres" alle → Grundrechte der Weimarer Verfassung außer Kraft und ebnete dadurch den Weg für die → Diktatur.

Der Reichstag in einer Aufnahme 1945. Die Kuppel ist komplett zerstört, das Giebelfries beschädigt.

Reichsteilung Zu Reichsteilungen konnte es vor allem aus zwei Gründen kommen: (1) Wenn ein Reich so groß geworden war, dass ein Einziger es nicht mehr regieren konnte und der Monarch zur besseren Verwaltung, Sicherung und Verteidigung sein Reich teilte, so z. B. der römische Kaiser Theodosius 395 n. Chr. Die damals gezogene Grenzlinie zwischen Ost- und Westrom teilt bis heute das römisch-katholisch geprägte Westeuropa von dem griechisch-orthodox geprägten Osteuropa. Entsprechend teilte 1521 Karl V. das Habsburger Reich, „in dem die Sonne nicht unterging", in eine österreichische und eine spanische Linie.

(2) Reichsteilungen konnten sich auch durch Erbfolge ergeben, z. B. teilten die drei Söhne Kaiser Ludwigs des Frommen 843 im Vertrag von Verdun das Frankenreich in drei Teile: Italien (mit einem Streifen von Friesland bis zur Provence) sowie einen östlichen und einen westlichen Teil, aus denen sich die Nationalstaaten Frankreich und Deutschland entwickelten.

Reichsunmittelbarkeit Als reichsunmittelbar wurden die Gebiete des Heiligen Römischen Reiches bezeichnet, die dem Kaiser direkt und nicht der Landeshoheit eines Fürsten unterstellt waren (z. B. geistliche und weltliche Territorien, Reichsdörfer, Reichsstädte, Reichsritterschaften). Auch Personen, wie z. B. die Reichsbeamten, waren reichsunmittelbar. 1803 hob dann der → Reichsdeputationshauptschluss die Reichsunmittelbarkeit fast aller Reichsstädte, der Reichsdörfer und der Reichsritterschaften auf und beseitigte die geistlichen Fürstentümer.

Die Fotografie aus dem Jahr 2000 zeigt den Berliner Reichstag nach seiner kompletten Erneuerung.

Reichsverweser Bezeichnung für Erzherzog Johann von Österreich, der von der in der → Paulskirche tagenden deutschen → Nationalversammlung vorübergehend als Reichsverwalter eingesetzt wurde. Während der → Märzrevolution 1848 war er mit der Wahrnehmung der deutschen Zentralgewalt betraut.

Reichswehr Die dem Deutschen Reich im → Versailler Vertrag zugestandene Armee, die Reichswehr, durfte eine Truppenstärke von 100 000 Mann für das Heer und 15 000 Mann für die Marine nicht übersteigen. Die Reichswehr war eine

Berufsarmee, deren Oberbefehl nach der →Weimarer Verfassung der →Reichspräsident besaß. In Friedenszeiten hatte der Reichswehrminister die Befehlsgewalt. Oberste soldatische Spitze war der Chef der Heeresleitung. Nach dem Ende des →Kapp-Putsches übernahm General Hans von Seeckt diese Funktion. Die Reichswehr bestand bis zur Einführung der allgemeinen Wehrpflicht und dem Aufbau der deutschen Wehrmacht (1935).

Reisekönigtum Im fränkisch-deutschen Reich des Mittelalters gab es keine festen Hauptstädte. Vielmehr reisten die Könige mit ihrem Hof von einer Pfalz zur anderen (→ Itinerar), sodass gewissermaßen vom Sattel aus regiert wurde.

Renaissance (franz. Wiedergeburt; aus ital. *rinascità* zu lat. *renasci* wiedergeboren werden) Epoche der Kunst und Kultur von ca. 1420 bis 1550. Das wichtigste Zentrum war anfangs Florenz, später folgten andere oberitalienische Stadtrepubliken und Rom sowie die oberdeutschen Städte Augsburg und Nürnberg. Ihr Ideal war der *„uomo universale"*, der selbstbewusste und vielseitig gebildete Mensch. Die Kunst übernahm antike Vorbilder und entwickelte sie weiter. Am deutlichsten werden antiker Einfluss und das Lebensgefühl der Epoche in der Plastik, die den freistehenden, kraftvollen nackten Körper des Menschen gestaltete. Bekanntestes Beispiel ist der „David" von Michelangelo.

Die Renaissance stellt, zusammen mit → Humanismus und → Reformation, einen wichtigen Schritt vom Mittelalter zur → Neuzeit dar.

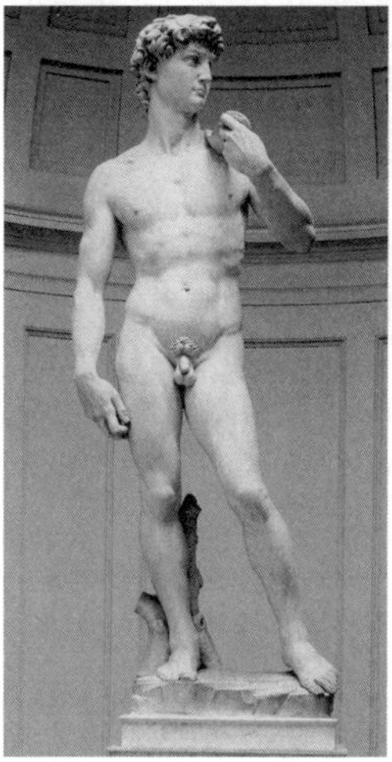

Die „Schule von Athen" malte Raffael (1483–1520) im Auftrag des Papstes. Dargestellt sind berühmte Philosophen und Wissenschaftler der Antike.

Der „David" des Michelangelo (1475–1564), entstanden zwischen 1501 und 1504, ist Symbol für den Sieg des Kleinen, Schwachen gegen den übermächtigen Riesen.

Renovatio imperii „Wiederherstellung des (Römischen) Reiches" (auch *translatio imperii*) durch die Kaiserkrönung Karls des Großen im Jahre 800. Träger des neuen Römischen Reiches waren zunächst die Franken, seit der Kaiserkrönung Ottos des Großen 962 die Deutschen (→ Reich, → Imperium). Die imperiale Zielsetzung ergab sich jetzt aus dem biblischen Auftrag, das Christentum über die ganze Welt zu verbreiten und die Christenheit vor Feinden zu schützen.

Rentenmark Neue Währung, die im November 1923 die → Inflation im Deutschen Reich beendete. Eine Rentenmark entsprach 1 Billion Papiermark. Die Rentenmark behielt ihren Wert, weil der Staat seine Ausgaben kürzte und weil der verringerten Geldmenge ein ausreichend großes Warenangebot gegenüberstand, wodurch die Preise stabil blieben. Mit der Einführung der Rentenmark waren die Voraussetzungen für ein geordnetes Wirtschaftsleben geschaffen.

Reparationen Wiedergutmachungen für die den Siegermächten eines Krieges von den Unterlegenen zugefügten Schäden in Geld- oder Sachleistungen.

Die hohen Reparationsforderungen der Siegermächte nach dem → Ersten Weltkrieg waren auch als Bestrafung Deutschlands gedacht. Das Ringen um Zahlungsbedingungen belastete Wirtschaft und Innenpolitik der → Weimarer Republik schwer. (→ Dawes-Plan, → Young-Plan). Nach dem → Zweiten Weltkrieg kamen die Siegermächte auf der → Potsdamer Konferenz überein, dass jede Besatzungsmacht Reparationsforderungen aus ihrer Zone begleichen sollte.

Republik (lat. *res publica* öffentliche Sache) Der Sturz des Königtums um ca. 510 v. Chr. markiert den Entschluss der Römer, dass der Staat nicht die Privatangelegenheit eines Einzelnen (*res privata*), sondern eine alle Bürger betreffende Angelegenheit (*res publica*) sein solle. Republik und Monarchie schließen sich deshalb aus. Republiken können demokratisch (die USA, die Bundesrepublik Deutschland), aristokratisch (die Römische Republik, die Republik Venedig) oder diktatorisch (z. B. die Sowjetunion oder NS-Deutschland) verfasst sein.

Restauration Bezeichnung für die Zeit zwischen dem → Wiener Kongress 1815 und der → Märzrevolution 1848, in der die deutschen Fürsten z. T. mit Polizeigewalt die bestehenden verfassungsrechtlichen Verhältnisse gegen die liberalen und nationalstaatlichen Bewegungen, z. B. das → Junge Deutschland, verteidigten.

Symbolfigur der Restauration war der österreichische Staatskanzler Fürst Klemens Wenzel von Metternich.

Restitutionsedikt (lat. *restituere* zurückführen) Kaiserliches Gesetz von 1629 über die Rückgabe aller geistlichen Güter an die katholische Kirche, die seit dem → Augsburger Religionsfrieden protestantisch geworden waren. Gleichzeitig wurde der → Calvinismus verboten.

Gegen das Restitutionsedikt erhob sich eine Opposition von Reichsständen aller Konfessionen, sodass der Kaiser 1635 darauf verzichten musste.

Reunion (franz. *réunion* Wiedervereinigung) Mit diesem Begriff rechtfertigte Ludwig XIV. die Annexion von Gebieten zwischen der Ostgrenze Frankreichs und dem Rhein 1679–1681. Eigene Gerichte (Reunionskammern) sollten den französischen Anspruch nachweisen.

Revolution (lat. *revolvere* zurückdrehen) Revolution beschreibt die abrupte Veränderung politischer und gesellschaftlicher Machtverhältnisse. Der Gegenbegriff ist die Evolution, unter der man eine allmähliche, fast unmerkliche Veränderung versteht. Im Unterschied zum Staatsstreich oder → Putsch zeichnet sich eine Revolution meist durch die aktive Mitwirkung der Volksmassen aus. Dadurch erhält sie, selbst wenn sie gewaltsam verläuft, eine gewisse → Legitimation.

Revolutionen haben stets tiefere, langfristige Ursachen wie materielle Not oder soziales Unrecht. Die allgemeine Unzufriedenheit darüber staut sich auf, bis ein geringfügiger Anlass genügt, um wie die Lunte im Pulverfass zu wirken. Der weitere revolutionäre Verlauf gerät oft außer Kontrolle.

Der Begriff wird häufig auch in allgemeiner Bedeutung gebraucht, um bedeutende Umwälzungen aller Art zu charakterisieren, wie z. B. die → Industrielle Revolution.

Rheinbund Gegründet 1806 unter dem Protektorat Napoleons, traten bis 1811 alle deutschen Staaten außer Österreich, Preußen, Braunschweig und Kurhessen dem Zusammenschluss bei.

Am 1. August 1806 erklärten die Rheinbundstaaten ihren Austritt aus dem Heiligen Römischen Reich. Damit war das alte Deutsche Reich aufgelöst: Kaiser Franz II. legte die deutsche Kaiserkrone nieder und regierte fortan als Kaiser Franz I. von Österreich. Die Rheinbundstaaten führten in Deutschland die Auflösung der alten Ordnung herbei und folgten dem Leitbild der als fortschrittlich und zukunftsweisend empfundenen Politik Napoleons. Zu Beginn der Befreiungskriege wurde der Rheinbund 1813 aufgelöst.

Risorgimento (ital. Wiedererstellung) Bewegung mit dem Ziel eines vereinten Staatswesens zwischen dem → Wiener Kongress 1815 und 1870. Als die staatliche Einheit unter König Viktor Emanuel erreicht war, wurde Rom die Hauptstadt Italiens.

Bis in die Gegenwart sind Zeichen der Romanisierung in Europa sichtbar, wie z. B. die Thermen in Trier und das Aquädukt von Segovia in Spanien.

Ritter Angehörige des Ritterstands, die gepanzert und zu Pferd in den Krieg zogen. Im Römischen Reich Bezeichnung für den Stand der reichen Bürger.

Im Hochmittelalter entwickelte der Ritterstand Europas eine eigene, später auch andere Bevölkerungsgruppen beeinflussende Kultur, deren Auswirkungen bis in die Gegenwart reichen (z. B. Vorstellungen von Höflichkeit oder Fairness). Das ritterliche Ethos war durch die kriegerisch-heroische Tradition des Adels einerseits, durch christlich-humanitäre Vorstellungen andererseits geprägt.

Ritterorden Gemeinschaft von Männern, die die Ideale des Rittertums mit denen des Mönchtums zu verbinden suchten. Bedeutende Ritterorden, die meist zur Zeit der Kreuzzüge entstanden, waren die Templer, die Johanniter (Malteser) und der → Deutsche Orden.

Röhmputsch Unter dem Vorwand einer angeblichen Verschwörung wurden Stabschef Ernst Röhm und andere → SA-Führer in einer Mordaktion auf Befehl Adolf Hitlers im Juni 1934 umgebracht.

Die SA-Führung hatte die Sturmabteilung zu einer 700 000 Mann starken paramilitärischen Kampforganisation aufgebaut und verfolgte das Ziel, daraus ein Volksheer zu bilden, in das die → Reichswehr eingegliedert werden sollte. Hitler entschied sich gegen die Pläne der SA und für die Aufrüstung der Reichswehr. Angebliche Putschpläne der SA-Führung nahm er zum Anlass, um die gesamte SA-Führung ermorden zu lassen.

Romanisierung Verbreitung der römischen Kultur und Zivilisation in den → Provinzen. Die Provinzbewohner passten ihre Lebensweise zunehmend den römischen Vorbildern an, z. B. in Sprache und Schrift, Bautechnik und Wohnkultur, Straßen- und Städtebau oder in der Landwirtschaft. Langfristig bedeutete die Romanisierung, dass nach dem Ende des Römischen Reiches wesentliche Elemente der römischen Kultur weiterlebten und Europa prägten, vor allem über die lateinischen „Tochtervölker“: Franzosen, Italiener, Spanier, Portugiesen und Rumänen.

Römische Verträge Am 25. 3. 1957 in Rom unterzeichnete Verträge zur Gründung der Europäischen Wirtschaftsgemeinschaft (EWG). Frankreich, Italien, die Bundesrepublik, Belgien, die Niederlande und Luxemburg wollten ein einheitliches Wirtschaftsgebiet herstellen. Dazu mussten sie die Binnenzölle beseitigen und einen gemeinsamen Außenzoll schaffen. Mit dem Gründungsvertrag für die EWG trat auch die EURATOM in Kraft, die die Erforschung und die friedliche Nutzung der Atomkraft koordinieren und vorantreiben sollte.

Die EWG war die Rechtsgrundlage für die Europäische Gemeinschaft (EG) und die → Europäische Union.

Rote Kapelle Von den Nationalsozialisten verwendeter Name für die Widerstandsorganisation um Arvid Harnack und Harro Schulze-Boysen. Die Gruppe hatte Kontakte zum sowjetischen Geheimdienst in Berlin und hoffte diese zu nutzen, um den Krieg zu beenden. Sie machte vor allem durch Flugblätter auf die Lage in Deutschland aufmerksam. 1942 wurde die Gruppe durch die → Gestapo aufgedeckt und die Mehrzahl ihrer Mitglieder durch den → Volksgerichtshof zum Tode verurteilt.

Rückversicherungsvertrag Als das → Dreikaiserbündnis von 1881 wegen Streitigkeiten zwischen Russland und Österreich um den Einfluss auf dem Balkan nicht verlängert werden konnte, schlossen Deutschland und Russland den Rückversicherungsvertrag.

Der von 1887 bis 1890 geltende Vertrag sah die gegenseitige Neutralität bei Kriegen mit dritten Mächten vor, außer bei einem deutschen Angriff auf Frankreich oder einem russischen Angriff auf Österreich-Ungarn. Bismarck wollte damit die Einkreisung Deutschlands durch Russland und Frankreich verhindern.

Ruhrkampf Nachdem die Sieger des → Ersten Weltkrieges im Dezember 1922 einen Rückstand deutscher → Reparationslieferungen festgestellt hatten, rückten 1923 französische und belgische Truppen in das Ruhrgebiet ein. Französische Ingenieure sollten die deutsche Kohle- und Stahlproduktion kontrollieren. Daraufhin traten die deutschen Arbeiter und Bahnbeamten in einen Generalstreik. Aber die Politik des „passiven Widerstands" ließ sich nicht lange durchhalten. Um die Menschen im Ruhrgebiet zu versorgen, ließ die Reichsregierung Geld drucken, wodurch die → Inflationsrate immer höher stieg. Im September 1923 brach die Reichsregierung unter Gustav Stresemann den Ruhrkampf ab.

Runder Tisch Nach der Maueröffnung bildeten im Dezember 1989 die Bürgerbewegung und die alte Regierung in Ost-Berlin einen sog. zentralen Runden Tisch.

Der Runde Tisch beriet und kontrollierte die Regierung. Wichtige Fragen für den Umbau von Staat und Gesellschaft wurden dort besprochen. Ein zentrales Thema war die Auflösung des → Ministeriums für Staatssicherheit. Namensgleiche Einrichtungen gab es bis zu den ersten freien Wahlen im März 1990 in vielen anderen Städten der DDR.

Russisch-japanischer Krieg Die Expansionsbestrebungen des imperialistischen Russland auf die Mandschurei und Korea sowie der Versuch Japans, seine Macht in Ostasien zu vergrößern, führten 1904–1905 zur kriegerischen Auseinandersetzung.

Nach der Zerstörung der russischen Kriegsflotte und weiterer Niederlagen musste Russland im Frieden von Portsmouth Japan das Protektorat über Korea und die Südmandschurei mit Port Arthur überlassen. Das Kriegsergebnis hatte für Russland vor allem innenpolitische Folgen, da es die Zarenherrschaft schwächte und die revolutionären Bewegungen anheizte.

S

Sacerdotium Nach der → Zwei-Gewalten-Lehre die geistliche Herrschaft der Papstkirche im Gegensatz zur weltlichen Herrschaft des Kaisertums (→ Imperium), bzw. des Königtums (Regnum).

Säkularisation (lat. *saecularis* weltlich) Überführung von kirchlichem in weltlichen Besitz, z. B. während der → Reformation, als protestantische Fürsten und Städte Bistums- und Klosterbesitz einzogen, oder als Folge des → Reichsdeputationshauptschlusses 1803, durch den 25 Fürstbistümer und 44 Reichsabteien aufgelöst wurden. Allgemein bedeutet Säkularisation die Befreiung des Denkens aus religiöser Bindung seit der → Aufklärung.

SALT-/START-Verträge (engl. *Strategic Arms Limitation Talks/Strategic Arms Reduction Talks*) Zwischen den Hauptgegnern des → Kalten Krieges, USA und Sowjetunion, getroffene Vereinbarungen zur Begrenzung und Reduzierung strategischer Waffen, um die Rüstungsspirale zu beenden. Kern des SALT I-Vertrags (1972) war die Begrenzung von Abwehrraketen. Im SALT II-Vertrag (1979) limitierten die Supermächte die Zahl ihrer Atomraketen auf 2 250, die der Mehrfachsprengkörper auf 1 230. Zwar verhinderte der Afghanistankrieg die Ratifizierung durch die USA, aber die vereinbarten Obergrenzen wurden größtenteils eingehalten.

START I (1991) beinhaltet die Halbierung des Arsenals; START II (1993) sieht eine weitere Verringerung der nuklearen Sprengköpfe (3 500 für die USA, 3 000 für Russland) vor. 1997 einigten sich die USA und Russland in START III auf die Begrenzung von je 2 000 bis 2 500 Sprengköpfe. START II wurde inzwischen von den USA (1996) und Russland (2000) ratifiziert. Probleme bei der Umsetzung der SALT- und START-Abkommen waren die Nachprüfbarkeit und der Zerfall der Sowjetunion, da man befürchtete, dass die Atomwaffen nicht mehr unter zentraler Aufsicht bleiben, sondern von den einzelnen Republiken übernommen werden.

Satrap Stadthalter über eine Provinz des antiken Perserreiches, der die richterliche und militärische Gewalt im Namen des Großkönigs ausübte und diesem die Tribute der Untertanen zuführte.

Heute versteht man unter Satrap das Mitglied einer Gruppe, die ihren Einfluss der Abhängigkeit von einem Höhergestellten verdankt.

Scherbengericht (gr. *ostrakismos;* von *ostrakon* Tonscherbe) Abstimmungsverfahren in Athen, bei dem das Volk die Verbannung eines Bürgers bewirken konnte, der für die Demokratie gefährlich oder zu mächtig zu werden schien. Die Namen der Verdächtigen schrieb man auf Tonscherben. Bei mindestens 6 000 abgegebenen Scherben musste derjenige, der am häufigsten genannt worden war, für zehn Jahre die Stadt verlassen, behielt aber seine Bürgerrechte und seinen Besitz.

Das Scherbengericht sollte die Demokratie stabilisieren, wurde aber oft von führenden Politikern zur Ausschaltung ihrer Gegner benutzt und traf deshalb, auch aufgrund von Neid, häufig führende Köpfe der Demokratie, wie z. B. Themistokles, den Sieger von Salamis 480 v. Chr.

Schisma Kirchenspaltung, z. B. die endgültige Trennung der römisch-katholischen von der griechisch-orthodoxen Kirche 1054 („morgenländisches Schisma"). Unter dem „Großen (oder abendländischen) Schisma" versteht man die Spaltung der römisch-katholischen Kirche zwischen 1378 und 1415, als zeitweilig drei Päpste gleichzeitig regierten. → Konstanzer Konzil

Schlesische Kriege Kriege zwischen Preußen und Österreich nach der preußischen Annexion Schlesiens 1740. Friedrich II. nutzte die Schwäche Österreichs nach dem Tode Karls VI. (→ Pragmatische Sanktion) zur Eroberung Schlesiens. In zwei Kriegen (1740–1742, 1744–1745) konnte er im Bündnis mit Frankreich seinen Besitz erfolgreich verteidigen. Den

3. Schlesischen Krieg bezeichnet man als → Siebenjährigen Krieg.

Schlieffenplan Militärischer Plan des Generals Alfred Graf von Schlieffen, mit dem Deutschland den → Ersten Weltkrieg gewinnen wollte.

Durch einen raschen Vernichtungsschlag gegen Frankreich und den anschließenden Kampf an der Ostfront gegen Russland sollte ein Zweifrontenkrieg verhindert werden. Die französischen Grenzbefestigungen wollte man mithilfe eines Vorstoßes durch das neutrale Belgien umgehen, um einen schnellen Sieg zu erreichen. Auch wegen mangelnder deutscher Truppenstärke scheiterte der riskante Plan jedoch, und es kam zum → Stellungskrieg an der Westfront bei gleichzeitigen Kämpfen im Osten. Die Verletzung der belgischen Neutralität hatte den Kriegseintritt Englands zur Folge.

Schmalkaldischer Bund Zusammenschluss protestantischer Reichsstände von 1530 bis 1547. Der Bund stellte zur Verteidigung der Reformation ein Heer auf und erhielt die Unterstützung anderer europäischer Länder, wurde aber im Schmalkaldischen Krieg 1546/47 vom kaiserlichen Heer besiegt.

Der Schmalkaldische Bund war der erste Versuch, die konfessionellen Gegensätze in Deutschland militärisch zu lösen.

Scholastik (lat. *schola* Schule) Philosophie des Hoch- und Spätmittelalters, die christliche Offenbarung mit rationaler Erkenntnis zu verbinden suchte und stark von der Logik des Aristoteles beeinflusst war. Bedeutende Vertreter waren Anselm von Canterbury und Thomas von Aquin.

Schuldknechtschaft In der frühen griechischen und römischen Antike musste ein Schuldner, wenn er das Geliehene nicht zurückzahlen konnte, in die Schuldknechtschaft des Gläubigers eintreten. Als Schuldknecht versuchte er – oft vergeblich – seine Schulden abzuarbeiten und verlor dann schließlich unter Umständen auch seine persönliche Freiheit.

Schutzstaffel (SS) Die 1925 geschaffene Organisation zum Schutz Adolf Hitlers baute der „Reichsführer SS" Heinrich Himmler ab 1933 zur Staatsschutzorganisation mit Ordenscharakter (schwarze Uniform, SS-Dolch) aus. Zu ihren Aufgaben gehörten die Durchführung von Terrormaßnahmen und die Bewachung der → Konzentrationslager.

Hinzu kamen die während des Krieges zusätzlich aufgestellten Einsatzgruppen, die für die Ermordung der Juden und anderer Minderheiten verantwortlich waren. Die Waffen-SS hingegen war ein militärischer Freiwilligenverband.

Schwarzer Freitag Tag des großen Börsenkrachs in New York und Beginn der → Weltwirtschaftskrise. Nach einer langen Phase der Hochkonjunktur sanken am 25. Oktober 1929 an der New Yorker Börse die überhöhten Aktienkurse dramatisch ab. Viele Menschen, die ihr ganzes Vermögen in Wertpapieren angelegt hatten, verloren ihre gesamten Ersparnisse. Nachdem daraufhin amerikanische Kredite in Europa abgezogen wurden, kam es vor allem in Deutschland zu Zusammenbrüchen von Firmen und Banken. Massenentlassungen waren die Folge.

Auf dem Höhepunkt der Krise im Februar 1932 meldeten sich 6 Millionen Beschäftigte arbeitslos. Daraus erwuchs eine politische Krise der → Weimarer Republik. Gegner der parlamentarischen Demokratie von rechts und links nutzten die Katastrophenstimmung für ihre Zwecke.

Schwarzer Tod Mittelalterliche Bezeichnung für die verheerende Pestepidemie im 14. Jh., die ihren Höhepunkt 1348 hatte. Etwa ein Drittel der Bevölkerung (ca. 25 Mill. Tote) fielen der Pest zum Opfer. Der Pestvirus wurde von Handelsschiffen nach Italien eingeschleppt und verbreitete sich – durch Rattenflöhe übertragen – rasch über ganz Europa. Häufig wurden aber Juden oder Hexen für die Seuche verantwortlich gemacht und es kam zu grausamen → Pogromen.

SED (Sozialistische Einheitspartei Deutschlands) Staatspartei der DDR von 1946 bis 1990. Auf Druck der→ Sowjetischen Militäradministratur (SMAD) beschlossen Delegierte der KPD und der SPD auf einem „Vereinigungsparteitag" die Gründung der SED in der sowjetischen Besatzungszone (SBZ). Nach der Gründung der → DDR traf die SED alle wichtigen politischen Entscheidungen. Die anderen Parteien in der DDR mussten den Führungsanspruch der SED anerkennen. Sie wurden zu einem „Block" zusammengeschlossen (→ Blockparteien). Die SED war nach dem Prinzip des → demokratischen Zentralismus aufgebaut. An der Spitze stand der Generalsekretär (bis 1971 Walter Ulbricht, bis Oktober 1989 Erich Honecker, bis Dezember 1989 Egon Krenz). Die Partei gab sich 1990 einen neuen Namen: Partei des Demokratischen Sozialismus (PDS).

Sejm Polnischer Reichstag; zunächst Adelsversammlung, heute gewähltes Parlament.

Selbstbestimmungsrecht der Völker Recht der Völker, ihre staatliche Organisation frei und ohne Einmischung von außen zu bestimmen.

Nach dem → Ersten Weltkrieg gingen die Sieger von dem Selbstbestimmungsrecht der Völker aus (→ Vierzehn Punkte), gleichzeitig erfolgte im → Versailler Vertrag die Lösung territorialer Probleme, ohne dass der betreffenden Bevölkerung immer die Möglichkeit zur Abstimmung gegeben wurde.

Das Selbstbestimmungsrecht der Völker ist bis heute ein Teil des Völkerrechts.

Senat (lat. *senex* alter Mann) (1) Im antiken Rom „Rat der Alten", Versammlung der ehemaligen höchsten Staatsbeamten. Bis zur Kaiserzeit war der Senat aufgrund der politischen Erfahrung die entscheidende Institution, deren Rat (*senatus consultum*) praktisch verbindlich war. (2) In einem Zwei-Kammer-System, wie z. B. in den USA, wird die zweite Kammer als Senat bezeichnet, die die Interessen der Einzelstaaten vertritt. (3) In Stadtstaaten wie Berlin, Hamburg und Bremen heißt die Regierung „Senat". (4) Auch hohe Richtergremien und Selbstverwaltungsorgane an deutschen Universitäten tragen oft den Namen „Senat".

Separatisten Von Frankreich unterstützte Bewegung, die 1923 während des → Ruhrkampfes für die Abspaltung des Rheinlandes vom Deutschen Reich kämpfte. Bewaffnete Mitglieder besetzten die Rathäuser in großen Städten und riefen die Rheinische Republik aus. Aber die Mehrheit der Bevölkerung lehnte die Ziele der Separatisten ab und mit dem Ende des Ruhrkampfes endeten auch die Aktionen der Separatisten.

Sezessionskrieg Durch die Abspaltungsbestrebungen (Sezession) der Süd-

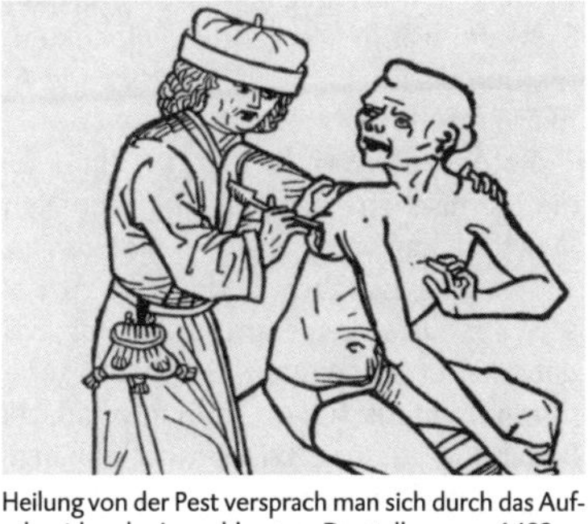

Heilung von der Pest versprach man sich durch das Aufschneiden der Lymphknoten. Darstellung von 1482

Der Koloss von Rhodos, eines der sieben Weltwunder, soll am Hafen den Schiffen den Weg gewiesen haben.

staaten, die auf dem Recht der Sklavenhaltung bestanden, kam es 1861–1865 zu einem Bürgerkrieg in den USA. Die Südstaaten wurden durch die Nordstaaten unter Präsident Abraham Lincoln in blutigen Schlachten besiegt. Daraufhin kam es zum einen zur Abschaffung der Sklaverei, zum anderen erhielten die Farbigen Stimmrecht bei Wahlen in den gesamten Vereinigten Staaten.

Sieben Weise (1) Im antiken Griechenland Philosophen und Politiker, denen man vorbildliche Erkenntnisse oder Lebensregeln zuschrieb, wie z. B. Thales und Solon. (2) Heute ist diese Bezeichnung übertragen auf einen Kreis anerkannter Wirtschaftsfachleute, die mit ihren Prognosen und Ratschlägen den Kurs der deutschen Wirtschaft begleiten.

Sieben Weltwunder Sieben berühmte antike Bauten bzw. Kunstwerke: Die hängenden Gärten der Semiramis in Babylon, die ägyptischen Pyramiden, der Zeus des Phidias in Olympia, der Koloss von Rhodos, das → Mausoleum von Halikarnass, der Artemistempel von Ephesos und der Leuchtturm der Insel Pharos bei Alexandria.

Siebenjähriger Krieg Auseinandersetzung zwischen Preußen und Österreich und Kolonialkrieg zwischen England und Frankreich (1756–1763).

Nach dem 2. → Schlesischen Krieg kam es zu einem Wechsel im europäischen Bündnissystem. England unterstützte nun Preußen, während Frankreich und Russland auf die Seite Österreichs traten. Nach anfänglichen Siegen und mehreren Niederlagen Friedrichs II. brachte das Ausscheiden Russlands nach dem Tod der Zarin Elisabeth 1762 die Wende. Im Frieden von Hubertusburg behielt Preußen Schlesien und konnte seine europäische Großmachtstellung behaupten. Im Frieden von Paris verlor Frankreich fast alle Besitzungen in Nordamerika, wodurch England zur führenden Kolonialmacht wurde.

Siebzehnter Juni → Volksaufstand

Simonie Die Apostelgeschichte berichtet von einem Zauberer Simon, der den Jüngern Christi Geld anbot, um von ihnen das Geheimnis ihrer Wundertaten zu erfahren. Im Mittelalter bezeichnete man daher den Kauf oder Verkauf geistlicher Ämter als Simonie.

Als während des → Investiturstreits die kirchliche Reformpartei jede Laieninvestitur, also auch die Einsetzung von Bischöfen durch den deutschen König, als Simonie untersagt wissen wollte, war der Bruch zwischen → Imperium und → Sacerdotium unvermeidbar.

Sippe Germanische Bezeichnung für Bevölkerungsgruppen, die verwandt waren. Man unterscheidet zwischen *agnatischen*, nur im Mannesstamm verwandten, und *cognatischen*, in männlicher und weiblicher Linie verwandte Sippen.

Sklaverei Zustand der totalen persönlichen, rechtlichen und wirtschaftlichen Abhängigkeit eines Menschen von einem Herrn, dem er wie eine Sache gehört. Sklave wurde man durch Geburt, (Kriegs-)Gefangenschaft, Raub, totale Verschuldung etc. Die Lebensumstände der einzelnen Sklaven waren allerdings recht unterschiedlich: Staatssklaven mussten z. B. im Bergbau wesentlich härter arbeiten als Haussklaven. Im antiken Rom konnten → Freigelassene erfolgreich den Weg aus der Sklaverei gehen. In späterer Zeit gab es auch die Möglichkeit des Freikaufs. Sklaverei war in allen antiken Hochkulturen und bis ins 19. Jh. in Amerika und Afrika verbreitet.

Soldatenkaiser Im 3. Jh. n. Chr. riefen die römischen Armeen in schnellem Wechsel, teilweise sogar in Konkurrenz zueinander, beliebte Feldherren zu Kaisern aus. Diese insgesamt ca. 40 sog. Soldatenkaiser zeichneten sich häufig eher durch militärische als durch politische Begabung aus und blieben oft abhängig von ihren Soldaten mit entsprechenden Folgen für die Regierung und Sicherheit, für Wirtschaft und Handel im Römischen Reich (Reichskrise). Die Soldatenkaiser wurden durch die Kaiser des → Dominats abgelöst.

Solonische Reformen Vor dem Hintergrund sozialer Spannungen in Attika begründete der als Schiedsrichter gewählte Solon eine Neuordnung der sozialen und politischen Verhältnisse (594 v. Chr.). Wichtigste Maßnahmen waren die Aufhebung der → Schuldknechtschaft für alle athenischen Bürger und eine Verfassung, die politisches Verantwortungsbewusstsein und Mitbestimmung der Bürger ermöglichen sollte. Die politischen Rechte des Bürgers beruhten auf seinem Besitz (Timokratie) statt wie bisher auf adeliger Abstammung. Anstelle des Geburtsprinzips trat also das Leistungsprinzip mit Chancengleichheit für alle Bürger. Deshalb gelten die Reformen als erster Ausdruck der modernen Staatsidee Europas und erster Schritt auf dem Weg zur Demokratie.

Sonnenkönig (franz. *roi de soleil*) Beiname Ludwigs XIV. Der französische Mo-

1674 geprägte Münze mit dem Symbol Ludwig XIV.: Die Sonne überstrahlt den gesamten Erdball.

narch wählte die Sonne als Symbol, um damit seine Stellung als absoluter Herrscher auszudrücken: Die Einzigartigkeit seiner Person, die Gnade gegenüber seinen Untertanen und seine unermüdliche Tätigkeit für den Staat.

Sowjetische Aktiengesellschaft (SAG) 1945 enteignete Industriebetriebe in der → SBZ, die in sowjetisches Eigentum übergegangen waren und deren Produktionen als → Reparationen genutzt wurden. Von den 200 SAGs war die Wismut Aktiengesellschaft zur Ausbeutung der Uranvorkommen in der DDR die bekannteste.

Sowjetische Kontrollkommission (SKK) → Sowjetische Militäradministration (SMAD)

Sowjetische Militäradministration (SMAD) 1945 eingesetzte oberste sowjetische Militärverwaltung mit Sitz in Berlin-Karlshorst. Sie führte die → Entnazifizierung durch und baute die Verwaltung in der sowjetischen Besatzungszone (SBZ) auf. Dabei bestimmte die SMAD maßgeblich deren politische Entwicklung. Mit der Gründung der → DDR ging aus der SMAD eine Sowjetische Kontrollkommission (SKK) hervor.

Sozialdemokratie Die Sozialdemokratie ist aus dem 1863 von Ferdinand Lasalle gegründeten Allgemeinen Deutschen Arbeiterverein, einem Teil der → Arbeiterbewegung, und der von August Bebel und Wilhelm Liebknecht 1869 gegründeten Sozialdemokratischen Arbeiterpartei Deutschlands hervorgegangen. Beide Organisationen wurden 1890 zur Sozialdemokratischen Partei Deutschlands vereint.

Ihre Vorstellungen von Freiheit und Gleichheit im wirtschaftlichen und gesellschaftlichen Leben – programmatisch festgelegt im → Godesberger Programm – sollten im Gegensatz zu den Anhängern des → Marxismus-Leninismus nicht durch gewaltsamen Umsturz, sondern durch Reformen innerhalb der parlamentarischen Demokratie verwirklicht werden. Wichtige Forderungen der Sozialdemokratie waren und sind bis heute u. a. das allgemeine Wahlrecht und soziale Gerechtigkeit. → Sozialismus

Soziale Marktwirtschaft Ein Wirtschaftssystem, das auf dem Grundsatz beruht, das Prinzip des freien Marktes mit sozialem Ausgleich zu verbinden.

In der Bundesrepublik propagierte der Wirtschaftsminister und spätere Bundeskanzler Ludwig Erhard die Idee einer Marktwirtschaft, in der Gewerbefreiheit, Konsumfreiheit und Freiheit der Berufswahl herrschen und der Staat besonders Bedürftige durch soziale Hilfsleistungen, wie z. B. Kindergeld, Wohngeld, und sozialen Wohnungsbau, unterstützt.

Im Gegensatz zur freien Marktwirtschaft und zur → Planwirtschaft sollte die soziale Marktwirtschaft durch Wettbewerb und ein staatlich getragenes System sozialer Maßnahmen „Wohlstand für alle“ schaffen.

Sozialgesetzgebung Gesetzgebung des Staates mit dem Zweck der sozialen Absicherung seiner Bürger.

Zwischen 1883 und 1889 wurden in Deutschland die Kranken-, Unfall- und Altersversicherung eingeführt. Otto von Bismarck versuchte damit, der oppositionellen → Arbeiterbewegung die Spitze zu nehmen, und schuf Gesetzeswerke, die vielen modernen Staaten im 20. Jh. als Vorbild dienten.

Sozialismus (lat. *socius* gemeinsam) Im 19. Jh. unter dem Eindruck der → Industriellen Revolution entstandene Bewegung mit dem Ziel der gerechten Verteilung des materiellen Besitzes. Der Sozialismus übte einen starken Einfluss auf die → Arbeiterbewegung aus. Nach der Lehre des → Marxismus-Leninismus bildet die sozialistische Gesellschaftsordnung die Vorstufe zum → Kommunismus, der alle materielle Ungleichheit überwindet.

Sozialistengesetz Das von Otto von Bismarck veranlasste Gesetz bedrohte sozialistische Vereine, Versammlungen und Veröffentlichungen mit Strafe und zwang die deutsche → Sozialdemokratie von 1878 bis 1890 in den Untergrund.

Das Gesetz war für den Reichskanzler jedoch ein Misserfolg, denn es konnte nicht verhindern, dass die Zahl der sozialdemokratischen Reichstagsmandate drastisch stieg. Weiterhin erschwerte das Sozialistengesetz die Integration der Arbeiter in den Staat und führte nachhaltig zu einer Entfremdung zwischen der Arbeiterschaft und der politischen Führung des Reiches.

Spanischer Erbfolgekrieg Europäischer Krieg um die Besitzungen der spanischen Habsburger (1701–1713/14) nach dem Tod des kinderlosen Karls II., da Frankreich und die deutschen Habsburger gleichermaßen erbberechtigt waren.

Nach wechselvollen Kämpfen Frankreichs gegen eine Koalition aus Österreich, England und den Niederlanden kam es im Frieden von Utrecht (1713) und Rastatt (1714) zu einem Kompromiss: Das spanische Erbe wurde geteilt, ein Enkel Ludwigs XIV. wurde König von Spanien, musste aber auf die Erbfolge in Frankreich verzichten. Österreich erhielt die Spanischen Niederlande, Mailand, Neapel und Sardinien, England bekam Gibraltar, Menorca und französische Besitzungen in Kanada. Damit hatte England das Prinzip des europäischen Gleichgewichts (→ Balance of Power) erfolgreich verteidigt.

Spartakusbund 1916 auf dem äußeren linken Flügel der SPD gegründete Gruppe von Revolutionären. Sie wollte am Ende des → Ersten Weltkrieges in Deutschland die Revolution vollenden und alle Macht den → Arbeiter- und Soldatenräten übertragen. Ihre Führer Karl Liebknecht und Rosa Luxemburg gründeten 1919 die Kommunistische Partei Deutschlands (KPD).

Spartanischer Kosmos (gr. *kosmos* schöne Ordnung) Staats- und Gesellschaftsordnung Spartas, in der Erziehung und gemeinsame Lebensform auf ständige militärische Verteidigungsbereitschaft ausgerichtet waren. Individualität und Einzelinteressen traten hinter dem Interesse des Staates völlig zurück. Sparta gilt als Extrembeispiel für den Satz: „Du bist nichts, dein Volk ist alles“.

Spiritualien Geistliche Befugnisse oder Ämter. Erst die begriffliche Trennung zwischen Spiritualien und weltlichen → Temporalien ermöglichte die Beendigung des → Investiturstreits im → Wormser Konkordat.

Splendid isolation (engl. glänzende Sonderstellung) Aufgrund der geschützten Insellage und seiner Weltmachtstellung fühlte sich England seit dem 16. Jh. gegenüber dem „Kontinent" Europa stark genug, um auf feste Bündnispartner verzichten zu können. Ihren Höhepunkt fand diese Außenpolitik im 19. Jh. während des → Viktorianischen Zeitalters, als sich Großbritannien aus den Bündnissystemen Europas heraushielt.

Sputnik Der erste künstliche Satellit im Weltraum, den die Sowjetunion 1957 in eine Erdumlaufbahn brachte. Er machte weltweit den Vorsprung der Sowjetunion in der Raketentechnik deutlich.

Angesichts des sog. „Sputnik-Schocks" setzte Präsident John F. Kennedy den USA das Ziel, dass ein Amerikaner als erster auf dem Mond landen sollte. Mit der Landung von „Apollo 11" am 20. Juli 1969 auf dem Mond erreichten die Amerikaner dieses Ziel. Der Astronaut Neil Armstrong betrat als erster Mensch den Mond.

Staat (lat. *status* Zustand) Organisationssystem, das das Zusammenleben einer Menschengruppe regelt. Vorrangige Ziele sind deren Schutz nach innen und nach außen; Gerichts- und Verteidigungswesen sind damit die primären Aufgaben des Staates.

Man unterscheidet zwei Staatstypen, den älteren Personenverbandsstaat und den jüngeren institutionellen Flächenstaat. Im Personenverbandsstaat übernahmen durch persönliche Beziehung miteinander verbundene Menschen die staatlichen Aufgaben. So war etwa die frühe Volksversammlung der Griechen, Römer und Germanen politisches Entscheidungsorgan, Heeresversammlung und Gericht in einem. Demgegenüber bildete der institutionelle Flächenstaat seit dem ausgehenden Mittelalter flächendeckend professionell arbeitende Organe und Institutionen aus, zu denen beispielsweise öffentliche Ämter, Behörden, Gerichte, Kasernen und Schulen gehörten.

Der moderne Staat ist durch drei Merkmale gekennzeichnet: Staatsgewalt, Staatsgebiet, Staatsvolk. Er beansprucht das Monopol auf legitime Gewaltausübung und setzte es im Laufe der frühen Neuzeit auch weitgehend durch. Erst in jüngster Zeit wird das staatliche Gewaltmonopol vor allem aus zwei Gründen wieder teilweise infrage gestellt: Zum einen scheuen manche Staaten neuerdings davor zurück, die Staatshoheit in vollem Umfang durchzusetzen und zum anderen verlieren die Einzelstaaten allmählich gegenüber überstaatlichen Zusammenschlüssen an Bedeutung.

Hinsichtlich der Träger der Staatsgewalt unterscheidet man zwischen verschiedenen Staatsformen, z. B. → Monarchie, → Demokratie, → Oligarchie, → Diktatur. Bezüglich des Staatsaufbaus wird unterschieden zwischen zentralistischen Staa-

Plakat der kommunistischen Partei Deutschlands 1919

ten (→ Einheitsstaat) und föderalistischen Staaten (→ Bundesstaat).

Staatenbund Zusammenschluss von gleichberechtigten Staaten mit einer gemeinsamen politischen Zielsetzung, z. B. zur Abwehr einer gemeinsamen Bedrohung oder zur Bündelung der wirtschaftlichen Kräfte, wie z. B. die NATO oder die EU. Die Mitglieder behalten weitgehend ihre Souveränität, stimmen aber ihre Politik vertraglich aufeinander ab. Falls sie sich einer gemeinsamen Regierung unterstellen würden, entstünde ein → Bundesstaat.

Staatskirche Mit dem Staat in politischer und administrativer Hinsicht eng verbundene kirchliche Gemeinschaft. Im Oströmischen Reich (→ Byzantinisches Reich) wurde die christliche Kirche zur Staatskirche (→ Caesaropapismus).

Im Zusammenhang mit der → Reformation und dem → Absolutismus entstanden auch in Westeuropa zahlreiche Staatskirchen, wie z. B. die anglikanische Hochkirche, deren Oberhaupt der englische König ist, oder die deutschen Landeskirchen.

Staatsräson (franz. *raison* Vernunft, Einsicht) Grundsatz, nach dem das oberste Ziel eines Staates die Erhaltung und Erweiterung seiner Macht sein müsse. Dieses Prinzip wurde erstmals von Niccoló Machiavelli aufgestellt, der das Staatsinteresse über das Recht, die Moral und geltende Verträge stellte. Die Staatsräson wurde zur leitenden Idee des → Absolutismus.

Stadt Größere Ortschaft, die wirtschaftlich durch Markt, Handel und Gewerbe, kaum oder gar nicht durch Landwirtschaft geprägt ist. In vielen Städten bildeten die → Bürger nicht nur eine Wirtschafts-, sondern auch eine Kult-, Wehr- und Rechtsgemeinschaft (→ Stadtrecht). Besonders für die antike und die abendländische Stadtgeschichte sind weitgehende Freiheits- und Selbstverwaltungsrechte der Bürger kennzeichnend.

Städtebund Im Mittelalter Zusammenschluss von Städten zur Wahrung ihrer wirtschaftlichen und politischen Interessen. Das bekannteste Beispiel für einen Städtebund ist die → Hanse.

Stadtrecht Den Bürgern einer Stadt wurde im Mittelalter häufig schon bei der Stadtgründung das Stadtrecht verliehen, das die Stadt als besonderen Bezirk innerhalb eines Staatswesens auswies. In der Regel erhielt die Stadt weitgehende Selbstverwaltungsrechte (→ Rat), wirtschaftliche → Privilegien und die Gerichtsbarkeit. Das Stadtrecht regelte bis zum Beginn des 19. Jhs sowohl das Zusammenleben der Stadtbewohner untereinander als auch das Verhältnis zwischen Stadt und Stadtherren.

Stahlhelmbund 1918 durch Franz Seldte gegründeter Zusammenschluss ehemaliger Soldaten des → Ersten Weltkriegs, der der konservativen Deutschnationalen Volkspartei (DNVP) nahe stand und sich auch in die Politik einmischte. Ab 1929 bekämpfte er offen die → Weimarer Republik und verbündete sich 1931 mit den Nationalsozialisten (→ Harzburger Front). Die jüngeren Mitglieder wurden nach 1933 in die → SA eingegliedert.

Stalingrad Entscheidende Schlacht im → Zweiten Weltkrieg zwischen Deutschland und der Sowjetunion, in der die deutsche Armee zur Jahreswende 1942/43 eine entscheidende Niederlage erlitt. Die 6. Armee (ca. 250 000 Mann) wurde zwischen Wolga und Don im Raum Stalingrad eingeschlossen und musste im Januar 1943 kapitulieren. Diese Niederlage leitete die Kriegswende ein. Die Initiative an der deutsch-sowjetischen Front ging endgültig auf die sowjetische Seite über.

Stalinismus Abschnitt der Geschichte der Sowjetunion (→ UdSSR), in der Josef Stalin weitgehend unumschränkt herrschte (→ Diktatur). Seine Herrschaft beruhte auf einem Terrorsystem gegen politische Gegner, die er z. T. ermorden ließ. Er ließ Schauprozesse durchführen und Arbeitslager in Sibirien einrichten. Auch die Unterdrückung nichtrussischer Völker, die Verherrlichung seiner Person und die straffe wirtschaftliche Organisation waren Merkmale seiner Herrschaft. Ohne Rücksicht auf Verluste wurde die Industrialisierung der Sowjetunion nach einem Fünfjahresplan (→ Planwirtschaft) vorangetrieben.

Der Stalinismus wurde auch in anderen kommunistischen Staaten wirksam. Wenige Jahre nach dem Tod Stalins (1953) begann die Phase der → Entstalinisierung.

Stalin-Noten Die am 10. März 1952 von Josef Stalin an die Westmächte gerichteten Vorschläge für die Zukunft Deutschlands. Danach sollte Deutschland als einheitlicher Staat wiederhergestellt werden. Die Besatzungsmächte sollten ihre Truppen zurückziehen und ein neutralisiertes Deutschland sollte entstehen.

Josef Stalin (1879–1953) in einem Gemälde von Aleksander Gerasimov 1939

Für Konrad Adenauer und die Westmächte war ein wiedervereinigtes, aber nicht im Westen verankertes Deutschland kein politisches Ziel. Außerdem waren freie Wahlen in Stalins Angebot nicht vorgesehen. Deshalb lehnte der Westen nach kontroversen Diskussionen die Vorschläge Stalins ab.

Historiker beschäftigte lange die Frage, ob die Noten ein „Scheinangebot“ Stalins waren, um die Kontrolle über das gesamte Deutschland zu erlangen, oder ob mit der Entscheidung des Westens die Chance für eine frühe Wiedervereinigung vertan worden war.

Stamm (1) Ursprünglich Bezeichnung für die zwölf Bevölkerungsgruppen Israels, die jeweils einen der Jakobssöhne zum Stammvater hatten. (2) Während der Völkerwanderung entstandene ethnische Einheiten, die im 3. bis 6. Jh. politische Strukturen ausbildeten. Auch Vorgänger oder Teilgruppe eines → Volkes. So bildete sich das deutsche Volk aus den Stämmen der Bayern, Alemannen, Franken, Thüringer, Sachsen und Friesen. → Stammesherzogtum

(3) Heute ethnischer Verband mit noch nicht voll entwickelter Staatlichkeit.

Stammesherzogtum Nach dem weitgehenden Zerfall des karolingischen Reiches waren die deutschen → Stämme gezwungen, die Verteidigung gegen Ungarn, Slawen und Wikinger selbst zu organisieren. Ein beim Abwehrkampf besonders bewährter Adliger konnte zum Stammesherzog (→ Herzog) aufsteigen. Da die Stammesherzöge z. T. königliche Macht anstrebten, kam es im Mittelalter zu Auseinandersetzungen mit der Zentralgewalt. Die Zerschlagung der Stammesherzogtümer im 12. Jh. führte zur → Territorialisierung des Reiches.

Stand Im allgemeinen Sinn soziale Schicht oder in gesellschaftlicher Hinsicht in sich abgeschlossene Großgruppe (z. B. Berufsstand). Im politischen Sinn seit dem 13. Jh. eine an der Regierung des Landes beteiligte Bevölkerungsgruppe (→ Landstände, → Landtag). Als erster Stand galt die Geistlichkeit, als zweiter der Adel und als dritter das städtische Bürgertum.

Ständekämpfe Auseinandersetzungen zwischen → Patriziern und → Plebejern in der frühen Römischen Republik im 5. und 4. Jh. v. Chr.

Symbolischer Höhepunkt war der Auszug der Plebejer aus der Stadt. Die Kompromissfähigkeit der Patrizier ermöglichte jedoch schrittweise politische Rechte für die Plebejer, wie z. B. Rechtssicherheit, Aufhebung des Eheverbots zwischen den beiden Ständen, Wahl von → Volkstribunen als Anwälte der Plebs und Zulassung vornehmer Plebejer zu den höchsten Staatsämtern. Seit 367 v. Chr. musste sogar einer der → Konsuln Plebejer sein. Im Mittelalter spielten sich in zahlreichen Städten Ständekämpfe zwischen dem → Patriziat und den → Zünften ab.

Statutum in favorem principum Urkunde Kaiser Friedrichs II. (1232), die den Fürsten zahlreiche königliche Hoheitsrechte zusprach (z. B. die Markt-, Münz- und Befestigungshoheit). Früher als Ausverkauf der Reichsinteressen gebrandmarkt, wird das Statutum in favorem principum heute als Legitimierung der ohnehin eingetretenen Entwicklung zur → Landesherrschaft angesehen.

Stehendes Heer Im Unterschied zu Heeren, die nur zu Kriegszeiten angeworben oder aufgeboten werden, bleibt ein stehendes Heer auch in Friedenszeiten ständig dienstbereit, sodass es jederzeit sofort einsetzbar ist. Die Aufstellung von stehenden Heeren erfolgte vor allem während des → Absolutismus und diente der innen- und außenpolitischen Machtsteigerung des Monarchen. Das stehende Heer war eine Säule des Absolutismus.

Stein-Hardenbergsche Reformen → Preußische Reformen

Steinzeit Ältester Abschnitt der Vorgeschichte (ca. 800 000 bis 2 000 v. Chr.), meist unterteilt in ältere (Altsteinzeit), mittlere und jüngere Steinzeit (Jungsteinzeit). Benannt nach den menschlichen Werkzeugen aus Stein bzw. Knochen (z. B. Faustkeil). Die Entwicklung verlief in verschiedenen Teilen der Welt unterschiedlich. Der Übergang zur Jungsteinzeit, in der die Menschen ihr → Nomadenleben als Jäger und Sammler aufgaben und sesshaft wurden, gilt als erste Revolution in der Geschichte. → Neolithische Revolution

Stellungskrieg Kriegsverlauf, bei dem sich die Soldaten für lange Zeit in ihre Stellungen eingraben, weil beide Seiten gleich stark sind und keine Möglichkeit einer Entscheidung besteht, wie z. B. im → Ersten Weltkrieg zwischen Deutschland und Frankreich.

Stoa Griechische Philosophenschule, benannt nach einer Säulenhalle (Stoa) in Athen, in der ihr Begründer Zenon um 300 v. Chr. lehrte.

Die Stoa sah im Menschen weniger den Angehörigen eines bestimmten Staates als den Weltbürger und forderte ein vernunft- bzw. naturgemäßes Leben, gleichmütiges Ertragen von Schicksalsschlägen und selbstverständliche Pflichterfüllung auch in aussichtslosen Situationen. Die Stoa fand ihre Anhänger vor allem im Hellenismus und im späten Rom, z. B. Cato, Seneca oder Kaiser Marc Aurel.

Stratege (gr. Feldherr) In der attischen Demokratie wurden die Strategen wegen der erforderlichen Kompetenz, die für die Anführer in kriegerischen Auseinandersetzungen unverzichtbar ist, ausnahmsweise nicht ausgelost, sondern gewählt. Die außerordentliche Macht des Perikles (Mitte 5. Jh. v. Chr.) beruhte neben seiner persönlichen Autorität darauf, dass er rund 15 Jahre lang immer wieder zum Strategen gewählt wurde.

Stromkultur → Hochkultur

Studentenbewegung Unzufriedenheit mit den politischen und gesellschaftlichen Verhältnissen in der Bundesrepublik führten gegen Ende der 1960er-Jahre zur Bildung einer bundesweiten Protestbewegung.

Unter Führung des Sozialistischen Studentenbundes stritten die Studenten zunächst für eine Veränderung der Hochschulen, protestierten dann aber auch gegen das Gesellschaftssystem der Bundesrepublik (→ APO) und den militärischen

Einsatz der USA im → Vietnamkrieg. Von der Studentenbewegung geprägt wurden die Initiativen für den Umweltschutz und für den Kampf gegen die Kernenergie in den 1970er-Jahren, die sich 1980 in der Bundespartei „Die Grünen" sammelten.

Stupor mundi (Staunen der Welt) Bezeichnung für Kaiser Friedrich II. von Hohenstaufen, der schon von den Zeitgenossen wegen seiner modernen Staatsauffassung, seiner wissenschaftlichen Interessen und seiner geistigen Weite als Ausnahmemensch angesehen wurde.

Friedrich II. entwarf eigenhändig das achteckige Castel del Monte in Apulien und nutzte es als Jagdschloss.

Sturmabteilung (SA) 1920 gegründete Kampftruppe der NSDAP für die Auseinandersetzung mit politischen Gegnern. Nach der „Machtergreifung" verfolgte die SA als Hilfspolizei politische Gegner und bewachte → Konzentrationslager. Adolf Hitler ließ am 30. Juli 1934 den Stabschef der SA, Ernst Röhm (→ Röhmputsch), ermorden, um die SA zu entmachten. Danach gewann die → SS (Schutzstaffel) zunehmend an Bedeutung.

Subsidien (lat. *subsidium* Hilfe, Beistand) Zuwendungen, meist in Form von Geld, mit denen ein Staat ausländische Verbündete unterstützt. Subsidien waren ein überaus beliebtes Mittel der französischen und englischen Außenpolitik im 17. und 18. Jh.

Sudetenkrise Außenpolitische Konfliktsituation um das mehrheitlich von Deutschen besiedelte Sudetengebiet im westlichen Teil der Tschechoslowakei in den Jahren 1937/38.
Die Sudetendeutsche Partei forderte, unterstützt durch Adolf Hitler, die Unabhängigkeit für das Sudetenland. Die Regierung in Prag bestand aber auf der Wahrung ihres Staatsgebietes. Nachdem Hitler mit dem Einmarsch deutscher Truppen gedroht hatte, kam es auf Vorschlag Benito Mussolinis zu einer Konferenz der europäischen Großmächte in München (→ Münchner Abkommen), um die Krise beizulegen.

Suffragetten (lat. *suffragium* Stimmrecht) Radikale Mitglieder der englischen Frauenbewegung, die vor 1914 für die politische Gleichberechtigung der Frau kämpften.

Synode von Sutri Auf der Synode von Sutri (1046) beendete König Heinrich III. ein → Schisma, indem er die rivalisierenden Päpste absetzte und den Bamberger Bischof Clemens II. als Papst einsetzte. Clemens II war der erste einer Reihe von deutschen Päpsten im Mittelalter. Die Absetzung der Päpste durch das weltliche Oberhaupt markiert den Höhepunkt des kaiserlichen Einflusses auf die römische Kirche.

T

Tannenberg (1) Ortschaft in Ostpreußen, bei der 1410 das Heer des → Deutschen Ordens von Polen und Litauern vernichtend geschlagen wurde (→ Friede von Thorn). (2) Der Sieg der deutschen 8. Armee über die in Ostpreußen eingedrungenen Russen im August 1914 wurde bewusst ebenfalls nach Tannenberg benannt, da man den Erfolg als Revanche an den Slawen interpretierte.

Taufe Christliches Sakrament, bei dem heute nur noch der Kopf des Täuflings mit Wasser benetzt wird. Die Taufe ist das sichtbare Zeichen für die Annahme des Menschen durch Gott und bedeutet die Aufnahme in die Gemeinschaft der Kirche. Von besonderer Bedeutung für die Geschichte Europas waren die Taufen Konstantins des Großen (337) und Chlodwigs (498), die dem römischen Christentum den Weg zur Staatsreligion bahnten.

Teheran-Konferenz Treffen der „Großen Drei", Franklin D. Roosevelt, Josef Stalin und Winston Churchill, in Teheran 1943, um über die Behandlung Deutschlands nach Kriegsende zu verhandeln. Die Staatsmänner legten u. a. die sowjetisch-polnische Grenze auf der → Curzon-Linie und die Oder als neue polnische Westgrenze (→ Oder-Neiße-Grenze) fest.

Temporalien Weltliche Hoheitsrechte eines Geistlichen oder einer kirchlichen Institution im Gegensatz zu den → Spiritualien. Die Abgrenzung zwischen beiden erfolgte im → Investiturstreit.

Territorialisierung Zerfall des Heiligen Römischen Reiches in mehrere selbstständige Territorien seit dem 12. Jh. infolge der Übertragung ursprünglich königlicher Hoheitsrechte auf einzelne Landesfürsten. In Deutschland und Italien wurden die Territorien, nicht das Reich, zu Staaten im modernen Sinn.

Territorium Im allgemeinen Sinn abgegrenztes Gebiet. Im engeren Sinn Herrschaftsgebiet eines reichsunmittelbaren Landesherrn innerhalb des Heiligen Römischen Reiches.

Terrorismus Aus einem Teil der studentischen Protestbewegung (→ Studentenbewegung) bildet sich 1968 eine terroristische Gruppierung unter dem Namen „Rote Armee Fraktion" (RAF). Nach ihren Anführern wurde sie auch Baader-Meinhof-Gruppe genannt.

Die Organisation bekämpfte mit Gewalt das demokratische Staatswesen und dessen führende Repräsentanten. Sie ermordeten u. a. den Generalbundesanwalt Siegfried Buback, den Vorstandsvorsitzenden der Deutschen Bank Jürgen Ponto und den Arbeitgeberpräsidenten Hans-Martin Schleyer. Neben Entführungen gingen auch Bombenanschläge, Banküberfälle und Flugzeugentführungen auf das Konto der RAF.

Der Polizei gelang die Festnahme der führenden RAF-Mitglieder, die Ende der 1970er-Jahre in aufwändigen Gerichtsprozessen verurteilt wurden.

Theten Die grundbesitzlose, unterste Bevölkerungsschicht und vierte Klasse in der athenischen Bürgerschaft, vor allem Lohnarbeiter und Handwerker. Da sie sich keine eigene Rüstung leisten konnten, taten sie im Krieg Dienst auf den → Trieren und hatten deshalb entscheidenden Anteil am griechischen Seesieg bei Salamis 480 v. Chr. über die Perser. Ihr dadurch gewachsenes politisches Gewicht trug zur Weiterentwicklung der attischen Demokratie bei.

Thing (germ. auch *Ding*) Bis zum frühen Mittelalter Versammlung aller freien, mündigen Männer auf Dorf-, → Gau- oder → Stammesebene, auf der alle Rechtsangelegenheiten geklärt wurden. Das Thing war zugleich Heeresversammlung und politisches Beschlussorgan.

Tiara Bischofsmütze; ferner von den Päpsten als Zeichen ihrer Würde getragene dreigliedrige Kopfbedeckung, die mit der Krone weltlicher Herrscher vergleichbar ist.

Tilsiter Friede Nach dem Sieg Napoleons bei Friedland im 4. Koalitionskrieg (→ Befreiungskriege) über die Russen arrangierte sich Russland im Frieden von Tilsit 1807 mit Frankreich und trat der → Kontinentalsperre bei.

Timokratie → Solonische Reformen

Tochterrepubliken Die durch Frankreich zwischen 1794 und 1800 besetzten und in Abhängigkeit gehaltenen Gebiete in den Niederlanden, der Schweiz und Italien.

Toleranz (lat. *tolerare* dulden) Duldung und Achtung von Menschen mit anderen religiösen oder politischen Ansichten. Aus der Überzeugung heraus, dass niemand im völligen Besitz der Wahrheit sein kann, forderte die → Aufklärung Toleranz als Grundprinzip bei religiösen Gegensätzen. Bekanntestes literarisches Beispiel ist die Ringparabel in Lessings Drama „Nathan der Weise". Religiöse und politische Toleranz sind heute eine Grundforderung der → Menschenrechte.

Toleranzedikt (lat. *tolerare* ertragen) Gesetz, mit dem ein Monarch angesichts religiöser Auseinandersetzungen freie Religionsausübung und offizielle Duldung der bisher bekämpften Religionsgemeinschaft verordnet. Am bekanntesten sind das Toleranzedikt von Mailand 313 n. Chr., mit dem Kaiser Konstantin die religiöse Gleichberechtigung der Christen verfügte, und das → Edikt von Nantes 1598, in dem der französischen König Heinrich IV. den → Hugenotten Rechtssicherheit und Religionsfreiheit garantierte.

Tordesillas, Vertrag von Vertragliche Abgrenzung der spanischen und portugiesischen überseeischen Besitzungen vom 7. Juni 1494. Die Grenze verlief auf einer Linie von Pol zu Pol bei etwa 46 Grad westlicher Länge (→ Entdeckungsreisen). Gebiete westlich dieser Grenze sollten zu Spanien, alle östlich gelegenen Gebiete zu Portugal gehören. Diese Entscheidung bestimmte die weitere Kolonialpolitik. Spanien eroberte Mittel- und Südamerika, Portugal erwarb Brasilien und Besitzungen in Afrika.

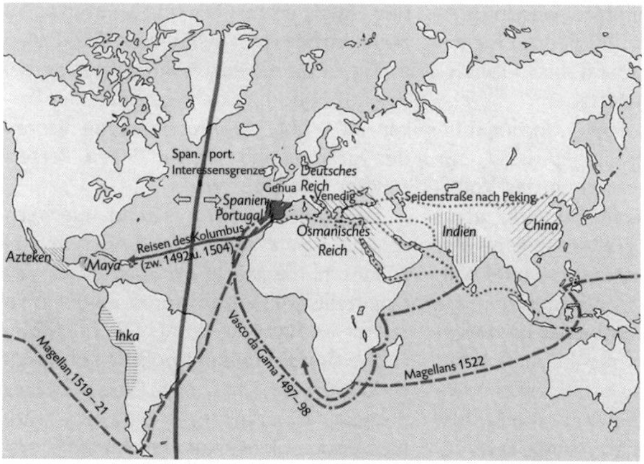

Die wichtigsten Entdeckungsreisen und die Grenzlinie des Vertrags von Tordesillas 1494

Totalitarismus Begriff für ein politisches System, in dem möglichst alle gesellschaftlichen Lebensbereiche erfasst und gleichgeschaltet sind. Hierbei bedienen sich totalitäre Staaten vergleichbarer Mittel. Die Geheimpolizei wird gegen die eigene Bevölkerung eingesetzt, eine einzige Partei mobilisiert die Massen, während das Propagandaministerium die Medien kontrolliert. Der → Nationalsozialismus und der → Bolschewismus werden als totalitäre Systeme bezeichnet.

Trafalgar Vor Trafalgar, an der südspanischen Küste, vernichteten die Briten 1805 unter Admiral Nelson im Dritten Koalitionskrieg (→ Befreiungskriege) die französische Flotte. Der Plan Napoleons, Großbritannien zu kontrollieren, war mit dieser Niederlage gescheitert. 1806 verfolgte er ihn jedoch mit der → Kontinentalsperre weiter.

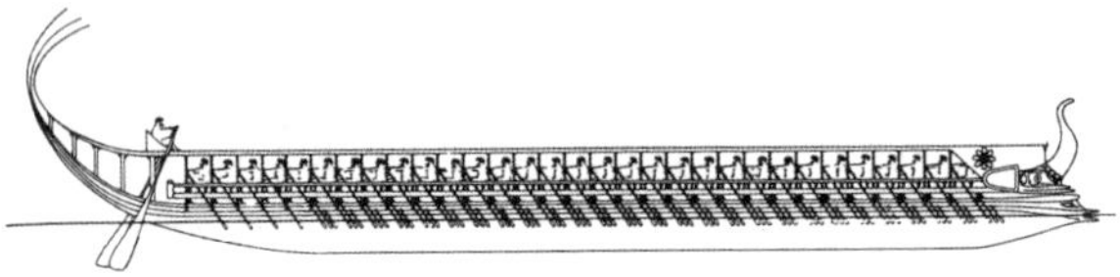

Modell einer griechischen Triere

Translatio imperii → Renovatio imperii

Treuga Dei (Gottesfrieden) Von der → kluniazensischen Reformbewegung propagiertes Fehdeverbot (→ Fehde) für die Zeit von Mittwochabend bis Montagmorgen und für alle Feiertage.

Treuhandanstalt 1990 von der Bundesregierung gegründete „Anstalt zur treuhänderischen Verwaltung des Volkseigentums", die die Aufgabe hatte, etwa 8 000 DDR-Betriebe (→ Volkseigene Betriebe und → Kombinate) mit über 4 Millionen Beschäftigten zu übernehmen. Sie sollte diese Betriebe entweder privatisieren oder sanieren und gegebenenfalls unrentable Unternehmen stilllegen. Die Treuhandanstalt hatte damit eine Schlüsselposition im wirtschaftlichen Umwandlungsprozess der bisherigen → Planwirtschaft in eine → Soziale Marktwirtschaft. Dieser Prozess war trotz schwer wiegender Folgen Ende 1994 für viele Menschen erfüllt und im Januar 1995 übernahm die „Bundesanstalt für vereinigungsbedingte Sonderaufgaben" die Aufgaben der Treuhandanstalt.

Tridentinum Latinisierte Bezeichnung für das Konzil von Trient von 1545 bis 1563. Es verwarf die Lehren Luthers (→ Reformation) und bestätigte die Autorität des Papstes und die kirchliche Tradition als Quellen der Offenbarung. Zahlreiche Reformen wie das Verbot des Ablasshandels oder die Verbesserung der Priesterausbildung führten zu einer Erneuerung und Festigung der katholischen Kirche. → Gegenreformation

Triere (gr. Dreiruderer) Athenisches Kriegsschiff. Auf jeder Seite saßen die Ruderer in drei Reihen übereinander (insgesamt bis zu 170 Personen) und ruderten nach Taktansage. Die Triere hatte an ihrem Bug einen Rammsporn und war mit ca. 50 Soldaten bemannt. Mit diesem Schiffstyp errangen die Griechen ihren Seesieg bei Salamis über die mächtige Flotte der Perser 480 v. Chr., da ihre wendigen Trieren den großen und schwerfälligen Perserschiffen überlegen waren.

Triumvirat (lat. Dreimännerherrschaft) Private Absprache zwischen drei Männern, die Macht im Staat unter sich aufzuteilen. 60 v. Chr. waren es der militärisch erfolgreiche Pompejus, der steinreiche Crassus und der politisch ehrgeizige Cäsar; 43 v. Chr., nach Cäsars Ermordung, die Cäsaranhänger Oktavian, Antonius und Lepidus. Aus den Bündnispartnern wurden jeweils schnell Rivalen, wobei sich schließlich einer der drei, im ersten Fall Cäsar, im zweiten Fall Oktavian, nach der schrittweisen Ausschaltung der zwei anderen den alleinigen Besitz der politischen Macht sicherte.

Truman-Doktrin Von dem amerikanischen Präsidenten Harry S. Truman 1947 verkündete Botschaft, die Staaten wirtschaftlich und militärisch zu unterstützen, die sich durch die Sowjetunion und den Kommunismus bedroht sahen. Ein konkreter Schritt, den sowjetischen Einflussbereich einzudämmen (→ Containment), war das wirtschaftliche Hilfsprogramm für Europa, der → Marshall-Plan.

Türkenkriege Kriege gegen das → Osmanische Reich seit dessen Angriff auf Europa 1354. Die Eroberung großer Teile des Balkans und Konstantinopels durch die Türken führte zu Konflikten mit Venedig und Habsburg. Die türkische Niederlage vor Wien 1683 beendete die türkische Expansion. Im „Großen Türkenkrieg" eroberten nun die Habsburger bis 1718 Ungarn, Siebenbürgen, das Banat und große Teile Kroatiens.

Die Kriege zwischen Russland und dem Osmanischen Reich führten zur schrittweisen Ausdehnung Russlands im Gebiet des Schwarzen Meers und zu wachsendem russischen Einfluss auf dem Balkan. Im 19. Jh. wurden die Schwäche des Osmanischen Reiches, die Interessen der Großmächte und die nationalen Erhebungen der auf dem Balkan lebenden Völker zu einem Dauerkonflikt der europäischen Politik. → Krimkrieg, → Balkankriege

Tyrann(is) In der griechischen Antike ein Alleinherrscher, der seine Macht nicht auf gesetzmäßigem Weg – wie etwa in der Monarchie – errungen hat. Unter der frühen Tyrannis erlebten manche Griechenstädte eine kulturelle, politische und wirtschaftliche Blütezeit, z. B. Athen unter Peisistratos, Samos unter Polykrates oder Sizilien unter Gelon, Hieron und Theron.

Erst im Mittelalter und vor allem im Zeichen der Demokratie erfuhr das Wort rein negative Bedeutung im Sinn von „unumschränkte Gewaltherrschaft", gegen die Widerstand und sogar Tyrannenmord erlaubt sind.

U

Überbau Sammelbegriff des → Marxismus-Leninismus für Kunst, Kultur, Wissenschaft, politische Anschauungen und religiöse Überzeugungen in einer Gesellschaft, die entsprechend dieser Lehre jeweils maßgeblich von den ökonomischen und sozialen Verhältnissen geprägt werden.

UdSSR (Union der sozialistischen Sowjetrepubliken) Nach der russischen Revolution 1922 gegründeter Bundesstaat in Europa und Asien, der aus 15 Republiken bestand, die nicht souverän waren. Die UdSSR verstand sich als Diktatur des → Proletariats, bei der die führende Rolle in der Leitung des Staates der kommunistischen Partei (KPDSU) zukam. Alle bedeutsamen Fragen wurden in Moskau entschieden. 1985 leitete Parteichef Michail Gorbatschow mit der Politik der → Perestroika einen Umbau und eine Demokratisierung der UdSSR ein, die 1991 schließlich zu ihrer Auflösung führten. An die Stelle der UdSSR trat ein loser Zusammenschluss von 12 ehemaligen Sowjetrepubliken (→ GUS).

Unabhängigkeitserklärung (*Declaration of Independence*) Dokument, mit dem die 13 englischen Kolonien in Nordamerika ihre Unabhängigkeit vom Mutterland erklärten. Der hauptsächlich von Thomas Jefferson formulierte Text war von den Ideen der → Aufklärung geprägt. → Amerikanische Unabhängigkeit

Ungleiche Verträge Das durch den → Opiumkrieg geschwächte China sah sich seit 1842 gezwungen, eine Reihe von Verträgen mit europäischen Mächten und den USA abzuschließen, die China Rechte auf seinem eigenen Staatsgebiet sicherten. Diese Verträge minderten allerdings Chinas Selbstständigkeit weiterhin. Der Begriff bezieht sich heute allgemein auf ein ungleiches Stärkeverhältnis zwischen vertragsschließenden Seiten.

Union (lat. *unio* Vereinigung) 1608 geschlossenes Bündnis protestantischer Reichsstände unter Führung der Kurpfalz zur Abwehr von Rechtswidrigkeiten und Gewalttaten. Die katholischen Reichsstände reagierten 1609 mit der Gründung der → Liga. Die Wahl des Kurfürsten Friedrich V. von der Pfalz zum böhmischen König trug zum Ausbruch des → Dreißigjährigen Krieges bei.

Universität (lat. Gesamtheit der Lehrenden und Lernenden; verstanden auch als Gesamtheit der Wissenschaften) Hochschule, an der alle Wissenschaften studiert werden können. Die ersten europäischen Universitäten entstanden seit dem 12. Jh. (Sorbonne, Cambridge, Oxford, Salamanca), die ersten deutschen seit dem 14. Jh. (Prag, Wien, Heidelberg). Die „moderne" deutsche Universität wurde im Zuge der → Preußischen Reformen von Wilhelm von Humboldt geschaffen; kennzeichnend für sie sind seither die Einheit von Forschung und Lehre und die wissenschaftliche Freiheit.

UNO → Vereinte Nationen

Unterhaus Als zweite Kammer des britischen Parlaments Bestandteil des → Zweikammersystems. Das Unterhaus setzt sich aus Abgeordneten zusammen, die in freier, gleicher und geheimer Wahl nach dem Mehrheitswahlrecht bestimmt werden.

Ur- und Frühgeschichte → Vorgeschichte

Urbanisierung Ein Entwicklungsprozess, bei dem größere Bevölkerungsteile eine städtisch-gebildete, weltgewandte Lebensform übernehmen, z. B. im Zusammenhang mit der → Romanisierung in den römischen Provinzen.

V

Vasall In der römischen Provinz Gallien allgemein Dienstpflichtiger; nach der Entstehung des → Lehnswesens gleichbedeutend mit Lehnsmann.

Vatikan Stadtbezirk in Rom und Bezeichnung für den Papstsitz sowie die höchsten Behörden des → Kirchenstaates.

Vereinte Nationen (engl. *United Nations Organization*) Aus 186 Staaten bestehende, internationale Organisation mit Sitz in New York, die den Frieden auf der Welt sichern und wirtschaftliche, soziale und humanitäre Aufgaben lösen soll. Die Vereinten Nationen wurden als Nachfolgeorganisation des → Völkerbundes von 51 Industriestaaten am 20. Juni 1945 in San Francisco gegründet.

Der Sicherheitsrat ist das wichtigste Organ, da er dafür verantwortlich ist, dass Maßnahmen zur Erhaltung des Friedens eingeleitet werden. Die USA, Russland, Großbritannien, Frankreich und China haben im Sicherheitsrat ständigen Sitz. Hinzu kommen 10 nichtständige Mitglieder. Die Vereinten Nationen setzen sich für Flüchtlinge in Krisengebieten ein und entsenden von einzelnen Mitgliedern freiwillig gestellte Truppeneinheiten („Blauhelme") in Kriegsgebiete.

Verfassung Grundlegender gesetzlicher Rahmen eines Staates, in dem System und Ziele des Staates festgelegt und seine Organisation und Herrschaftsausübung geregelt sind. Damit prägen Verfassungen auch die gesellschaftliche und soziale Ordnung. Ihre besondere Bedeutung wird darin sichtbar, dass Verfassungsänderungen nur mit qualifizierten Mehrheiten möglich sind und der Verfassungstag in vielen Ländern als Nationalfeiertag begangen wird.

Vorläufer moderner Verfassungen waren in der Antike die Beschreibung und Analyse von bestehenden Staats- und Regierungsformen (z. B. bei Aristoteles, Polybios, Cicero), im Mittelalter ständische Ordnungen (→ Magna Charta) oder kirchliche Statuten (z. B. Ordensregeln). Die moderne Verfassungsentwicklung begann in Europa im 17. Jh., als das englische Parlament in einer Reihe von Einzelgesetzen seine Rechte gegen den Versuch einer absolutistischen Herrschaft sicherte (→ Bill of Rights). Dadurch wurden die Rechte des Einzelnen gegenüber dem Staat und die → Gewaltenteilung schrittweise festgelegt. In anderen Staaten kam die Verfassung durch einen konstitutiven Akt zustande. Dies konnte durch den Monarchen erfolgen (oktroyierte Verfassung) oder durch die Repräsentanten eines Volkes, die in einer → Nationalversammlung die Verfassung berieten und beschlossen, bevor sie in einer Volksabstimmung angenommen wurde. Moderne demokratische Verfassungen enthalten die Grund- oder Menschenrechte, garantieren die Beteiligung der Bürger an politischen Entscheidungen (Wahlen, Parlament) und sind durch Verfassungsgerichte gegenüber den anderen Staatsgewalten geschützt.

Die neuzeitliche Verfassungsentwicklung Deutschlands begann im Vormärz mit landständischen Verfassungen in einzelnen deutschen Staaten (z. B. Bayern, Baden 1818). Die Verfassung der → Paulskirche, die 1849 von der ersten deutschen Nationalversammlung beschlossen wurde und auch einen Katalog an Grundrechten enthielt, trat nie in Kraft. Die erste Verfassung des Deutschen Reiches von 1871 war eine oktroyierte Verfassung, in der die Dominanz Preußens festgeschrieben war und die monarchischen Elemente ein Übergewicht gegenüber den demokratischen besaßen. Die erste demokratische Verfassung für Deutschland wurde 1919 in Weimar beraten und galt bis 1945, auch wenn wichtige Bereiche wie die Grundrechte oder die Gewaltenteilung seit 1933 aufgehoben waren. Der politische Neuanfang nach 1945 begann mit der Verabschiedung von Länderverfassungen, bevor für die Westzonen auf Initiative der

Besatzungsmächte 1949 das → Grundgesetz für die Bundesrepublik Deutschland erlassen wurde. Im selben Jahr verabschiedete die DDR ihre Verfassung, die 1968 neu gefasst wurde (mit Änderungen 1972 und 1974). 1990 trat die DDR dem Grundgesetz bei, sodass diese Verfassung jetzt für ganz Deutschland gilt.

Versailler Vertrag Friedensvertrag zwischen den → Ententemächten und den Verlierermächten des → Ersten Weltkriegs. Deutschland, das bei den Vertragsverhandlungen nicht zugelassen war, unterzeichnete am 28. Juni 1919 im Spiegelsaal des Versailler Schlosses bei Paris den Friedensvertrag. Zu den wichtigsten Bestimmungen gehörten die Anerkennung der Kriegsurheberschaft durch Deutschland und seine Verbündeten („Kriegsschuldartikel") und daraus abgeleitet hohe Reparationszahlungen an die Siegermächte. Hinzu kamen große Gebietsabtretungen: Elsass-Lothringen fiel an Frankreich, Posen und Westpreußen an Polen, das Memelgebiet blieb unter Kontrolle der Siegermächte (1923 dann an Litauen) und das Hultschiner Ländchen kam zur Tschechoslowakei. Das Saargebiet wurde für 15 Jahre unter die Völkerbundsverwaltung gestellt. Außerdem musste Deutschland auf alle überseeischen Besitzungen verzichten und Rüstungsbeschränkungen (100 000 Mann) akzeptieren.

In Deutschland wurde das Friedensdiktat in Verbindung mit der einseitigen Kriegsschuldzuweisung als Demütigung und nationale Schande empfunden. Die Bestimmungen des Versailler Vertrags stellten eine der Ursachen für das spätere Scheitern der → Weimarer Republik dar, da die Bevölkerung in deren Repräsentanten, die den Vertrag notgedrungen unterzeichnet hatten, die Urheber deutscher Schwäche und wirtschaftlicher Not sahen. Hitler hatte unter diesen Voraussetzungen leichtes Spiel, den Menschen mit seiner republikfeindlichen Propaganda und dem politischen Ziel der Revision des Versailler Vertrags Hoffnung auf ein wiedererstarktes Deutschland zu machen.

Das Plakat zu den Beschlüssen der Friedenskonferenz von Versailles prangert die Verluste für Deutschland an:
20 % der Produktionsgebiete
10 % der Bevölkerung
1/3 der Steinkohlenerzeugung
1/4 der Gesamtproduktion an Brotgetreide und Kartoffeln
4/5 der Eisenerzschätze

Veteran (lat. *vetus* alt) Ehemaliger römischer Soldat, der nach meist 20-jähriger Dienstzeit aus dem Heer entlassen wurde. Während der Kaiserzeit wurden die Veteranen im gesamten Reichsgebiet angesiedelt und trugen so zur → Romanisierung der Provinzen bei.

Veto (lat. ich verbiete) Formel, mit der ein römischer → Magistrat die Amtshandlung seines Kollegen verhindern konnte.

Die → Volkstribunen konnten zum Schutz der → Plebejer gegen jede Amtshandlung eines Magistrats einschreiten. Heute unterscheidet man allgemein zwischen einem Einspruchsrecht mit aufschiebender (suspensives Veto) oder verhindernder Wirkung (absolutes Veto).

Vichy-Regime Die französische Regierung, die nach der militärischen Niederlage (1940) im unbesetzten Süden Frankreichs regierte. Neue Hauptstadt wurde der Kurort Vichy. Die Regierung unter Staatspräsident Henri Petain musste nach deutschen Anweisungen handeln. Gegen den Kurs der Zusammenarbeit mit den Deutschen bildete sich eine starke Widerstandsbewegung (*Résistance*) in ganz Frankreich.

Vier-Mächte-Abkommen 1971 von den USA, der UdSSR, Großbritannien und Frankreich unterzeichnetes Abkommen, das die Rechte und Verantwortlichkeiten der vier Besatzungsmächte in Berlin neu formulierte. Die UdSSR verpflichtete sich, den Transitverkehr von und nach Berlin (West) nicht zu behindern. Die Westmächte akzeptierten die Hauptstadtrolle Berlins für die DDR, betonten aber ihre Verantwortung für ganz Berlin.

Vierzehn Punkte Friedensprogramm des amerikanischen Präsidenten Thomas Woodrow Wilson am Ende des → Ersten Weltkrieges (1918). Er forderte darin den Verzicht auf Geheimdiplomatie, die Freiheit der Schifffahrt, die Räumung besetzter Gebiete und Rüstungsbeschränkungen. Ein → Völkerbund sollte künftig die politische Unabhängigkeit aller Staaten gewährleisten.

Vietnamkrieg 1954 beschloss eine internationale Konferenz die Teilung Vietnams in eine nördliche, von den kommunistischen Vietminh kontrollierte Zone und einem südlichen Bereich, der von den USA zum antikommunistischen Vorposten ausgebaut wurde. Dort bildete sich der Vietcong als neue kommunistische Widerstandsbewegung, die vom Norden unterstützt wurde. 1964 brach der Krieg zwischen den USA und Nordvietnam aus. Dieser wurde vor allem von den USA mit großem Waffen- und Truppeneinsatz geführt und endete 1973 mit dem Abzug der amerikanischen Truppen. Nach der Besetzung der Hauptstadt Saigon durch den Vietcong kapitulierte die südvietnamesische Regierung und übergab die Macht an die Kommunisten. In West-Europa wurde öffentlich Kritik an dem amerikanischen Militäreinsatz in Vietnam geübt. → Studentenbewegung

Viktorianisches Zeitalter Die Regierungszeit Königin Viktorias von 1837 bis 1901, in der Großbritannien seinen Aufstieg zur alleinigen Weltmacht erlebte. Diese Stellung basierte vor allem auf dem weltumspannenden Kolonialbesitz und den damit verbundenen Möglichkeiten der politischen Machtentfaltung sowie der Rohstoffausbeute zugunsten der heimischen Wirtschaft. Großbritannien war die führende Macht des → Imperialismus und konnte so die → Industrielle Revolution schneller vorantreiben als jedes andere Land. Empfindlich reagierte es auf alle Versuche, die britische Überlegenheit anzutasten, z. B. auf das → Flottenbauprogramm Wilhelms II.

Vogt Inhaber eines Amtes mit exekutiven Befugnissen. Der Vogt vertrat Kleriker oder ein Kloster in weltlichen Angelegenheiten, vor allem vor Gericht. Im übertragenen Sinn wurde der mittelalterliche Kaiser als Vogt der Christenheit bezeichnet.

Völkerbund Auf Initiative des amerikanischen Präsidenten Thomas Woodrow Wilson 1920 gegründete internationale Organisation mit dem Ziel der Zusammenarbeit der Nationen, um Kriege zu verhindern. Der Beitritt Deutschlands erfolgte 1926, der Austritt 1933 durch die Hitlerregierung. Der Völkerbund wurde 1946 durch die Bildung der Nachfolgeorganisation → UNO aufgelöst.

Völkerrecht Internationale Bestimmungen zur Regelung zwischenstaatlicher

Beziehungen. Für das Völkerrecht gelten das Gewohnheitsrecht und allgemein anerkannte Rechtsgrundsätze, aber auch Beschlüsse internationaler Organisationen. Die ursprünglich nur in Europa gültigen völkerrechtlichen Grundsätze werden inzwischen von den meisten Staaten anerkannt. Bei Streitfragen kann der Internationale Gerichtshof in Den Haag angerufen werden.

Völkerschlacht Siegreiche Schlacht der verbündeten Staaten gegen Napoleon vom 16. bis 19. Oktober 1813 bei Leipzig. Die Völkerschlacht markiert eine wichtige Etappe der → Befreiungskriege.

Völkerwanderung Epoche der Wanderungen und Reichsbildungen germanischer Völker auf dem Boden des Weströmischen Reiches zwischen dem 4. und dem 6. Jh. Die Völkerwanderung begann mit dem Hunnensturm (375) und endete mit der Reichsgründung der Langobarden (568). In dieser Zeit entstand durch Verschmelzung germanischer, antiker und christlicher Kulturelemente das → Abendland.

Volksaufstand Am 17. Juni 1953 kam es zu dem vor allem von Arbeitern getragenen Aufstand in der DDR gegen die → SED-Regierung. Die Erhöhung der Arbeitsnormen und die allgemeine Unzufriedenheit der Bürger waren der Anlass für Streiks und Demonstrationen.

Im Verlauf des Aufstandes forderten die Menschen freie Wahlen und eine neue Regierung. Das sowjetische Militär ging mit Panzern gegen die Demonstranten vor und schlug den Aufstand gewaltsam nieder. Als „Tag der deutschen Einheit" war der 17. Juni bis 1991 offizieller Feiertag in der Bundesrepublik Deutschland.

Volkseigener Betrieb (VEB) 1951 in der DDR eingeführte Bezeichnung für verstaatlichte Betriebe des Handwerks und der Industrie. Seit den 70er-Jahren wurden sie zu → Kombinaten zusammengefasst. Die meisten der ca. 8 000 VEB arbeiteten unwirtschaftlich. Nach dem Ende der DDR übernahm die → Treuhandanstalt die Aufgabe, die Volkseigenen Betriebe zu privatisieren.

Volksfront Bündnis zwischen Kommunisten und Sozialisten, Sozialdemokraten und der bürgerlichen Linken, um eine kommunistische Machtergreifung vorzubereiten. Volksfrontregierungen wurden 1936 in Frankreich und Spanien gebildet. Nach dem → Zweiten Weltkrieg hatte die Volksfrontpolitik in den von der → UdSSR abhängigen Staaten großen Anteil an der Durchsetzung der kommunistischen Herrschaft. → Nationale Front

Der Präsident des Volksgerichts Roland Freisler beim Hitlergruß vor Hitlerbüste und Hakenkreuz: Auch das Recht dient dem Führer.

Volksgericht Anders als in der modernen Rechtspflege fällten in der griechischen Antike nicht ausgebildete Berufsrichter, sondern Laien die Gerichtsurteile (vgl. die heutigen Geschworenen). Seit den → Solonischen Reformen konnte jeder athenische Bürger für einen Tag als Richter gewählt bzw. erlost werden – ein wichtiger Schritt auf dem Weg zur Demokratie.

Volksgerichtshof 1934 im nationalsozialistischen Deutschland geschaffener Gerichtshof für Landes- und Hochverrat.

Er diente der nationalsozialistischen Führung dazu, politische Gegner zu verurteilen. In Schauprozessen oder in Verfahren unter Ausschluss der Öffentlichkeit wurden bis April 1945 unter dem Präsidenten Roland Freisler Tausende von Todesurteilen gegen Widerstandskämpfer gefällt. → Zwanzigster Juli

Volkskammer Am 7. Oktober 1949 aus dem → Deutschen Volkskongress hervorgegangene, parlamentsähnliche Versammlung der DDR, in der die → SED die stärkste Fraktion stellte. Die Fraktionen der anderen Parteien waren auf das gemeinsame Programm der → Nationalen Front verpflichtet. Die Volkskammer trat nur selten zusammen. Die wichtigen Entscheidungen fielen im → Politbüro. Nach dem Sturz der SED wurde am 18. März 1990 erstmals in freien Wahlen eine neue Volkskammer gewählt, die die Verträge zur → Wiedervereinigung verabschiedete.

Volkssouveränität (franz. *souveraineté* höchste Gewalt, Staatsgewalt) Grundsatz der Herrschaftslegitimation in der → Demokratie. Danach ist das Volk Träger der Staatsgewalt, sodass die Ausübung der Herrschaft von seiner Zustimmung abhängt (→ Gesellschaftsvertrag).

Der Grundsatz der Volkssouveränität, den vor allem Jean Jaques Rousseau in seiner Schrift *„Du contrat social"* (1762) entwickelte, wurde in der → Amerikanischen Unabhängigkeit und in der → Französischen Revolution zur Grundlage politischer Entscheidungen. In vielen modernen Staaten ist die Volkssouveränität dadurch eingeschränkt, dass einige verfassungsmäßig gesicherte Rechte (Grundrechte) nicht vom Volk beseitigt werden können.

Volkssturm 1944 aufgestellte Truppe aus bislang nicht in die → Wehrmacht eingezogenen Männern zwischen 16 und 60 Jahren. Die Volkssturmeinheiten waren schlecht ausgerüstet und militärisch kaum ausgebildet, sodass ihr Kampfwert gering war. In den letzten Kriegsmonaten erlitten sie im Kampf gegen die Rote Armee erhebliche Verluste.

Volkstribun Römischer Magistrat, der die Interessen der → Plebejer vertrat. Das Amt, in den römischen → Ständekämpfen erstritten, diente dem Schutz und der Interessenvertretung der Plebejer gegenüber der Senatsaristokratie. Der Volkstribun galt als sakrosankt, d. h. als unverletzlich; wer ihn dennoch angriff, beging einen religiösen Frevel. Volkstribune hatten das → Vetorecht gegenüber allen Magistrats- und Senatsbeschlüssen und konnten selbst Gesetze einbringen – angesichts der faktischen Vorherrschaft des → Senats ein entscheidendes Machtmittel, das von den Gracchen in revolutionärer Weise benutzt wurde.

Volksversammlung Die entscheidende politische Instanz, in der alle stimmberechtigten Bürger eines Staates ihre politischen Rechte ausüben, z. B. Entscheidung über Krieg und Frieden, Wahl der Beamten, Beschlüsse über Gesetze. In der Attischen Demokratie hatte jeder Bürger freies Vorschlags- und Rederecht (Initiativrecht). Abgestimmt wurde nach Köpfen („one man one vote"). In der Römischen Republik stimmte die Volksversammlung nur über Vorschläge des Senats oder der Magistrate ab. Die Abstimmung erfolgte nach Körperschaften, den → Zenturien.

Vorgeschichte Ältester Zeitraum der Menschheitsgeschichte, aus dem archäologische Funde, aber keine schriftlichen Quellen vorhanden sind. Mit der Erfindung der Schrift (in Ägypten z. B. 3000 v. Chr.) beginnt die „eigentliche Geschichte".

Vormärz Bezeichnung für die Jahre vor der → Märzrevolution von 1848, in der die Regierungen der deutschen Staaten versuchten, die Prinzipien der → Restauration beizubehalten. Liberale und nationale Kräfte wie das → Junge Deutschland, die eine neue Ordnung in Deutschland unter einem nationalstaatlichen Dach forderten, wurden unterdrückt.

W

Wahlkapitulation Im späten Mittelalter und in der frühen Neuzeit schriftliche Vereinbarung zwischen einem Fürsten und der ihn wählenden → Ständevertretung über Grundsatzfragen der künftigen Regierung (z. B. Steuererhebungen, Feldzüge, ständische Mitwirkung).

Wahlkönigtum Im Unterschied zur Erbmonarchie wurde in einer Wahlmonarchie beim Tod eines Königs sein Nachfolger gewählt, was nicht ausschloss, dass bei der Wahl das → Geblütsrecht eine entscheidende Rolle spielte (z. B. im Heiligen Römischen Reich des Mittelalters und der Neuzeit).

Wahlrechtsmodelle Verschiedene Formen der Übertragung von politischen Ämtern durch Wahl. In Preußen gab es z. B. das → Zensuswahlrecht, bei dem die Wähler einen nach Einkommensverhältnissen gestaffelten Einfluss auf die Zusammensetzung des → Abgeordnetenhauses hatten (→ Dreiklassenwahlrecht).

In den modernen parlamentarischen Demokratien unterscheidet man vor allem zwischen Verhältnis- und Mehrheitswahlrecht bei gleicher und geheimer Wahl. Nach dem Verhältniswahlrecht erhalten die Parlamentsparteien proportional so viele Sitze wie es ihrem Stimmenanteil in der Bevölkerung entspricht (z. B. Deutscher Bundestag). Nach dem Mehrheitswahlrecht entsendet jeder Wahlkreis nur denjenigen Kandidaten ins Parlament, der die meisten Stimmen auf sich vereinen konnte (z. B. britisches Unterhaus). Das Verhältniswahlrecht spiegelt den Wählerwillen gerechter wider, da das Mehrheitswahlrecht die jeweils stärkste Partei zusätzlich begünstigt und damit für stabile parlamentarische Mehrheiten sorgt.

Währungsreform Durch Gesetz der drei westlichen Besatzungsmächte wurde am 19. Juni 1948 die Geldumstellung von Reichsmark auf Deutsche Mark (DM) verkündet. Jeder Bewohner der Westzonen erhielt im Umtausch gegen 50 Reichsmark ein so genanntes „Kopfgeld" von 40 DM. Löhne, Gehälter, Renten und Mieten wurden im Verhältnis 1:1 umgestellt.

Die Währungsreform beendete die staatliche Preisbindung, ließ den Schwarzmarkt verschwinden und war eine Voraussetzung für das → Wirtschaftswunder. Sie teilte aber auch Deutschland, denn in der → SBZ zog die Sowjetunion mit einer eigenen Währungsreform nach. Als die DM in den Westsektoren Berlins eingeführt wurde, begann die → Berliner Blockade.

Währungsunion Entscheidung der DDR-Regierung und der Bundesregierung zur Schaffung eines gemeinsamen deutschen Währungs- und Wirtschaftsgebietes nach dem Fall der Mauer. Vor dem Hintergrund eines sich auflösenden ostdeutschen Wirtschaftssystems und Forderungen der DDR-Bürger nach Einführung der D-Mark wurde diese Entscheidung notwendig. Der am 18. Mai 1990 unterzeichnete Staatsvertrag über die Währungs-, Wirtschafts- und Sozialunion regelte neben der Übernahme der wirtschaftlichen und sozialen Ordnung der Bundesrepublik durch die DDR auch die Einführung der D-Mark als alleiniges Zahlungsmittel. Für Löhne, Renten und Mieten einigte man sich auf einen Kurs von 1:1. Am 1. Juli trat der Staatsvertrag in Kraft. Die 1948 erfolgte Teilung Deutschlands in zwei Währungsgebiete (→ Währungsreform) war beendet. → Wiedervereinigung

Waldenser → Albigenser

Wallfahrt Pilgerfahrt zu einer heiligen Stätte. Häufige Gründe sind die Bitte um Erfüllung eines Wunsches, Buße oder Danksagung. Berühmte Wallfahrtsorte des Mittelalters waren Santiago de Compostella und Jerusalem.

Wannseekonferenz Am 20. Januar 1942 teilte der Chef des → Reichssicherheitshauptamtes Reinhard Heydrich in Wannsee bei Berlin im Auftrag Adolf Hitlers den Vertretern der obersten Reichsbehörden die vorbereitete „Endlösung" der Judenfrage mit: Deportation und Ausrottung der Juden in ganz Europa. Die systematische Ausrottung der Juden erfolgte in Vernichtungslagern. → Holocaust, → Konzentrationslager

Waräger Schwedischer Zweig der Normannen (Wikinger). Die bedeutendste Leistung der Waräger waren die Eroberung Russlands und die Gründung der Staaten Kiew und Nowgorod im 9. Jh.

Warschauer Pakt Das von der Sowjetunion geführte Militärbündnis der sozialistischen europäischen Staaten. 1955 unterzeichneten in Warschau Vertreter Albaniens, Bulgariens, der DDR, Polens, der CSSR, der Sowjetunion und Ungarns den „Vertrag über Freundschaft, Zusammenarbeit und gegenseitigen Beistand" (Warschauer Vertrag) als Gegenbündnis zur → NATO.

Die Vertreter der Sowjetunion nahmen die wichtigsten Positionen im Vereinten Oberkommando ein und im Rahmen des Vertrages stationierte die Sowjetunion ihre Truppen in den Mitgliedsstaaten. Der Warschauer Pakt löste sich mit dem Zerfall des Ostblocks 1991 auf.

Wartburgfest 1817 fand auf der mittelalterlichen Burg bei Eisenach, in der Martin Luther von 1521 bis 1522 das Neue Testament ins Deutsche übersetzt hatte, das sog. Wartburgfest statt.

Diese Großkundgebung war eine Gedenkfeier an das → Reformationsjahr 1517 und an die → Völkerschlacht von 1813 sowie zugleich eine politische Demonstration für die deutsche Einheit. Organisiert von der Deutschen → Burschenschaft, vereinte dieses Fest Studenten aus allen Teilen Deutschlands und entfachte ein Gefühl der nationalen Begeisterung.

Waterloo Letzter Schlachtort der → Befreiungskriege, wo im Juni 1815 Napoleon gemeinsam von dem Briten Wellington und dem Preußen Blücher endgültig besiegt wurde. Heute steht der Begriff allgemein als Symbol für eine vernichtende Niederlage („sein Waterloo erleben").

Wehrmacht Bezeichnung für die deutschen Streitkräfte zwischen 1935 und 1945. Mit der Einführung der Wehrpflicht im März 1935, mit der Hitler gegen die Bestimmungen des → Versailler Vertrages verstieß, begann der Aufbau der Wehrmacht mit den Teilstreitkräften Heer, Marine und Luftwaffe. 1938 übernahm Hitler das Oberkommando der Wehrmacht (OKW). 1939 hatte das Heer eine Stärke von 2,6 Millionen, die Luftwaffe von 400 000 und die Marine von 50 000 Mann. Die hochgerüstete Wehrmacht wurde zum Instrument für Hitlers expansionistische Außenpolitik.

Wehrpflicht Seit der → Französischen Revolution in vielen Staaten geltende Verpflichtung der männlichen Bevölkerung, Wehrdienst zu leisten. Leitidee ist dabei der „Bürger in Uniform", dessen Bürgerrechten entsprechende Bürgerpflichten gegenüberstehen.

Weimarer Koalition Das Regierungsbündnis demokratischer Parteien in der → Weimarer Republik. Aus den Ergebnissen der Wahlen zur → Nationalversammlung (1919) ergab sich die Zusammenarbeit der drei größten Fraktionen: SPD, Zentrum und Deutsche Demokratische Partei (DDP).

Die Weimarer Koalition trug die Republik in ihrer Anfangsphase, verlor aber in den ersten Reichstagswahlen (1920) ihre Mehrheit, die sie nicht wiedererlangte.

Weimarer Republik Bezeichnung für die erste deutsche parlamentarische Demokratie von 1919–1933. In der Literatur wird sie in drei Phasen eingeteilt: Der Durchsetzung der parlamentarischen Demokratie in den revolutionären Nachkriegswirren von 1918–1923 (→ Nationalversammlung) folgte eine Phase der relativen Stabilisierung in Wirtschaft und Politik von 1924–1929 (→ Rapallo, → Locarno). Wendepunkt war die → Weltwirtschaftskrise ab 1929. Dann begann die Auflösung und Zerstörung der Demokratie bis zur → Machtergreifung der NSDAP am 30. Januar 1933. Eine offene Frage ist, ob die Weimarer Republik wirklich eine „Demokratie ohne Demokraten" war oder ob die demokratischen Kräfte überhaupt eine wirkliche Chance hatten, um sich gegen rechte und linke Radikale durchzusetzen.

Weiße Rose An der Universität München bildete sich 1942 ein Widerstandskreis um den Philosophieprofessor Kurt Huber. Einige Studenten, vor allem Hans und Sophie Scholl, Willi Graf und Christoph Probst, verbreiteten durch Flugblätter und Maueranschriften ihren Protest gegen den Krieg und das nationalsozialistische Unrechtsregime. Sie wurden 1943 verraten, durch die → Gestapo verhaftet und vom → Volksgerichtshof zum Tod verurteilt.

Hans und Sophie Scholl

Welthandelsorganisation (WTO) → GATT

Weltwirtschaftskrise Der Börsenzusammenbruch in New York am 25. Oktober 1929 (→ Schwarzer Freitag) führte in Europa und insbesondere in Deutschland zu Zusammenbrüchen zahlreicher Firmen und Banken. Es kam zu Massenentlassungen und rund 30 Mill. Arbeitslosen.

In Deutschland weitete sich die wirtschaftliche Katastrophe zu einer Staatskrise der → Weimarer Republik aus. Die Regierung Brüning regierte mit → Notverordnungen und einer strengen Deflationspolitik, konnte aber die Verarmung eines großen Teils des Mittelstandes nicht verhindern. Diese Entwicklung stärkte die Gegner der Republik und des parlamentarischen Systems und führte zum Erstarken des → Nationalsozialismus.

Westerplatte Von den Polen festungsartig ausgebaute Halbinsel vor der Stadt Danzig, die am 1. September 1939 von dem deutschen Kriegsschiff „Schleswig-Holstein" beschossen wurde. Mit dem Beschuss begann der deutsche Überfall auf Polen und damit der → Zweite Weltkrieg. Adolf Hitler hatte zuvor Überfälle angeblicher polnischer Aufständischer unter anderem auf den deutschen Sender Gleiwitz in Oberschlesien fingieren lassen und behauptet, es werde auf der Westerplatte nun „zurückgeschossen".

Westfälischer Friede Ergebnis der Friedensverhandlungen zur Beendigung des → Dreißigjährigen Krieges 1648, die seit 1645 gleichzeitig in Münster (Kaiser, Frankreich, katholische Reichsstände) und Osnabrück (Schweden, protestantische Reichsstände) geführt wurden.

In der konfessionellen Frage wurde der → Augsburger Religionsfrieden, der jetzt auch die Calvinisten einschloss, präzisiert. Die Fürsten erhielten die volle Souveränität für ihre Territorien. Bayern und Brandenburg erweiterten ihren Besitz innerhalb des Reiches, Schweden erhielt Stützpunkte an Ost- und Nordsee und Frankreich konnte sein Gebiet nach Osten ausdehnen. Die Schweiz und die Niederlande schieden aus dem Reich aus.

Der Westfälische Friede markiert das Ende des konfessionellen Zeitalters und bestimmte für die nächsten 150 Jahre das Verhältnis zwischen Reichsständen und Kaiser. Weiterhin bildete er die Grundlage für das europäische Gleichgewicht. → Balance of Power

Westwall Zwischen 1938 und 1939 erbaute der Reichsarbeitsdienst (RAD) entlang der deutschen Westgrenze von

Aachen bis zur Schweizer Grenze eine Befestigungslinie aus Bunkern, Unterständen und Betonigeln zur Panzerabwehr. Von der deutschen Propaganda als unüberwindlich hingestellt, behinderte der Wall den Vormarsch der anglo-amerikanischen Streitkräfte im Januar 1945 kaum.

Widerstand Allgemeine Bezeichnung für Haltungen und Handlungen, die gegen den → Nationalsozialismus als Weltanschauung und Herrschaftsform gerichtet waren. Im engeren Sinne ist Widerstand aber als Handeln zu verstehen, das darauf abzielte, unter Einsatz seines Lebens zum Ende des NS-Regimes beizutragen.

Der bürgerliche Widerstand bestand aus dem → Kreisauer Kreis und Oppositionellen um den ehemaligen Leipziger Oberbürgermeister Carl Goerdeler. Evangelische Pfarrer und Gemeindemitglieder fanden sich in der → Bekennenden Kirche zusammen. Auf katholischer Seite klagte der Münsteraner Bischof Clemens Graf von Galen den Mord an Behinderten öffentlich an. Aktiven Widerstand leisteten Der kommunistische Widerstand organisierte sich in der → Rote Kapelle. Der militärische Widerstand (→ Zwanzigster Juli) ging von Generaloberst Ludwig Beck und Oberst Claus von Stauffenberg aus. Auch Studenten und Jugendliche leisteten Widerstand. Die bekannteste studentische Widerstandsgruppe war die → Weiße Rose. In Köln fanden sich Jugendliche zu den „Edelweißpiraten" zusammen und verteilten Flugblätter oder beteiligten sich an Sabotageakten. Mutigen Widerstand als Einzelner leistete Georg Elser, der am 8. November 1939 vergeblich versuchte, Hitler mithilfe eine Zeitbombe zu töten.

Wiedertäufer Während der Reformation entstandene Religionsgemeinschaften mit unterschiedlichen, teilweise sozialrevolutionären Zielen (Gütergemeinschaft, Ablehnung von staatlichen und kirchlichen Institutionen), deren Gemeinsamkeit die Erwachsenentaufe war.

Die Bewegung wurde von der katholischen wie von den protestantischen Kirchen bekämpft (Schreckensherrschaft der Wiedertäufer in Münster 1534–1535).

Wiedervereinigung Herstellung der staatlichen Einheit Deutschlands nach der friedlichen Revolution in der DDR. Nach Zustimmung der Siegermächte in den Zwei-Plus-Vier-Verhandlungen und dem Einigungsvertrag zwischen Bundesrepublik und DDR trat am 3. Oktober 1990 die DDR nach Artikel 23 des Grundgesetzes der Bundesrepublik Deutschland bei. Am 2. Dezember 1990 folgten die ersten gesamtdeutschen Wahlen. Erfüllt war dadurch der in der Präambel des → Grundgesetzes formulierte Auftrag an das ge-

Bedeutende Vertreter des christlichen Widerstands: Martin Niemöller, Paul Schneider, Clemens August Graf von Galen und Dietrich Bonhoeffer samte deutsche Volk, „in freier Selbstbestimmung die Einheit und Freiheit Deutschlands zu vollenden".

Wiener Kongress 1815 fanden unter der Führung Fürst von Metternichs in Wien Verhandlungen zur Neuordnung Europas nach dem Prinzip der → Restauration jener territorialen und verfassungsrechtlichen Verhältnisse statt, wie sie vor der französischen Revolution und den Napoleonischen Kriegen (→ Befreiungskriege) existierten.

Im Ergebnis konnte Frankreich seine alte Großmachtstellung behaupten und Großbritannien festigte seine See- und Handelsvormacht durch koloniale Zugewinne. Russland bildete mit Polen eine → Personalunion, ebenso Schweden mit Norwegen. Die bis dahin österreichischen Niederlande wurden mit der ehemaligen Republik der Niederlande zum Königreich der Niederlande vereint. Preußen bekam die linksrheinischen deutschen Gebiete, Westfalen und das nördliche Sachsen.

Das Ziel, Europa in seiner alten feudalen Form wiederherzustellen, erreichte der Wiener Kongress weitgehend. Die restaurierten Staaten mussten aber in der Folgezeit enorme Anstrengungen aufbringen, um die weiterlebenden bürgerlichen Freiheitsideen in Schach zu halten.

Wikinger (Normannen) Krieger, Kaufleute, Seeräuber und Staatengründer skandinavischer Herkunft, die sich im letzten Viertel des ersten Jahrtausends über Nordfrankreich (Normandie), Süditalien und Sizilien, Russland, Island und Teilregionen Nordamerikas ausbreiteten.

Wilhelminisches Zeitalter Die Regierungszeit Kaiser Wilhelms II. (1888–1918) ohne die Jahre des → Ersten Weltkriegs. Diese Jahre waren eine Zeit des wirtschaftlichen Aufschwungs und der öffentlichen Prachtentfaltung bis hin zur Großspurigkeit in der Person des Kaisers selbst. Deutschland rückte nach eigenem Empfinden in den Kreis der Weltmächte auf und forderte einen „Platz an der Sonne" (→ Imperialismus). Nach einer langen Friedensperiode herrschten im Inneren Wohlstand, Zufriedenheit und eine durch den raschen technischen Fortschritt ausgelöste Aufbruchsdynamik. Die Presse, das kulturelle Leben und die deutsche Wissenschaft entfalteten sich. Im übersteigerten Nationalismus und Militarismus der Zeit sah man sogar dem Ausbruch des Ersten Weltkrieges voller Enthusiasmus entgegen.

Wirtschaftswunder Schlagwort für den überraschend schnellen Wiederaufstieg der westdeutschen Wirtschaft in den fünfziger und sechziger Jahren.

Die erfolgreiche Wirtschaftsentwicklung wird u. a. damit erklärt, dass der Wiederaufbau zerstörter Städte und Fabriken zur Modernisierung zwang. Wichtige Anstöße bekam die Wirtschaftsentwicklung durch die → Währungsreform, die Gelder des → Marshallplans und die Einführung der → sozialen Marktwirtschaft.

Wohlfahrtsausschuss Ausschuss des französischen → Nationalkonvents unter der Führung Maximilien Robespierres. Von 1793–1794 war der Wohlfahrtsausschuss das wichtigste Organ der jakobinischen Schreckensherrschaft und praktisch die Regierung Frankreichs.

Angetrieben von revolutionärem Fanatismus, bestimmten Spitzelwesen und massenhafte Hinrichtungen aufgrund von Willkürurteilen des Revolutionsgerichts den politischen Alltag in ganz Frankreich.

Wormser Konkordat Einigung zwischen Papst Kalixt II. und Kaiser Heinrich V., durch die 1122 der → Investiturstreit mit einem Kompromiss beigelegt wurde. Voraussetzung für die Lösung war die Trennung zwischen → Spiritualien und → Temporalien. Der deutsche König verlor das Investiturrecht mit den geistlichen Symbolen Ring und Stab, behielt jedoch nördlich der Alpen großen Einfluss auf die Bischofswahl. Auch durfte Heinrich V. die Investitur in die weltlichen Rechte eines Bischofs mit dem Zepter vornehmen.

X – Y – Z

Young-Plan Plan zur Erleichterung der deutschen → Reparationszahlungen. Der amerikanische Wirtschaftsexperte Owen D. Young legte ihn 1929 auf der Basis des → Dawes-Plans (1924) vor. Der Plan hatte die vorzeitige Räumung des Rheinlandes durch alliierte Truppen bis 1930 (statt 1935) zur Folge. Trotzdem entfachte er eine heftige innenpolitische Debatte. Ein von der NSDAP angestrebtes Volksbegehren gegen die Annahme des Young-Plans verschärfte die Krise der → Weimarer Republik.

Zar Russische Bezeichnung für Kaiser (vgl. Caesar); nach 1453 von den Moskauer Großfürsten angenommener Titel. → Kaiser, → Imperium

Zehnt Seit dem 5. Jh. von der Kirche geforderte Abgabe, die vor allem für den Lebensunterhalt der Priester bestimmt war. Die Bauern mussten ein Zehntel ihres Bodenertrages, teilweise auch des Viehbestandes abliefern. Zuerst als Naturalabgabe üblich, erfolgte die Leistung ab dem 13. Jh. auch in Form von Geld. Der Zehnt wurde erst mit der → Bauernbefreiung abgeschafft.

Zeitrechnung Die Verfahren zur Messung und Bestimmung der Zeit und zur Einordnung historischer Ereignisse in eine Zeitskala wechselten im Laufe der Geschichte. Meist wurde nach Mond- bzw. Sonnenjahren gerechnet. Die frühen Hochkulturen nutzten zur Zeitrechnung astronomische Beobachtungen, z. B. datierten die Ägypter die jährliche Nilschwelle auf den Aufgang des Siriussterns. Griechen, Römer, Mohammedaner und Christen gingen von einem bestimmten historischen Anfangsdatum aus (z. B. die erste Olympiade 776 v. Chr., die Gründung Roms 753 v. Chr. oder die Flucht Mohammeds von Mekka nach Medina (Hedschra) 622 n. Chr. und die Geburt Christi), nutzten aber häufig zusätzliche Hilfsmittel wie die vierjährigen Intervalle der griechischen → Olympiaden, die jährlichen römischen Konsulate oder die Zahl der Regierungsjahre eines christlichen Herrschers.

Der letzte russische Zar Nikolaus II. (1868–1918) in einer Aufnahme von 1912. Die zweite Fotografie zeigt ihn in russischer Gefangenschaft 1917 kurz vor seiner Ermordung durch die Bolschewisten.

Zehn-Punkte-Programm Das durch Bundeskanzler Helmut Kohl am 28. November 1989 der DDR vorgelegte Programm für die Wiedervereinigung der beiden deutschen Saaten. Im Anschluss an freie Wahlen in der DDR sollte eine deutsch-deutsche Konföderation errichtet werden, bei der der DDR wirtschaftliche Hilfe angeboten wurde. Angesichts der Probleme nach der Maueröffnung wurde das Zehn-Punkte-Programm hinfällig und die Bundesregierung entschied sich 1990 für ein gemeinsames Währungs- und Wirtschaftsgebiet. → Währungsunion

Zensor (lat. *censere* schätzen) Beamter der Römischen Republik, zuständig vor allem für die Schätzung des Bürgervermögens und die Sittenaufsicht. Da von der Einschätzung des Vermögens die Einteilung in die Bürgerlisten und damit das Stimmgewicht in den → Zenturien der → Volksversammlung abhing, entschied der Zensor indirekt über die politischen Rechte und Chancen der Bürger.

Zensuswahlrecht Wahlrecht, das im Gegensatz zum gleichen Wahlrecht an Besitz, Einkommen oder steuerliche Leistungskraft gekoppelt ist. In vielen liberalen Verfassungsstaaten des 19. Jhs galt das Zensuswahlrecht in Form des → Dreiklassenwahlrechts. → Wahlrechtsmodelle

Zentralismus Staatliche Organisation, in der im Gegensatz zum → Föderalismus alle politischen Entscheidungen für das ganze Land in der Hauptstadt gefällt werden, während regionale Machtzentren mit eigenen exekutiven und legislativen Zuständigkeiten fehlen.

Zentralkomitee der SED (ZK) Ausschuss, der zwischen den alle fünf Jahre stattfindenden Parteitagen die Partei führte. Seine ca. 165 Mitglieder bestimmte der Parteitag. Aufgabe des Zentralkomitees war es, die Beschlüsse des Parteitages auszuführen. Die praktische Arbeit leistete aber das aus wenigen Funktionären bestehende Sekretariat des ZK, das neben dem → Politbüro das wichtigste Zentrum der Macht in der DDR war.

Zenturie (lat. Hundertschaft) Im römischen Heer war die Zenturie die Unterabteilung einer Legion. Darüber hinaus war sie auch eine Einteilungsgrundlage für das römische Volk, die an die ursprüngliche Einheit von Volks- und Heeresversammlung erinnert: Die politischen Rechte der Bürger waren abhängig von ihren militärischen Pflichten. In der Volksversammlung waren die römischen Bürger, gestaffelt nach ihrem Vermögen, das ihrer Kampfkraft entsprach, in 193 Zenturien (Stimmabteilungen) eingeteilt. Da die reichen und vornehmen Bürger über 93 Zenturien verfügten, die als erste abstimmten, und die Abstimmung abgebrochen wurde, sobald eine Mehrheit erreicht war, besaßen die vornehmsten Zenturien entscheidendes politisches Gewicht.

Zivilisation (lat. *civis* Bürger) Die römisch bestimmte Kultur und Lebensform, die vor allem in der Bautechnik (Städte- und Straßenbau, Wasserleitungen), in Sprache, Verwaltung und Wirtschaft zur → Romanisierung der → Provinzen beitrug. Allgemein bezeichnet der Begriff einen durch Wissenschaft und Technik geschaffenen bzw. verbesserten Lebensstandard.

Zollverein Wirtschaftlicher Zusammenschluss der meisten deutschen Länder von 1834 bis 1866 unter der Führung Preußens. Da Österreich nicht teilnahm, begannen sich die deutschen Einigungshoffnungen auf Preußen zu konzentrieren, erstmals zeichnete sich eine → kleindeutsche Lösung als nationale Perspektive ab. Nach 1866 bildete der → Norddeutsche Bund einen neuen Zollverband mit den süddeutschen Staaten, der bis zur Reichsgründung 1871 Bestand hatte.

Zonenbeirat 1946 von der britischen Besatzungsmacht einberufener Ausschuss mit Sitz in Hamburg. In ihm waren die Oberpräsidenten (später Ministerpräsidenten) der Länder, die Vorsitzenden der Parteien und Vertreter gesellschaftlicher Organisationen vertreten. Der Zonenbeirat konnte die Besatzungsmacht zwar beraten, hatte aber keine wirkliche Macht.

Zunft Seit dem 12. Jh. Zusammenschluss der Angehörigen eines Handwerks (Meister und Gesellen). Die Zünfte waren berufliche Zwangsvereinigungen, die Warenproduktion, -qualität und -verkauf regelten. Sie waren darüber hinaus Lebens- und Versicherungsgemeinschaften (gemeinsame Feste, Sorge für die Witwen und Kranken).

Zwanzigster Juli Datum des gescheiterten Attentats des Oberst Claus Graf von Stauffenberg auf Adolf Hitler im Führerhauptquartier in Ostpreußen 1944.

Die zur Explosion gebrachte Bombe hatte nicht die erhoffte Wirkung und Hitler kam mit geringen Verletzungen davon. Alle Pläne zum Umsturz des nationalsozialistischen Regimes und zur Regierungsübernahme durch Carl Goerdeler und Generaloberst Ludwig Beck scheiterten. Stauffenberg und seine Mitarbeiter wurden in Berlin noch am selben Abend erschossen. In Schauprozessen verurteilte der → Volksgerichtshof weitere Mitglieder der militärischen Widerstandsbewegung zum Tod durch Erhängen. Das Attentat am 20. Juli stellte mit seinem tragischen Ausgang den Höhepunkt der militärisch-politischen Opposition im → Dritten Reich dar.

Zweibund Geheimes, defensives Verteidigungsbündnis von 1879 zwischen Deutschland und Österreich-Ungarn. Beide Mächte verpflichteten sich bei einem Angriff Russlands zu wechselseitigem Beistand.

Zweikammersystem In einigen Ländern besteht das Parlament aus zwei Teilen, die in verschiedenen „Kammern" tagen. Klassisches Beispiel ist Großbritannien mit dem → Oberhaus (House of Lords) und dem → Unterhaus (House of Commons). In einer Demokratie wird mindestens eine der beiden Kammern direkt vom Volk gewählt (in Großbritannien das Unterhaus); diese trägt den entscheidenden Anteil der parlamentarischen Macht.

Zwei-Plus-Vier-Verhandlungen Verhandlungen zwischen der Bundesrepublik, der DDR und den vier Siegermächten USA, UdSSR, Großbritannien und Frankreich über die Bedingungen der → Wiedervereinigung, die am 12. September 1990 mit der Unterzeichnung des „Vertrages über die abschließende Regelung in Bezug auf Deutschland" festgelegt wurden. Deutschland erhielt die volle innen- und außenpolitische Souveränität und erkannte die Westgrenze Polens an (→ Oder-Neiße-Grenze). Der Vertrag war kein Friedensvertrag, aber er bedeutet völkerrechtlich das Ende des → Zweiten Weltkrieges.

Zwei-Schwerter-Lehre (Zweigewaltenlehre) Erstmals von Papst Gelasius (492–496) formulierte Lehre, nach der „zwei Gewalten diese Welt regieren, die geheiligte Autorität der Päpste und die Amtsgewalt des Kaisers". Der Papst sollte das geistliche, der Kaiser das weltliche Schwert führen. Im Mittelalter kam es einerseits zu enger Zusammenarbeit beider Gewalten, andererseits zu heftigen Auseinandersetzungen über die Rangordnung im → Investiturstreit.

Christus verleiht die zwei Schwerter an den Papst (links) und den Kaiser (rechts).

Zweiter Weltkrieg Weltumfassender Krieg von 1939 bis 1945 v. a. zwischen Deutschland, Italien und Japan auf der einen Seite und der „Anti-Hitler Koalition" auf der anderen Seite, der v. a. die Sowjetunion, die USA, England und Frankreich angehörten.

Der Krieg begann mit schnellen Siegen (→ Blitzkriege) Hitler-Deutschlands über Polen (1939), Dänemark, Norwegen und Frankreich (1940) und wurde 1941 mit dem überraschenden deutschen Angriff auf die Sowjetunion fortgesetzt. Mit dem Kriegseintritt der USA (1941) und der deutschen Niederlage in → Stalingrad (1943) zeichnete sich die militärische Wende ab. Die Landung der westlichen Alliierten in Frankreich und eine sowjetische Großoffensive leiteten 1944 die letzte Kriegsphase ein. Erst mit der vollständigen Besetzung Deutschlands durch die Truppen der Alliierten endete der Krieg in Europa am 9. Mai 1945. Er forderte etwa 55 Millionen Menschenleben. Auf deutscher Seite zählte er 6,5 Millionen Opfer.

Zwölf Artikel Die „Zwölf Artikel der Bauernschaft in Schwaben", im Februar 1525 in Memmingen verfasst, waren das wichtigste politische Programm der Aufständischen im → Bauernkrieg. Die wichtigsten Forderungen waren die freie Wahl des Pfarrers durch die Gemeinde, die Beseitigung der Leibeigenschaft und die Abschaffung ungerechter Abgaben und Dienste.

Zwölftafelgesetz Erste schriftliche Fixierung des Rechts in Rom. Sie erfolgte im Verlauf der → Ständekämpfe ca. 450 v. Chr. Auf dem Marktplatz, für jedermann öffentlich zugänglich, waren die wichtigsten Rechtsnormen auf 12 Tafeln verzeichnet. Damit war Rechtssicherheit für alle Bürger gegeben, die nun ihre Rechte auch einklagen konnten.

Personenregister

Literaturhinweise

Antike

Brodersen, Kai (Hrsg.): Große Gestalten der griechischen Antike. München 1999
Dahlheim, Werner: Die Antike. Griechenland und Rom von den Anfängen bis zur Expansion des Islam. Paderborn ^{4}1995
Demandt, Alexander: Handbuch der Altertumswissenschaft. Bd 6: Die Spätantike. München 1989
Gehrke, Hans Joachim: Kleine Geschichte der Antike. München 1999
ders.: Geschichte des Hellenismus. München ^{2}1995
Hölleskamp Karl-Joachim; Stein-Hölleskamp, Elke (Hrsg.): Von Romulus zu Augustus. München 2000
Meier, Christian: Athen. Ein Neubeginn der Weltgeschichte. Berlin 1993
ders.: Cäsar. Berlin ^{2}1982
Schuller, Wolfgang: Griechische Geschichte. München ^{4}1995

Mittelalter

Althoff, Gerd: Die Ottonen. Königsherrschaft ohne Staat. Köln, Stuttgart, Berlin 2000
Angenendt, Arnold: Das Frühmittelalter, Stuttgart, ^{2}1995
Blumenthal, Uta-Renate: Der Investiturstreit. Stuttgart, Berlin, Köln, Mainz 1982
Bookmann, Hartmut: Stauferzeit und spätes Mittelalter. Deutschland 1125–1517. Berlin 1987
Borst, Arno: Lebensformen im Mittelalter. Berlin Neuausgabe 1997
Fuhrmann, Horst: Einladung ins Mittelalter. München 2000
Jakobs, Hermann: Kirchenreform und Hochmittelalter. München ^{4}1999
Rösch, Eva Sibylle und Gerhard: Kaiser Friedrich II. und sein Königreich Sizilien. Sigmaringen ^{2}1996
Simek, Rudolf: Erde und Kosmos im Mittelalter. München 1992

Frühe Neuzeit

Barudio, Günter: Das Zeitalter des Absolutismus und der Aufklärung. Fischer-Weltgeschichte Bd 25. Frankfurt 1981
Dülmen, Richard van: Entstehung des frühneuzeitlichen Europa. Fischer-Weltgeschichte Bd 24. Frankfurt 1982
Klueting, Harm: Das konfessionelle Zeitalter 1525–1648. Stuttgart 1989
Kuhn, Axel: Die Französische Revolution. Stuttgart 1999
Mandrou, Robert: Staatsräson und Vernunft 1649–1775. Propyläen Geschichte Europas Bd 3, Berlin 1976
Schmidt, Georg: Der Dreißigjährige Krieg. München 1995
Schorn-Schütter, Luise: Die Reformation. Vorgeschichte – Verlauf – Wirkung. München 1996
Vogler, Günter: Absolutistische Herrschaft und ständische Gesellschaft. Reich und Territorien von 1648 bis 1790. Stuttgart 1996
Zeeden, Ernst Walter: Hegemonialkriege und Glaubenskämpfe 1556–1648. Propyläen Geschichte Europas Bd 2. Berlin 1976

19. und 20 Jahrhundert

Berghahn, Volker R.: Der Untergang des alten Europa. München 1997
Gall, Lothar: Bismarck. Der weiße Revolutionär. Frankfurt/M., Berlin, Wien 1983
Görtemaker, Manfred: Deutschland im 19. Jahrhundert. Bonn 1994
Grünbaum, Robert: Die deutsche Einheit. München 1999
Hein, Dieter: Die Revolution von 1848/49. München 1998
Herbert, Ulrich (Hrsg.): Nationalsozialistische Vernichtungspolitik 1939–1945. Neue Forschungen und Kontroversen. Frankfurt ²1998
Hildebrand, Klaus: Das vergangene Reich. Deutsche Außenpolitik von Bismarck bis Hitler 1871–1945. Berlin 1999
Hobsbawn, Eric J.: Das imperialistische Zeitalter 1875–1914. Frankfurt/Main 1995
Keegan, John: Der Erste Weltkrieg. Eine europäische Tragödie. Reinbek 2000
Krochow, Christian Graf von: Die Deutschen in ihrem Jahrhundert 1890–1990. Reinbek 1992
Mählert, Ulrich: Kleine Geschichte der DDR. München 1998
Mann, Golo: Deutsche Geschichte des 19. und 20. Jahrhunderts. Frankfurt/Main 1992
Möller, Horst: Weimar. Die unvollendete Demokratie. München 1985
Nipperdey, Thomas: Deutsche Geschichte 1800–1918. 3 Bände. München 1998
Plötzsch, Horst: Deutsche Geschichte von 1945 bis zur Gegenwart: Die Entwicklung der beiden deutschen Staaten. München 1998
Radkau, Joachim: Das Zeitalter der Nervosität. Deutschland zwischen Bismarck und Hitler. München, Wien 1998
Salewski, Michael: Deutschland eine politische Geschichte: Von den Anfängen bis zur Gegenwart. 2 Bände. München 1993
Schilling, Heinz: Die neue Zeit. Berlin 1999
Schulze, Hagen: Kleine Deutsche Geschichte. München 1996
ders.: Staat und Nation in der Europäischen Geschichte. München 1994
Stürmer, Michael: Das ruhelose Reich. Deutschland 1866–1918. Siedler Deutsche Geschichte 9. Berlin 1998
ders.: Das Jahrhundert der Deutschen. München 1999
Ullrich, Volker: Die nervöse Großmacht 1871–1918. Aufstieg und Untergang des deutschen Kaiserreichs. Frankfurt/Main 1997
ders.: Otto von Bismarck. Reinbek 1998
von Roon, Ger: Widerstand im Dritten Reich. München 1998
Wehler, Hans-Ulrich: Das Deutsche Kaiserreich 1871–1918. Göttingen ⁵1983
Wehler, Hans-Ulrich: Deutsche Gesellschaftsgeschichte Bd 1: 1700–1813; Bd 2: 1815–1845/49. München 1987

Bildnachweis

Archäologisches Landesmuseum Mecklenburg-Vorpommern, Lübstorf: 16
Archiv für Kunst und Geschichte, Berlin: 46 re., 56 o. li., 75, 80, 117
Bildarchiv Preußischer Kulturbesitz, Berlin: 1, 8, 11, 18, 30, 33 o. li, 36 mitte, 38, 43, 48, 54, 58, 66, 72, 83 li., 83 u. re., 128, 132, 135, 137
British Museum, London: 85
Bundesbildstelle, Bonn: 92
Cabinet des Médailles, Bibliotheque Nationals, Paris: 13
Deutsche Bundespost: 133
Deutsches Historisches Museum: 29, 36 re., 52, li., 56 o. re., 115, 126
Historisches Archiv der Friedrich Krupp GmbH, Villa Hügel, Essen: 56 u.
Historisches Museum der Pfalz Speyer/K. Diehl: 16
J.-L. Charmet: 67
Karl Stehle, München: 52 re.
Kunsthistorisches Museum, Wien: 101
Sipa-Press, Paris: 22
Süddeutscher Verlag, Bilderdienst: 33 o. re., 83 o. re., 100
Sven Simon, Essen: 22
Ullstein Bilderdienst: 81, 95
Universitätsbibliothek, Heidelberg: 70
Vereenigte foto bureaux, Amsterdam: 33 u.

Umschlagbild (in Leserichtung zeilenweise von links nach rechts):
M. Burkard (2); Kunsthistorisches Museum Wien; Archiv für Kunst und Geschichte, Berlin (2); Vereenigte foto bureaux, Amsterdam; Bildarchiv Preußischer Kulturbesitz, Berlin (2); Ullstein (3); M. Burkard

Wir danken allen Rechteinhabern für die Abdruckerlaubnis.
Der Verlag war bemüht, die Urheber der abgedruckten Bilder ausfindig zu machen. Wo dies nicht gelungen ist, bitte wir diese, sich ggf. an den Verlag zu wenden.

Ihre Meinung ist uns wichtig!

Ihre Anregungen sind uns immer willkommen. Bitte informieren Sie uns mit diesem Schein über Ihre Verbesserungsvorschläge!

Titel-Nr.	Seite	Vorschlag

Bitte hier abtrennen

Bitte hier abtrennen

Zutreffendes bitte ankreuzen! Die Absenderin/der Absender ist:

- ☐ Lehrer/in in den Klassenstufen: ________
- ☐ Fachbetreuer/in
  Fächer: ________
- ☐ Seminarlehrer/in
  Fächer: ________
- ☐ Regierungsfachberater/in
  Fächer: ________
- ☐ Oberstufenbetreuer/in
- ☐ Schulleiter/in
- ☐ Referendar/in, Termin 2. Staatsexamen: ________
- ☐ Leiter/in Lehrerbibliothek
- ☐ Leiter/in Schülerbibliothek
- ☐ Sekretariat
- ☐ Eltern
- ☐ Schüler/in, Klasse: ________
- ☐ Sonstiges: ________

STARK Verlag
Postfach 1852
85318 Freising

18-V1T

Bitte ausfüllen und im frankierten Umschlag an uns einsenden. Für Fensterkuverts geeignet.

Kennen Sie Ihre Kundennummer?
Bitte hier eintragen.

Absender (Bitte in Druckbuchstaben!)

Name/Vorname ________

Straße/Nr. ________

PLZ/Ort/Ortsteil ________

Telefon privat ________ Geburtsjahr ________

E-Mail ________

Schule/Schulstempel (Bitte immer angeben!)

Unterrichtsfächer: (Bei Lehrkräften!)

(Bitte blättern Sie um)